FÈTES

ET

CHANSONS ANCIENNES

DE LA CHINE

Thèse pour le Doctorat ès lettres
présentée à la Faculté des Lettres de l'Université de Paris

PAR

MARCEL GRANET

Ancien élève de l'École normale supérieure,
Directeur d'études à l'École des Hautes-Études.

L'eau coule, le ciel est clair,
Nos chansons, au vent semées,
Se croisent, comme dans l'air
Les flèches de deux armées.

V . H. (*Cantique de Bethphagé.*)

PARIS

ÉDITIONS ERNEST LEROUX

28, RUE BONAPARTE (VIᵉ), 28

1919

FÊTES ET CHANSONS ANCIENNES DE LA CHINE

FÊTES

ET

CHANSONS ANCIENNES

DE LA CHINE

Thèse pour le Doctorat ès lettres
présentée à la Faculté des Lettres de l'Université de Paris

PAR

MARCEL GRANET

Ancien élève de l'École normale supérieure,
Directeur d'études à l'École des Hautes-Études.

> L'eau coule, le ciel est clair,
> Nos chansons, au vent semées,
> Se croisent, comme dans l'air
> Les flèches de deux armées.
>
> V. H. (*Cantique de Bethphagé.*)

PARIS

ÉDITIONS ERNEST LEROUX

28, RUE BONAPARTE (VIᵉ), 28

—

1919

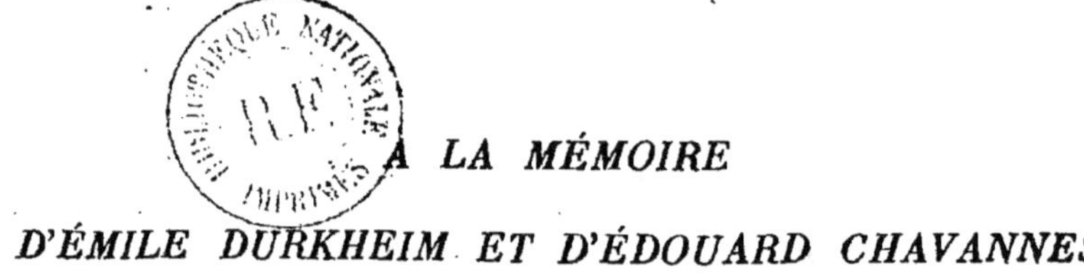

A LA MÉMOIRE

D'ÉMILE DURKHEIM ET D'ÉDOUARD CHAVANNES

INTRODUCTION

Je veux montrer qu'il n'est pas impossible de connaître quelque chose des antiquités religieuses de la Chine. Les documents authentiques qui nous parlent du passé chinois sont rares ; encore leur rédaction date-t-elle d'une époque assez basse : on sait que l'Empire, quand il détruisit la Féodalité, en voulut détruire les titres et brûla les Livres ; une fois établi, il désira produire ses propres titres, et les Livres furent reconstitués[1] ; ils le furent pieusement, et comme, somme toute, c'était des institutions féodales que sortaient les institutions impériales, ceux qui, pour régler les secondes, décrivirent les premières, ne déformèrent point celles-ci de façon si arbitraire qu'un historien ne puisse, avec de l'attention, s'y reconnaître[2]. Il est donc possible d'étudier l'organisation des temps féodaux ; aussi s'est-on essayé, en classant les textes, à décrire tel culte féodal[3]. Mais, quand on l'a fait, que sait-on de la vie religieuse des anciens Chinois ? Tout ce qu'on atteint, c'est la religion officielle. C'est

---

1. Cf. Chavannes, Introduction à la traduction de Sseu-ma Ts'ien (cité dorénavant ainsi : SMT), et Legge, *Prolégomènes*.

2. Voir par ex. les formules d'investiture dans Chavannes, le T'ai chan, p. 453.

3. Voir l'étude de M. Chavannes sur *le Dieu du Sol* de T'ai chan, App. 437 à 525), modèle d'érudition exacte et de précision historique.

1

bien de la décrire; il faudrait encore savoir de quel fonds de coutumes et de croyances est sorti le culte des États féodaux. Si l'on renonce à retrouver dans les textes autre chose que les formes appauvries de la religion d'État, dès qu'on voudra les expliquer, on se verra au dépourvu. Et, en effet, quand on a discuté du monothéisme primitif des Chinois, ou déclaré que de tout temps ils adorèrent les forces de la Nature et pratiquèrent le culte des ancêtres, on a tout dit[1].

Une étude déçoit qui s'arrête à de si pauvres généralités. Certains, renonçant à saisir dans leur principe les notions religieuses qui règnent en Chine, prennent comme point de départ les faits actuellement observables[2]; ils en dressent des catalogues[3] : précieux documents; mais qu'en tire-t-on ? Tantôt on attribue une valeur positive aux explications que les indigènes donnent de leurs coutumes : s'ils affirment qu'un certain rite sert à chasser les démons, on admet qu'il fut, en effet, imaginé pour cet emploi[4]. Ou bien, de soi-même et au gré de l'inspiration, on rattache l'usage à expliquer à telle ou telle des théories à la mode, et, selon que plaît, pour l'instant, le Naturisme ou l'Animisme, on rend compte d'une coutume par la croyance, universelle, aux esprits, ou par l'adoration, non moins répandue, du soleil et des astres[5] : méthode paresseuse qui ne permet pas de classer les faits avec quelque précision, qui en gâte même la description : il suffit de constater qu'une fête se place aux environs d'un solstice ou d'un équinoxe pour la déclarer tout de suite fête solaire; puis, de la définition donnée, on s'ingénie à déduire toutes ses caractéristiques[6]. C'est bien mieux s'il

---

1. Telle est l'attitude des premiers missionnaires, de Réville, de Courant, de Franke.
2. Par ex. de Groot, t. XII. des *Annales du Musée Guimet :* les Fêtes annuellement célébrées à Emouy (cité dorénavant ainsi : de Groot, Emouy). Voir la préface.
3. Tel le catalogue de Grube, *le Folk-lore chinois* de Wieger.
4. Cf. de Groot, Emouy, explication des feux de printemps, p. 133.
5. C'est l'attitude de M. de Groot, Fêtes d'Emouy.
6. De Groot, Emouy, Fêtes du 5ᵉ mois, p. 311 sqq.

s'agit d'un culte stellaire[1] ; avec une bonne confiance dans
l'antiquité de la civilisation étudiée et un usage savant de la
précession des équinoxes, que ne peut-on expliquer ! Parfois
l'histoire vous reprend, et l'on a la curiosité de remonter au
passé pour expliquer le présent ; l'intention est excellente,
mais que de dangers à éviter ! Les recherches d'origine sont
généralement trompeuses : en Chine surtout, où les savants
indigènes ne s'attachent pas à trouver l'origine des choses,
mais la date du premier emploi des mots qui les désignent[2].
Au reste, ce que l'on cherche, là encore, c'est un témoignage
de l'idée que se sont faite de leurs coutumes, non pas tant
ceux qui les pratiquaient, que ceux de leurs compatriotes qui
nous en informent ; et l'on est plus heureux si le témoignage
est plus ancien. Par une espèce de *respect des compétences*,
on ne juge pas à propos de critiquer ces conceptions ; on ne
s'avise pas qu'elles furent, apparemment, imaginées après
coup ; on ne pense même pas qu'il faudrait tenir compte,
pour les transposer dans un langage positif, de tout le système de notions, de toutes les habitudes d'exposition de
leurs auteurs.

Ni la méthode de l'historien qui se borne à classer les
textes avec les seules ressources de la critique externe, ni
celle du folkloriste qui se contente de décrire les faits dans le
langage des informateurs indigènes ou dans celui d'une
école, ne me paraissent efficaces : car toutes deux sont peu
critiques. On ne peut espérer de résultats, me semble-t-il,
que si l'on prend une double précaution : 1° il est bon de
soumettre les documents, d'où l'on espère tirer des faits, à
une étude qui détermine d'abord la nature de ces documents

---

1. De Groot, Emouy, p. 436 sqq.
2. De Groot, Emouy, p. 231 sqq. Recherches sur la fête de printemps :
recherches sur l'expression 上巳, faites à l'aide des encyclopédies, et
arrêtées dès que le nom particulier donné à un ensemble rituel n'apparaît plus dans les textes.

et ainsi permette de fixer la valeur exacte des faits ; 2º les faits acquis, et une fois qu'on peut les traduire dans un langage positif, il est prudent de ne point chercher en dehors d'eux de quoi les interpréter. J'ai donc divisé en deux parties l'étude qu'on va lire : dans la première, j'ai essayé de montrer ce qu'est au juste le document principal dont je me suis servi ; dans la deuxième, après avoir donné la description de ceux des faits établis qui forment un ensemble suffisant pour qu'on les puisse interpréter, j'ai tenté cette interprétation.

Le choix des documents est chose essentielle : pourquoi choisir, pour les étudier, les chansons d'amour du *Che king?* Le Che king [1] est un texte ancien ; par lui on peut espérer entrer de plain-pied dans la connaissance des formes anciennes de la religion chinoise. C'est là un grand point ; mais qui n'a pas un respect superstitieux des textes antiques ne doit pas se décider sur ce seul avantage. Pour ma part, je n'ai pas l'idée de chercher dans les faits anciens l'origine des faits récents ; une des convictions que j'ai puisées dans cette étude est qu'il est vain d'établir comme une succession généalogique entre des faits similaires et d'âge différent. Tel couplet de chanson Hak-ka, recueilli de nos jours, ressemble trait pour trait à tel couplet du Che king, vieux d'au moins vingt-cinq siècles [2] : l'un n'a pas été copié sur l'autre ;

---

1. Je me suis servi pour l'étude du Che king de l'édition classique 宋本, de l'édition savante dite 毛詩主疏 et de l'édition scolaire 詩經精義集抄. J'ai utilisé les travaux modernes contenus dans les collections 皇清經解 et 皇清經解續編 HTKK et HTKKSP, en particulier le 毛詩故訓傳 HTKK 600-629, le 毛鄭詩考正, *ibid.*, 557-560, le 毛詩傳箋通釋 HTKKSP 416-447, le 毛詩後箋, *ibid.*, 448-477, le 毛詩傳疏, *ibid.*, 778-807, le 魯詩遺說攷, *ibid.*, 1118-1137, le 齊詩遺說攷, *ibid.*, 1138-1149, le 韓詩遺說攷, *ibid.*, 1150-1158 et le 詩經四家異文攷, *ibid.*, 1171-1175.

2. Comp. XVII et Hak-ka, VI (App. III), XLIV et Hak-ka, XII, XXV et XXVIII et Hak-ka, XXVII. On notera que les poésies Hak-ka ont un air plus raffiné que les vieilles chansons chinoises. Comp. Wei fong 8, couplets 3 et 4, et Hak-ka, III et IV.

tous deux furent improvisés dans des circonstances analogues et, chaque année, sans doute, pendant vingt-cinq siècles, on en inventa de semblables [1]. De même, à chaque instant du temps, les coutumes se maintiennent par une création perpétuellement renouvelée. On n'explique pas un usage en montrant qu'il exista jadis des usages semblables : on l'explique en faisant voir le lien qui, d'une façon permanente, l'unit à certaines conditions de fait. Il y a des cas où, pour révéler le fonds d'une croyance, les documents modernes se prêtent mieux à la recherche ; si, dans l'espèce, il en était ainsi, je n'aurais pas hésité à utiliser de tels documents, quitte à montrer, par un ensemble suffisant de faits anciens, que ce qui est vrai du présent l'est aussi du passé. J'étudierai le passé directement parce qu'il est plus facile à connaître ; simple question de fait.

Il se trouve qu'on peut déterminer assez exactement la valeur documentaire du *Che king*, ou plutôt de celles des pièces de ce recueil qui sont des chansons d'amour : voilà une première raison de choix ; il se trouve encore que cette valeur est de premier ordre : voilà la raison principale.

Des vers, même recueillis tardivement, il y a grand' chance qu'ils n'aient pas été modifiés par les auteurs du recueil ; pour eux, mieux que pour la prose, le départ est facile entre la pensée originale et les idées qui peuvent la venir cacher ; ici les gloses ne pénètrent pas dans le texte [2]. On peut étudier séparément celui-ci et les interprétations qu'on en donna ; on peut étudier d'une part le texte, de l'autre son histoire — et, par cette histoire, mieux comprendre le texte.

Dans le texte, qui est ancien, on doit trouver le reflet de

1. Comp. Wang fong 7, Couv., 81 : « Unis entre eux sont les dolies » et complainte de la mariée Lolo (App. III) : « L'herbe a l'herbe pour compagne. »

2. Il en est autrement des textes rituels en prose : voir par ex. le récit de la fête des Pa Tcha dans le Kiao tö cheng dans le Li Ki, Couv., I, 594 sqq.

choses anciennes ; il suffit, pour cela, de le comprendre : il est vrai qu'il est difficile et que, sans les interprètes, nous n'y verrions pas grand chose. Je m'efforcerai, d'abord, de trouver une méthode qui, par delà les interprétations, révèle le sens original : pour trouver la clé des interprétations il suffit de connaître les interprètes ; non qu'on doive faire, un par un, leur psychologie ; ils forment un corps dont le recrutement détermine les principes traditionnels d'explication. Celle-ci est d'ordre symbolique et fondée sur une théorie du droit public : elle suppose une correspondance entre l'action gouvernementale et les événements naturels.

Je ferai la preuve que ce parti-pris de symbolisme, où les lettrés se sentent tenus comme par une obligation de morale professionnelle, les conduit à des absurdités dont ils laissent parfois passer l'aveu. Dès lors on saura où diriger son attention. Mais, en outre, on verra que ces interprétations allégoriques des chansons révèlent un principe essentiel de leur composition, une loi du genre : c'est la règle de symétrie, l'usage des *correspondances*. Qui la connaît est capable de comprendre et de traduire le Che king.

On sait lire le texte, on connaît l'état d'esprit des interprètes : à confronter textes et interprétations, il y a gros à gagner. Les pièces du Che king, lues toutes seules, ce sont des chansons populaires, on le sent ; la tradition en fait des œuvres savantes. Ce serait vite fait de dire : laissons là l'interprétation traditionnelle, puisque la preuve est faite qu'elle conduit à comprendre tout de travers. Mieux vaut poser une question : comment l'erreur a-t-elle pu se faire ? Comment des lettrés — et ce sont d'excellents lettrés — ont-ils pu ne pas entendre l'accent de leur langue natale ? Ce ne sont pas que des lettrés ; ils tiennent plus du fonctionnaire que de l'amateur d'art ; ils mettent les poèmes au service de la morale politique et, dès lors, ne les peuvent croire d'origine populaire ; pour un homme de gouvernement, la morale vient d'en haut, et, où l'on sent une inspiration vertueuse, l'auteur est savant ; il ne se peut donc pas que les chansons, qui enseignent la morale, ne soient pas l'œuvre de poètes officiels. Mais d'où vient donc aux chansons cette efficacité morale ? Une hypothèse peut le montrer. Si l'on a pu trouver des règles de vie dans de vieilles chansons d'amour, c'est que, si mal qu'on les comprît, leurs vers sonnaient encore comme l'écho d'une vieille morale : leur utilisation symbolique n'aurait point d'appui, elle ne s'expliquerait pas si ces chansons n'avaient pas une origine rituelle.

Il y a grand' chance que les poèmes qui, à première vue, paraissaient de vieilles chansons populaires, aient eu, jadis, une valeur rituelle. De plus, la morale qu'on en tire par symbole s'inspire de cette idée, que les hommes doivent, comme la Nature, faire les choses en leur temps : il y a donc chance de retrouver dans les chansons les traces de règlements saisonniers. Enfin, puisque l'on donne des poèmes et de la morale qu'ils expriment une interprétation qui en fausse le sens, c'est que cette morale n'est aucunement celle des interprètes : il y a donc chance que les chansons fassent connaître de vieilles coutumes, antérieures à la morale classique. En fin de compte, elles paraissent un document propre à l'étude des croyances qui inspiraient l'ancien rituel saisonnier des Chinois.

On verra s'accroître leur valeur documentaire si on les examine en elles-mêmes. Elles permettent d'étudier les procédés de l'invention populaire ; il apparaîtra qu'elles sont les produits d'une sorte de création traditionnelle et collective ; elles ont été improvisées, sur des thèmes obligatoires, au cours de danses rituelles. Leur contenu rend manifeste que l'improvisation d'où elles sont nées était le rite oral essentiel d'anciennes fêtes agraires ; elles portent ainsi un témoignage direct des sentiments que faisaient naître ces réunions périodiques ; leur analyse peut permettre de dégager la fonction première d'un rituel saisonnier.

Ainsi l'étude du principal document utilisé ne nous mettra

pas seulement à même d'établir les faits, mais encore d'avancer leur interprétation.

Dans la deuxième partie de ce travail j'étudierai les fêtes anciennes dont les chansons, déjà, auront permis de présenter une image générique.

Je chercherai d'abord à décrire pour elles-mêmes quelques fêtes locales ; pour chacune d'elles j'exposerai d'ensemble tous les documents que j'ai pu rassembler : détails rituels, interprétations de pratiques. Ce n'est pas une reconstitution pittoresque que vise ce groupement ; il attestera que la singularité des coutumes locales n'est guère qu'une apparence due aux lacunes des textes ou à leur caractère.

Quatre fêtes peuvent être reconstituées : deux sous leur forme ancienne, deux autres telles qu'elles se présentent dans le culte féodal : la parenté de celles-là avec les premières est évidente ; de plus, pour l'une d'elles, on peut trouver des prototypes qui marquent les étapes de la transformation. Il devient ainsi possible d'étudier le passage du rituel populaire aux cérémonies du culte officiel.

De cette étude une règle de prudence se dégage : elle fait apparaître le caractère accidentel des représentations qui semblent tout d'abord rendre compte des faits. Il faut avant tout prendre soin de distinguer des croyances véritables ce qui n'est qu'interprétation plus ou moins personnelle ; de telles interprétations il y a peu à tirer. Mais, même pour les croyances, les rapprocher trop vite des pratiques pourrait décevoir. Il n'est jamais sûr que la dépendance où sont les uns à l'égard des autres les croyances et les rites soit immédiate ; tel rite ou telle croyance peuvent très bien provenir, non pas l'un de l'autre, — le rite de la croyance ou la croyance du rite, — mais tous deux d'une réalité antérieure ; et ils peuvent en procéder indépendamment, de telle façon qu'au moment où on les voit coexister, ils soient à des degrés différents d'évolution.

Ni de l'interprétation qui est donnée d'une cérémonie moderne, ni du sens attribué à chacune des pratiques qu'elle comprend, il n'est possible d'induire rien de certain, ni sur la fonction de l'ensemble primitif dont dérive la cérémonie, ni sur la valeur des pratiques semblables qu'on retrouve dans cet ensemble. On constatera que toutes les pratiques ont été douées des efficacités les plus diverses ; seule leur puissance reste constante : c'est d'elle qu'il faut d'abord rendre compte, avant de voir comment elle a pu se spécialiser.

Je partirai donc des ensembles rituels anciens et je les considérerai sous leurs aspects les plus généraux. Essentiellement, les fêtes antiques sont saisonnières : je montrerai, à l'aide d'un cas favorable, qu'elles ont, par ce caractère même, un rôle humain, dont dérive tout aussitôt leur puissance sur les événements naturels : ce sont des fêtes de la concorde par lesquelles le bon ordre s'établit dans la société et, du même coup, dans la Nature. — Elles se passent dans un paysage consacré d'eaux et de montagnes ; je ferai voir, par l'étude des représentations incluses dans le culte seigneurial des Monts et des Fleuves, que le pouvoir qu'on prête à ceux-ci leur vient de la vénération où furent tenus les lieux saints, pour avoir été, jadis, les témoins traditionnels du pacte social que les communautés autochthones célébraient dans leurs réunions saisonnières. — Ces fêtes, enfin, consistent en joutes diverses dont les concours de chants improvisés sont l'accompagnement oral. Par l'analyse des sentiments qui s'exprimaient dans les duels poétiques, je ferai comprendre pourquoi ces luttes cérémonielles ont pu être les procédés choisis pour lier l'amitié entre les individus et les groupes ; j'essaierai aussi d'expliquer pourquoi c'est surtout au printemps que, par une joute où s'opposent les sexes, et par d'universelles accordailles, se restaurait l'Alliance qui unissait différents groupes locaux en une communauté traditionnelle ; enfin, en indiquant à quoi tient cet air d'impersonnalité qu'ont dans la Chine ancienne les sentiments de l'amour et la poésie amoureuse, je dirai comment il se peut que des fêtes dont l'essentiel se passait en rites sexuels n'aient pas été, sinon tardivement, des occasions de désordre.

J'ai confiance que ce travail pourra éclairer l'origine de quelques croyances chinoises; il renseignera encore sur la naissance d'un genre littéraire; il mettra en évidence les points d'attache du symbolisme et de quelques idées directrices de l'esprit chinois; enfin il préparera l'étude des procédés par lesquels un rituel savant peut sortir d'un rituel populaire. Il m'a semblé qu'il fournissait de quoi poser avec précision les problèmes nombreux qu'il faisait rencontrer; ces problèmes, il ne pouvait être question de les traiter entièrement. Je ne pense pas qu'en l'état des études sur l'histoire de la religion chinoise, une recherche exhaustive, comme on dit, soit la plus utile. Je serais heureux si j'avais posé convenablement les questions et dégrossi l'ouvrage [1].

---

1. MM. Herr et Przyluski ont bien voulu revoir une bonne partie des épreuves : je leur en garde la plus vive reconnaissance.

I

LES CHANSONS D'AMOUR DU CHE KING

Je me propose d'étudier un certain nombre de pièces du Che king ; presque toutes sont extraites du *Kouo fong*, qui en est la première partie. Ce sont des chansons d'amour, où la passion parle toute pure.

COMMENT LIRE UN CLASSIQUE ?

Le Che king[1] est un recueil ancien de compositions poétiques ; c'est l'un des livres classiques de la Chine; on l'appelle le Livre des Odes ou le Livre des Vers : il se compose de quatre parties, dont la première est *un recueil de chansons locales classées par pays*[2] , et dont les autres contiennent surtout des chants rituels.

---

1. Sur l'histoire de ce texte, voir Couvreur, préface à sa traduction, et Legge, *Prolégomènes*.

2. Je traduis *fong* par *airs, chansons*, d'après un emploi fait de ce mot par Wan Tch'ong. Cf. p. 159. *Kouo fong — Chansons de pays*.

La tradition veut que le choix des chants et des chansons soit l'œuvre de Confucius : le Sage aurait jugé dignes d'entrer dans son anthologie trois cents pièces environ parmi celles qu'avaient conservées les Maîtres de musique de la cour royale [1]. On nous dit que chansons locales (Kouo fong) étaient périodiquement recueillies dans les fiefs (Kouo) du royaume pour témoigner des mœurs (fong) que les seigneurs y faisaient régner [2]. Les pièces des deux premières sections du Kouo fong (*Tcheou nan*, *Chao nan*) [3] passent pourtant pour avoir été composées dans le palais royal ; chantées ensuite dans les villages des diverses seigneuries, elles en auraient transformé les mœurs.

Confucius, si l'on veut croire ce que rapportent ses *Entretiens* [4], désirait que l'on étudiât son Anthologie ; on apprendrait ainsi à pratiquer la vertu : l'habitude de la réflexion morale, le respect des devoirs sociaux, la haine vigoureuse du mal, tels devaient être les bénéfices de cette étude. A côté des leçons de morale, on devait aussi trouver des leçons de choses ; par le Che king on connaîtrait beaucoup d'animaux et de plantes.

Considéré comme utile à la formation de l'honnête homme, le recueil, placé sous le patronage d'un grand Saint, est devenu un livre d'enseignement.

On s'en servit d'abord dans les écoles, telles que celle qui se groupait autour de Confucius [5] : gens d'âge mûr discutant [6] entre eux de maximes politiques, de préceptes moraux, de règles rituelles, tels étaient ceux qu'on appela plus tard les

---

1. Cf. Legge, *Prolégomènes*.
2. C'est la théorie longuement exposée dans la préface du Che king.
3. Le Tcheou nan, qui exprime la Vertu royale, est attribué à Tcheou Kong. — Le Chao nan, qui exprime la Vertu seigneuriale, est attribué à Chao Kong.
4. Louen yu, XVII, 9.
5. Cf. *in* SMT, V, Biogr. de Confucius.
6. Sur ces discussions, consulter le Louen yu, ou, *passim*, le Li Ki.

lettrés[1]. Ces futurs hommes de gouvernement, ces maîtres éventuels de cérémonie, prirent le Che king pour thème de leur réflexion morale : ainsi s'établit à la longue l'interprétation traditionnelle de ce texte.

Dans un milieu d'apprentis conseillers d'État, la science des précédents est estimée par-dessus tout ; c'est elle qui, dans les conseils du Maître, fait la force des conseillers [2] : voilà sans doute pourquoi, de très bonne heure, les lettrés voulurent voir dans les vers du Che king des allusions à des faits de l'histoire, et pourquoi, d'autre part, ces vers furent cités dans les discours et les dissertations qu'enregistrèrent les chroniques. En fait, on trouve rappelées dans le *Tsouo tchouan* presque toutes les pièces du Che king[3], et presque toutes, en revanche, sont expliquées par un événement tiré du Tsouo tchouan[4] ; or, l'on attribue l'explication du Che king et la rédaction du Tsouo tchouan à l'École de Confucius[5].

Ainsi les chansons du Kouo fong elles-mêmes furent associées à des anecdotes historiques et servirent à illustrer les préceptes de la morale et de la politique.

Comme il y eut, dans la Chine féodale, de nombreuses écoles soit sédentaires soit ambulantes, plus ou moins indépendantes les unes des autres, on peut croire qu'il s'établit diverses interprétations traditionnelles du Che king ; lorsqu'on s'appliqua, sous les Han, à reconstituer l'Anthologie brûlée par Ts'in Che-houang-ti[6] (246 à 209 av. J.-C.), on en vit apparaître quatre versions[7]. Les textes ne différaient

---

1. 儒 : il est remarquable que ce terme ait été considéré comme l'équivalent de 士, qui désignait primitivement le dernier rang de la noblesse.

2. Voir le Kouo yu, recueil de harangues, conseils ou réprimandes.

3. Cf. Legge, *Proog.*

4. Voir plus loin les préfaces des chansons.

5. Voir Legge, *ibid.*

6. Voir dans Legge, *Prolégomènes*, et Chavannes, préface à la traduction de Sseu-ma Ts'ien, l'histoire de *l'incendie des Livres*.

7. Celle de Mao (conservée), celles de Lou, de Ts'i et de Han (dont on n'a que des fragments). Cf. HTKKSP, 1118 à 1156.

de l'une à l'autre que par des détails d'orthographe ; aussi sommes-nous sûrs de posséder un texte authentique. Il ne nous est parvenu qu'avec l'un seulement des systèmes d'interprétation, celui de *Mao Tch'ang*[1] ; on le fait remonter à *Tseu-hia*[2], disciple de Confucius ; c'est à lui qu'on attribue une courte glose, formant préface[3] : l'explication qu'on y trouve est toujours historique, morale et symbolique.

On peut voir que cette méthode d'interprétation était générale, d'après ce qui nous reste des autres traditions. Si on les avait conservées intégralement, la comparaison qu'on en aurait pu faire dans le détail aurait permis de comprendre l'état d'esprit des différentes écoles et de savoir au juste ce qu'elles avaient d'individualité ; en l'état des textes, le travail est encore possible, à condition d'utiliser toutes les citations qui sont faites du Che king dans les historiens, particulièrement dans le *Tsouo tchouan* et dans le *Lie niu tchouan*. Une telle étude apporterait une contribution notable à la critique des sources de l'histoire chinoise ; elle ne ferait point pénétrer dans la connaissance du sens original des chants et des chansons.

L'essentiel est de noter qu'à l'époque des Han l'interprétation symbolique est communément admise ; par elle était encore accrue la valeur pédagogique du recueil : on n'étudiait pas seulement le Che king pour connaître l'histoire naturelle ou les antiquités nationales ; on l'étudiait pour apprendre l'histoire politique du pays, — pour l'apprendre mieux que dans les Annales : car, à côté des faits, on trouvait, sous forme symbolique, des jugements de valeur.

On y trouvait même une méthode pratique pour formuler des jugements moraux : aux temps féodaux, un des devoirs les plus stricts du vassal était le *Conseil* 告 ; c'était l'un des

---

1. 毛萇.
2. 子夏.
3. 序.

moyens de manifester sa fidélité et de lier son sort au sort du maître. Si le seigneur se conduisait mal, le vassal était tenu de le réprimander ; les *Remontrances* 諫 forment, en effet, une grosse part de la matière historique[1]. Une remontrance, pour ne pas blesser la majesté du chef, ne doit pas être directe. Aussi était-ce un bon expédient que de citer, à propos et en mettant l'accent, quelques vers du Che king[2] qui, du coup, prenaient une valeur symbolique. Pour tempérer un pouvoir absolu, il faut bien des chansons. On continua à citer le Che king dans les Conseils impériaux. Mais, pour corriger les mauvais penchants d'un jeune prince que déjà rendait respectable son autorité future, la censure poétique était encore d'un bon emploi. Un peu avant l'ère chrétienne, il fallut détrôner un empereur qui régnait mal ; on punit ses conseillers ; comme de juste, son précepteur aussi fut tenu pour responsable ; pourtant, il évita le châtiment ; il invoqua, pour se sauver, qu'il avait fait servir à morigéner 諫 le prince les trois cent cinq pièces du Che king[3].

Pareille utilisation du symbolisme en éclaire à la fois l'origine et les destinées. Le Che king est devenu un livre scolaire et comme un manuel de morale à l'usage des jeunes gens ; les chansons d'amour elles-mêmes, à condition de ne pas les séparer de leur interprétation allégorique, contribuent à rendre la jeunesse vertueuse. Pour avoir servi pendant des siècles à inculquer la morale, l'interprétation traditionnelle, qui a fait du Che king un classique, est devenue intangible : il faut y rester fidèle ; il le faut, au moins dès qu'on parle officiellement, et partout où il convient de respecter l'orthodoxie. Peut-être en irait-il autrement si on lisait le Che king dans le privé et pour le plaisir[4].

---

1. Voir principalement le Kouo Yu.
2. Par ex. Tsouo Tchouan. Hi, 20 a ; Legge, 177 ; *ibid.*, Wen, 2ᵉ a ; Legge, 234 ; *ibid.*, Tcheng ; 12ᵉ a ; Legge, 378.
3. Tsien Han chou, biog. de 王式, édit. de Changhai, 88, p. 8 recto ; 臣 以三百五篇諫.
4. Voir plus loin, p. 25 sqq.

Un livre aussi ancien et mêlé de pareille façon à l'histoire de Chine peut exciter de diverses manières la curiosité des érudits occidentaux.

Les premiers missionnaires ont surtout senti la noblesse des chants rituels ; dans certains, ils retrouvèrent les vestiges d'une ancienne Révélation[1] ; ils parlèrent du livre tout entier avec sympathie. Le P. Couvreur a sûrement indiqué l'insuffisance de l'interprétation classique ; il a noté que les maîtres n'expliquent point aux enfants toutes les pièces d'une Anthologie, qui, officiellement, ne contient pas de « vers licencieux » ; il s'est proposé de « faire connaître ce qu'était l'enseignement donné dans les écoles[2] » ; sa traduction est une image fidèle du Che king tel qu'on l'explique de nos jours : à ce titre elle est précieuse.

Legge[3] paraît s'être occupé des Classiques en songeant davantage à la Chine ancienne ; mais il faut dire qu'il les envisage d'un point de vue singulièrement étroit : il semble bien souvent ne s'être proposé d'autre fin que d'inventorier l'œuvre littéraire de Confucius et de déterminer si, vraiment, c'était un grand homme. Une critique un peu courte et qui n'aperçoit pas les problèmes véritables, une érudition trop laborieuse et où l'on ne sent pas de règles directrices, le désir de montrer tantôt l'absurdité des commentaires et de faire, d'autres fois, passer dans la traduction des gloses indiscrètement choisies, tout cela concourt à rendre peu utile une version faite pourtant dans les conditions matérielles les meilleures ; les défauts indiqués sont particulièrement sensibles pour ce qui est des chansons locales.

Giles[4] et Grube[5], quand ils ont écrit leurs essais sur la littérature chinoise, ont été surtout frappés des simples

---

1. Voir la note du P. Couvreur à sa trad. du Che king, pp. 317-348.

2. Cheu king, par S. Couvreur, S. J., préface.

3. Voir sa traduction in *Chinese Classics* et les *Prolégomènes*.

4. H. A. Giles, *A history of Chinese litterature*, v. p. 12 sqq. Comp. la traduction donnée par lui p. 15 et le n° LXVI.

5. W. Grube, *Geschichte der chinesischen Litteratur*, p. 46 sqq.

beautés naturelles ou du charme poétique des Lieder ; ils ont voulu communiquer cette impression en donnant quelques extraits : la traduction, à vouloir être littéraire, n'a pas toujours gagné en exactitude. Giles, par exemple, quand il remanie la version de Legge, ne l'améliore pas, à mon sens, en remplaçant d'inutiles gloses tirées des commentaires par des chevilles poétiques dans le goût anglais. M. Laloy[1] a mis quelques chansons en vers brefs, parfois plaisants : on y saisit mieux quelques-uns de nos préjugés littéraires que le sentiment direct du texte chinois.

Quand on s'est occupé du Che king, on s'est tantôt proposé des fins pratiques, soit historiques. soit littéraires ; et l'on a plus ou moins heureusement réussi : mais, ou bien l'on n'avait pas à s'imposer l'effort méthodique qui est nécessaire pour dégager le sens primitif des poèmes, ou bien l'on ne s'est pas avisé que cet effort était nécessaire. A dire vrai, la tâche n'est pas facile.

Le Che king est d'une langue ancienne et malaisée : un bon sinologue ou un Chinois instruit n'y a point accès du premier coup ; cette remarque est vraie surtout des chansons de la première partie. Comment les comprendre ? On peut s'adresser à un *lettré* ou recourir aux éditions savantes. Si l'on recourt aux Commentaires, on a grande chance de se laisser imposer par eux l'interprétation symbolique, quitte à la déclarer, de temps en temps, absurde ; si l'on s'adresse à un *lettré*, fût-il libéré de l'orthodoxie classique, il sentira peut-être la grâce du texte, mais il est sûr qu'il n'y cherchera pas autre chose que la satisfaction de son goût esthétique ; il expliquera une chanson du Che king comme on explique un poème qui vous plaît ; il recherchera *les procédés littéraires du poète*, il montrera *l'art de l'auteur* ; il n'aura ja-

---

1. Laloy, les Chants des Royaumes, préface et traduction *in Nouvelle Revue française*, 1909, II, pp. 15, 130, 195.

mais l'idée que ces chansons puissent être d'inspiration populaire.

Je veux montrer qu'on peut aller plus loin que la simple explication littéraire et, par delà l'interprétation symbolique, retrouver le sens original des chansons. Je le montrerai par un exemple, qui est décisif.

Il y a dans le Tcheou nan une chanson de mariage dont le sens n'offre guère de difficultés. Dans la seigneurie d'où elle provient, la Vertu Royale avait obtenu que l'on se mariât régulièrement : telle est la tradition historique associée à la chanson ; elle est assez vague pour ne pas avoir imposé aux commentateurs un symbolisme trop compliqué ; nous nous fierons à eux pour traduire [1].

---

1. Les chansons dont je donne la traduction sont publiées en regard du texte ; j'y renverrai par un chiffre romain indiquant leur numérotage dans ce travail, ce chiffre étant suivi d'un chiffre arabe indiquant le vers (quand il y a spécialement lieu de tenir compte d'un vers). Les notes aux chansons comprennent : 1° des indications sur les interprétations chinoises et en général la préface de Tseu Hia ; 2° des notes sur les vers, empruntées principalement aux gloses de Mao Tch'ang (Mao) et de Tcheng K'ang-tch'eng (Tcheng) ; ces notes sont précédées du numéro du vers ; 3° quelques notes lexiques sur les mots difficiles ; 4° des indications générales sur le sens ou les interprétations rituelles ou les croyances relatives à la chanson ; 5° l'indication des thèmes principaux. — Une chanson, ou même un vers, ne peuvent être lus utilement que si l'on veut bien consulter l'ensemble de ces notes. — Dans la parenthèse à droite du titre on trouve : 1° l'indication de la section du Che king à laquelle appartient la pièce et son numéro d'ordre ; 2° la page occupée par la pièce dans la traduction Couvreur ; 3° la page occupée dans la traduction Legge. On trouvera, en fin de volume, une table de concordance des chansons. — Les vers marqués d'un astérisque sont ceux qui contiennent un *auxiliaire descriptif*.

I. — *Le beau pêcher* 桃天 (Tcheou nan 6 — C. 10 — L. 12).

* 1. 桃之天天.   Le pêcher, comme il pousse bien !
* 2. 灼灼其華.   qu'elles sont nombreuses, ses fleurs !
  3. 之子于歸.   La fille va se marier :
  4. 宜其室家.   il faut qu'on soit femme et mari !

* 5. 桃之天天.   Le pêcher, comme il pousse bien !
  6. 有賁其實.   qu'ils ont d'abondance, ses fruits !
  7. 之子于歸.   La fille va se marier :
  8. 宜其家室.   il faut qu'on soit mari et femme !

* 9. 桃之天天.   Le pêcher, comme il pousse bien !
*10. 其葉蓁蓁.   son feuillage, quelle richesse !
 11. 之子于歸.   La fille va se marier :
 12. 宜其家人.   il faut que l'on soit un ménage !

I. — *Pref.* 桃天. 后妃之所致也. 不妒忌則男女以正. 婚姻以時. 國無鰥也. Le pêcher (pièce qui montre) où atteint (l'Influence de) la reine. Parce qu'elle n'est pas jalouse, les hommes et les femmes respectent les règles, les mariages se font en temps voulu et il n'y a pas de célibataire dans le pays. (La reine est T'ai Sseu, femme du roi Wen, le roi civilisateur).

1 et 2. pour Mao et Tcheng 興, comparaison : 天天 Yao yao (auxiliaire descriptif) peint la jeune vigueur du pêcher 少壯, et indique par allégorie que la personne (fille) symbolisée par le pêcher a l'âge de se marier. Cf. Li Ki. Kiu li. I, 1 *in* Couv I, p. 8. 三十曰壯有室 : Un homme à 30 ans est dit vigoureux, il est marié : appliqué à une femme, le terme 壯 donne l'âge de 20 ans. 灼灼 Tcho tcho (aux. desc.), peint les fleurs nombreuses. Pour Mao il symbolise la beauté de la fille 有華色. Pour Tcheng il indique que les mariages se font à la fois à la bonne saison et à l'âge voulu 年時俱當. (Tch. croit à la règle des mariages au printemps).

3. 于往也.

4. 宜 *il faut, il convient* : indique qu'il convient de se marier, l'âge (Mao 無踰時) ou l'âge et la saison (Tcheng) étant celui ou ceux que prescrivent les rites. 室家 : 有室家 prendre femme ou mari.

6. les fruits, selon Mao, symbolisent les vertus de femme 有婦德

de la fille. Tcheng, embarrassé par le sens donné par lui aux fleurs, ne met point de note.

8. 家室 : 猶室家也.

10. 蓁蓁 Tchen tchen (aux. desc. 貌) symbolise, pour Mao, le parfait état physique 形體至盛 de la jeune fille.

12. 家人 Mao : 一家之人 les personnes d'une maison. Tcheng : 猶室家 même sens que les expressions terminant 4 et 8.

C· imper. des Ts'ing. — La bonne réglementation de l'État se retrouve dans la belle ordonnance des maisons 治國在齊其家… aussi (le gouvernement du roi Wen étant bon) il devait se faire que dans tout le pays les filles soient toutes capables de mettre de l'ordre dans leurs appartements. 必一國之女皆能宜室. Cf. Ta Hio, Li Ki, Couv., II, p. 626.

Le pêcher fleurit 桃華 : dicton de calendrier, rapporté au 2· mois. Cf. Yue ling. Couv. Li Ki. I, p. 340. Sur le pêcher voir de Groot. Emouy, pp. 88, 480.

Variantes (d'écriture) (HTKKSP 1171) 枖枖, 媄媄 et 潃潃, se rapportant toutes aux aux. descriptifs.

Chanson de mariage. Thème de l'essor de la végétation.

J'ai suivi les explications des commentateurs, mais je me suis bien gardé d'introduire leurs gloses dans mon texte : si on les regarde de près, on sent combien, même pour une chanson aussi simple, l'interprétation symbolique entraîne de difficultés.

Grâce au roi Wen, les mariages se faisaient régulièrement ; mais quelles sont les règles matrimoniales précises que peuvent indiquer symboliquement les vers traduits ?

On peut d'abord penser qu'il est question de l'âge des époux ; ils ne doivent pas être trop âgés : aussi parle-t-on, par symbole, d'un pêcher jeune et qui pousse vigoureusement[1]. On peut aller plus loin dans la précision et croire que ce jeune pêcher symbolise une jeune fille et qu'elle a de quinze à dix-neuf ans. Mais, puisqu'il s'agit d'allégorie, pourquoi s'arrêter ? Les fleurs marquent la beauté de la fille ; les fruits, ses vertus d'épouse ; et le feuillage, qu'elle est en parfait état physique.

Le mariage ne doit pas seulement être conclu à un âge

---

1. I, 1-2.

déterminé, mais à une époque fixe de l'année ; cette époque, pour certains auteurs, est le printemps ; au printemps fleurit le pêcher : et voilà un autre symbolisme possible [1]. Il est vrai qu'on parle des fruits après avoir parlé des fleurs : se mariait-on encore au temps des pêches mûres ? Question qu'il vaut mieux ne pas poser : réjouissons-nous simplement que le Roi Civilisateur ait pu réussir à faire marier les filles au bon âge et à la bonne saison.

Voilà qui est bien ; et les anciens commentateurs sont satisfaits ; mais les modernes [2] vont plus loin : quand on enseigne on ne saurait être trop moral.

Le quatrième vers de chaque couplet exprime qu'il convient de se marier ; pour cela on emploie toujours le mot 宜 *il faut*, *il convient* et, selon les couplets, différents termes pour désigner le couple conjugal. On dit d'abord : « il faut qu'on soit femme et mari ! » *Femme* est rendu — cela est d'un usage constant — par le mot 室 qui signifie *chambre* ; *mari* — cela est constant — par le mot 家 qui signifie *maison* ; au second couplet mêmes mots, mais en ordre inverse ; au troisième apparaît une expression nouvelle : les personnes d'une même maison, c'est-à-dire un ménage. Pensera-t-on que les trois vers ne diffèrent que pour la rime ? Il serait plus utile de montrer là encore les effets de la Vertu Royale ; on y arrivera aisément : il suffit de donner leur sens matériel aux mots *femme* (= chambre) et *mari* (= maison) et de prêter à *il convient* le sens fort de *mettre en ordre convenable*. De ce fait, les filles moralisées par le roi Wen deviennent capables de mettre de l'ordre dans leurs maisons et parmi les personnes de leurs maisons : ainsi le veulent les éditeurs des Ts'ing, et ils obligent le P. Couvreur à traduire : « Ces jeunes filles vont célébrer leurs noces, elles établiront l'ordre le plus parfait dans leurs appartements et dans leurs maisons. »

----

1. *Ibid.*
2. C⁺ imp. des Ts'ing.

Voilà où mène l'interprétation symbolique pour une des chansons qu'elle a le moins gâtées. Mais laissons là les symboles pour de simples remarques : dans une chanson de mariage, l'idée du mariage est associée à celle de l'essor de la végétation, et, particulièrement, à la belle venue d'un jeune pêcher ; la pièce comprend trois couplets à peu près identiques ; seuls les deuxièmes et quatrièmes vers varient légèrement ; au premier couplet *fleurs* rime avec *mari ;* au deuxième, *fruits* rime avec *femme ;* au troisième, une expression un peu vague désigne le couple conjugal.

Passons à une autre pièce. Si on lit le Che king dans la traduction Couvreur, on ne retient pas sa surprise quand on arrive à la chanson du *Carambolier,* où se trouvent les vers que voici : « (Arbuste), je te félicite d'être dépourvu de sentiment. » « (Arbuste), je te félicite de n'avoir pas de famille. » Le seigneur de Kouei, explique Mao Tch'ang, était débauché ; son peuple s'en affligeait : il désirait, pour moins en souffrir, n'avoir pas plus de sensibilité qu'un carambolier...

Au reste ce carambolier avait bien d'autres bonheurs : celui, d'abord, d'être jeune et déjà vigoureux, comme le pêcher de tantôt ;. celui, encore, d'avoir des branches, des fleurs et des fruits dont on, vante la grâce ; même, chose curieuse, les termes qui expriment cette grâce sont les équivalents, nous dit-on, de ceux qui rendent la gracieuse douceur 柔順 qui est la qualité première d'une épouse[1]. Il n'y a pas là de quoi s'étonner, si l'on veut y réfléchir : le poète félicite, sous l'emblème du carambolier, ceux qui n'ont pas de famille. Ne pas désirer avoir un ménage à soi ! sentiment extraordinaire ! Comme il fallait, pour en arriver là, vivre sous un mauvais seigneur ! Certes, pour supporter les épreuves des temps malheureux, mieux vaut n'avoir ni sensibilité ni charges de famille... Mais quel prince, après avoir médité

---

1. II, 1-2.

le *Carambolier*, aurait encore l'âme assez mauvaise pour amener son peuple à un tel excès de désespoir? Voilà, bien comprises, les intentions littéraires de l'ingénieux poète symboliste qui écrivit le *Carambolier*.

Nous, cependant, essayons de traduire mot à mot.

II. — *Le Carambolier* 隰 有 萇 楚 (Kouei fong 3 — C. 154 — L. 217).

 1. 隰 有 萇 楚.   Au val est un carambolier ;
 2. 猗 儺 其 枝.   douce est la grâce de ses branches !
* 3. 夭 之 沃 沃.   Que sa jeunesse a de vigueur ! |sance!
 4. 樂 子 之 無 知. quelle joie que tu n'aies pas de *connais-*

 5. 隰 有 萇 楚.   Au val est un carambolier ;
 6. 猗 儺 其 華.   douce est la grâce de ses fleurs !
* 7. 夭 之 沃 沃.   Que sa jeunesse a de vigueur !
 8. 樂 子 之 無 家. quelle joie que tu n'aies pas de mari !

 9. 隰 有 萇 楚.   Au val est un carambolier ;
10. 猗 儺 其 實.   douce est la grâce de ses fruits !
*11. 夭 之 沃 沃.   Que sa jeunesse a de vigueur !
12. 樂 子 之 無 室. quelle joie que tu n'aies pas de femme !

II. — *Préf.* 隰 有 萇 楚. 疾 恣 也. 國 人 疾 其 君 之 淫 恣 而 思 無 情 慾 者. Le carambolier (exprime) le chagrin qu'inspire la débauche. Les gens du pays souffraient de ce que leur prince était débauché ; ils pensaient avec envie aux êtres privés de sentiments et de désirs.

1 et 2. Mao : 興 comparaison. 猗 儺. 柔 順 也 : grâce douce ; souplesse, docilité (ces deux derniers termes désignent les vertus caractéristiques de la femme ; ils peuvent désigner le sexe féminin. Cf. Couv., Dict., v° 柔.)

Pour Tcheng, le carambolier, qui pousse tout droit et donne en grandissant des rameaux flexibles, symbolise un homme qui, jeune, a de la rectitude et de la simplicité de cœur, 端 慤 et qui, avec l'âge, n'aura point de désirs (pervers) 情 慾 (mais des désirs conformes 順 aux règles).

3. 沃沃 wou wou (aux. desc.) peint la vigueur élégante 壯佼。天少也.

4. Tcheng 知 connaissance 匹也 = moitié, compagnon. Selon Tcheng on s'afflige des désirs pervers du prince, aussi (par opposition) félicite-t-on, sous l'emblème du carambolier, un homme qui, au temps de sa jeune vigueur, n'a pas le désir d'une femme 疾君之恣. 故於人年少沃沃之時樂其無妃匹之意.

8. Tcheng 無家. 謂無夫婦室家之道. N'avoir pas de mari veut dire n'avoir pas d'inclination aux rapports conjugaux (sexuels).

Tchou Hi donne à 知 connaissance le sens de sentiment : les hommes envient les végétaux qui n'ont pas de connaissance et partant n'éprouvent point de douleur 草木之無知而無憂也.

Ed. des Ts'ing. 知 y est pris aussi dans le sens de sentiment. « On dit d'ordinaire qu'il est pénible de ne pas être marié. On n'entend jamais faire un sujet de félicitation du fait de n'être pas marié. Le peuple (du pays) du carambolier félicitait les gens non mariés : c'est là le point extrême de l'abattement. » 聞以未有室家爲苦矣. 未聞以無室家爲樂也. 葚楚之民. 樂無室家. 困之至矣.

Le sens de Tchou Hi et des Ts'ing semble se rapprocher de celui qu'indique la préface. Celle-ci étant peu claire, Tcheng, pour donner à 知 son vrai sens, sans contredire la préface, a imaginé une allégorie assez différente : selon lui, on propose au prince une conduite dont le carambolier fournit l'emblème.

Variantes d'écriture sans intérêt aux deux premiers caractères du vers 2.

Chanson d'accordailles. Thèmes de l'essor de la végétation et de la rencontre dans les vallons.

La composition de cette chanson ressemble étrangement à celle du *Beau pêcher*: on y décrit de même un arbre de belle venue, et il semble bien qu'on y parle de mariage ; dans un couplet *fleurs* rime avec *mari* ; dans un autre, *fruits* rime avec *femme* ; serait-ce qu'au couplet restant le mot qui termine le quatrième vers désigne aussi, de façon plus vague, le couple conjugal, ou, de façon plus neutre, l'époux, le conjoint ? Si on l'entend ainsi on peut se passer de symbolisme pour comprendre la chanson ; il n'y est point question du méchant duc de Kouei : c'est une chanson d'accordailles. Dans un couplet la fille chante sa joie de voir que le jeune homme de son choix n'est engagé à aucune autre ; le jeune homme en dit autant de son côté ; mais tous deux peuvent chanter le premier couplet et, sans doute, ils le chantent ensemble : « Quelle joie que tu n'aies pas de connaissance ! »

Je ne voudrais pas qu'on m'accusât de faire, pour traduire le chinois, de mauvais jeux de mots en français ; si l'on traduit mal, au moins faut-il rester grave, et c'est, chez nous, d'un style médiocre, que d'appeler son amie ou son ami « sa connaissance ». Dans le chinois, toujours si noble, en traduction, pourrait-il en être autrement ?

Or il suffit d'ouvrir le dictionnaire du P. Couvreur pour apprendre que 知 *savoir, sentiment, connaissance*, a fréquemment le sens d'*ami*, et dans les textes les plus graves. Et cela n'a rien de surprenant. Mais ce n'est point assez : ce sens d'*ami*, l'a-t-il précisément dans notre chanson ? Est-ce moi, enfin, qui fais un jeu de mots et un contresens, ou les commentateurs symbolistes ?

Mao Tch'ang ne met point de note sous le mot, mais la préface est formelle : « Le peuple porte envie aux êtres privés *de sentiments et de désirs.* » La préface nous vient de Tseu Hia, disciple de Confucius : j'ai donc tort. Pourtant, voyons la glose[1] de *Tcheng K'ang-tch'eng:* « *Connaissance* veut dire moitié, compagnon 知匹也. » Tcheng me donnerait-il raison ? Non pas : ce serait ruiner l'interprétation morale. Il ajoute donc : « *On se réjouit qu'il n'ait pas...* » — Vous attendez : de moitié, de connaissance ? Car il n'y a pas autre chose dans le texte... Mais ce n'est pas ce que dit Tcheng ; il dit : « *On se réjouit qu'il n'ait pas* le DÉSIR de prendre *une moitié, une femme.* » C'est-à-dire qu'on le félicite (le carambolier, je suppose) de ne pas être assez imprudent pour aller se charger d'une femme sous un pareil gouvernement. Et voilà comme, pour se conformer à la préface, il est sans *désirs.* Ainsi tout s'arrange : les mots ont leurs sens et il ne faut pas les méconnaître ; la morale a ses droits et il faut les respecter ; 知 *connaissance* signifie bien *ami* et non *sentiment* et je n'avais point tort ; mais, tout de même, *le Carambolier* est une satire contre les mauvais bergers, et Tseu Hia,

---

1. II, 4.

disciple de Confucius, avait bien raison. Tcheng K'ang-tch'eng[1] a suffisamment d'ingéniosité pour se permettre d'éviter un lourd contresens sans détruire la valeur pédagogique du poème; en sollicitant doucement le texte, il met d'accord sa conscience de philologue et ses scrupules de moraliste orthodoxe.

Du même coup, il nous révèle un fait de la plus haute importance pour une étude méthodique du Che king : *la philologie des commentateurs est*, dans le détail, *indépendante de leur morale*. C'est une chose de montrer, dans une préface, les services que la chanson peut rendre aux bonnes mœurs ; c'en est une autre de lire le texte avec précision. Il y a le Che king tel qu'on l'explique et tel qu'on le cite dans les écoles et dans les conseils ; il y a le Che king tel qu'on le goûte et qu'on l'analyse en amateur d'art et d'antiquités. Je ne vois pas comment Tcheng K'ang-tch'eng aurait pu dépouiller les vieilles chansons de la morale qui est leur parure officielle ; je ne m'expliquerais pas qu'un fin lettré comme lui, et un bon vivant, ait pu se laisser séduire par le symbolisme pénible de l'interprétation classique. Avec cette sagesse parfaite qui ne discute pas la valeur du conformisme social, Tcheng a commenté le Che king tel qu'il lui parvenait, anecdotes explicatives et préfaces comprises. Il profite de la leçon de morale pour éclaircir autant qu'il peut quelques points d'histoire ou de droit ; il profite de la leçon de choses pour préciser, avec une érudition incomparable, le sens des mots anciens ou techniques ; et, s'il arrive que l'explication symbolique ait eu besoin de fausser un peu trop le sens de quelques expressions, il rectifie, doucement, de façon qu'un lecteur un peu attentif ne s'y trompe pas et que la morale, pourtant, soit sauve.

---

1. Tcheng k'ang-tch'eng 鄭康成 (127-200 ap. J.-C.), le plus illustre des commentateurs des classiques, remarquable par une érudition précise et un sens très vif de la langue ancienne.

On suivra, pour lire le Che king, et tout particulièrement le Kouo fong, les règles suivantes :

1° On ne tiendra aucun compte de l'interprétation classique, pas plus que de ses variantes conservées. On ne devrait s'en servir que, si l'on voulait connaître l'utilisation rituelle *dérivée* du Che king ; il ne faut pas s'en servir si l'on veut pénétrer le sens original des chansons ;

2° On rejettera absolument la distinction établie entre chansons qui témoignent du bon état des mœurs et chansons qui témoignent de la perversion des mœurs. Il se peut qu'il y ait des chansons satiriques [1] dans le Che king ; mais voir une satire symbolique dans une chanson telle que *le Carambolier* est assurément un contresens ;

3° En conséquence, on ne distinguera pas des autres sections du Kouo fong les deux premières ; on n'hésitera pas à comparer entre elles des chansons classées dans deux sections différentes [2]. On a déjà vu combien de telles comparaisons pouvaient être utiles ; ce procédé nous a permis de retrouver dans une prétendue satire politique une simple chanson d'accordailles ;

4° On rejettera toute explication symbolique ou qui prête au poète un métier raffiné ;

5° On recueillera avec soin, mais comme des données indépendantes, les renseignements sur l'histoire ou les mœurs qui servent à justifier l'interprétation symbolique. Par exemple, on notera que pour Mao les filles devaient se marier avant vingt ans et les garçons avant trente ans ; on notera que pour Tcheng les mariages devaient se faire au printemps. On ne se servira pas de ces données pour interpréter *le Beau pêcher.*

6° On accueillera les explications sur les mots ou la syntaxe en faisant le départ entre celles qui sont données par

---

1. C'est peut-être le cas de LXII.
2. Le classement que j'ai adopté ne tient aucun compte du classement officiel.

souci d'exactitude philologique et celles qui ne sont fournies que pour justifier l'interprétation classique. Cette règle est délicate à bien observer ; elle demande, pour être suivie exactement : 1° qu'on lise les commentaires avec une extrême attention et dans le détail ; 2° qu'on se soit fait une idée de l'attitude de chaque glossateur à l'égard du texte auquel on a précisément affaire ; 3° qu'on connaisse les théories archéologiques particulières à chaque école de commentateurs ; 4° enfin, qu'on ait d'abord un sentiment juste du sens général de la chanson étudiée. On ne peut arriver à de bons résultats qu'à l'aide d'une longue pratique et si l'on a soin d'appliquer les deux règles qui suivent ;

7° On tiendra le plus grand compte du rythme des chansons. L'expérience montre que ce rythme décèle des *correspondances d'expressions* liées à des *correspondances entre les choses*[1] et qui éclairent à la fois le sens particulier des mots et le sens général de la pièce. En conséquence, on s'efforcera, dans la traduction, de conserver le rythme de l'original ; on traduira rigoureusement vers pour vers et de manière à mettre en évidence *les retours ou les parallélismes d'expresssions*[2] ;

8° On fixera le sens de chaque pièce par la comparaison avec les pièces analogues. S'il n'est pas toujours possible d'arriver à savoir au juste le sens général d'une chanson, ce système servira au moins à accroître la collection des correspondances ; on constituera ainsi une série de *thèmes* poétiques ;

9° L'expérience montre qu'il est dangereux d'interpréter les chansons du Che king qui nous ont transmis des faits bruts, à l'aide de règles rituelles élaborées par une pensée

----

1. J'étudierai plus loin en détail ce que signifie le procédé des correspondances.

2. L'observation de cette règle méthodique m'a imposé de traduire les chansons de la façon la plus littérale : j'ai été parfois obligé de ne pas respecter l'ordre des mots chinois, dans ce cas je me suis efforcé d'obtenir que dans ma traduction les mots qui se correspondent dans les vers chinois continuent à se faire face.

religieuse déjà savante ou reconstituées par de pieux archéologues. On s'efforcera d'expliquer le Che king par le Che king : mieux vaut se résoudre à ne connaître que des faits bruts et ne pas courir le risque de mettre ces faits en relation directe avec des idées ou des règles de formation dérivée ou indépendante ;

10° S'il faut avoir recours à des sources étrangères, on préférera aux textes classiques ceux qui nous offrent des faits de folklore — anciens si possible, modernes à la rigueur, empruntés au besoin à l'aire de la civilisation extrême-orientale — qui, tous, auront l'avantage d'avoir été au minimum déformés par le travail de la réflexion juridique ou religieuse ;

11° Le Che king est un recueil artificiel ; il contient des pièces qu'on nous dit être de provenances diverses, soit quant au lieu d'origine, soit quant à la date, soit quant aux auteurs. On s'aperçoit, à l'usage, qu'il n'y a pratiquement pas à tenir compte des diversités provinciales : même, l'étude du Che king donne une forte impression de *l'unité chinoise*[1]. En revanche, il serait dangereux de ne pas s'attendre à trouver dans le recueil et même dans le Kouo fong des pièces tardives ou de composition savante[2] ;

12° Il n'est pas impossible que les chansons, par exemple, quand on les a consignées par écrit, aient été remaniées[3] : il faut garder présente à l'esprit l'idée que les chansons peuvent être de formation secondaire quand les thèmes sont de formation primitive ;

13° Les thèmes primitifs, nécessairement associés à des états sentimentaux, peuvent apparaître dans des pièces où s'expriment des sentiments analogues, sans que, pour cela,

---

1. Au moins à l'intérieur de la *Confédération chinoise* 中國.
2. Par ex. V et LXVII (particulièrement le 3ᵉ couplet).
3. Par ex. XVII et LIVB. Noter par ex. l'évolution du thème de l'aubade. Comp. XLII ; Ts'i fong 1, Couv., 103 ; Siao ya, III, 8, Couv., 212.

le fonds de ces pièces ait de rapport avec les faits qui sont à l'origine des thèmes[1] ;

14° Des thèmes, même des chansons entières, peuvent avoir, à un moment donné, sans modifications ou avec de légères modifications, reçu un nouvel emploi rituel ou pratique qui en retour leur a conféré une valeur ou une signification plus ou moins nouvelle[2] ;

15° En particulier les chansons d'amour et leurs thèmes peuvent avoir reçu une signification nouvelle soit du fait de l'évolution dans le temps des institutions matrimoniales soit du fait que ces institutions, par le passage d'une classe sociale à une autre classe, changeaient de valeur[3] ;

16° D'un autre point de vue, des thèmes ou des chansons peuvent avoir servi, même sans modifications notables, de conseils ou de satires déguisés, conformément à l'usage du conseil et de la réprimande qu'on a mentionné plus haut[4]. Un tel emploi a été facilité par les faits suivants : 1° Les mots qui désignent l'amitié 友, le compagnonnage militaire 伍 sont ceux-là mêmes qu'emploie la langue amoureuse[5] ; 2° une femme appelle son mari et une fille son amant *seigneur* ou *monseigneur* (子, 君子) appellations dont use normalement un vassal ; 3° le genre n'est d'ordinaire pas marqué, si bien qu'il est difficile de reconnaître si c'est un homme ou une femme qui parle ; par suite les reproches d'une amante délaissée peuvent — à part leur caractère passionné — passer pour les remontrances d'un vassal ou d'un ami. La possibilité de pareilles confusions est, de soi-même, un fait important ; elle révèle la parenté des différents rapports sociaux qui peuvent ainsi être pris l'un pour l'autre.

---

1. Voir p. 140.
2. Comp. XXXIII et Wang fong, 4 ; Couv., p. 128.
3. Voir les interprétations de LVI et LIX. Cf. Granet, *Coutumes matrimoniales de la Chine antique*. App. *in* T'oung pao, XIII, p. 553.
4. Comp. l'usage des chansons malgaches : voir Paulhan, les Hainteny Merinas, 1913, préface. — Voir App. I.
5. Voir p. 207-8.

Toutes précautions prises, l'interprétation que l'on peut donner du Che king, et particulièrement des chansons d'amour, doit être considérée comme pratiquement sûre pour ce qui est des thèmes ; elle n'est pas certaine dans tous les cas pour ce qui est des chansons. Cette restriction n'a pas grande importance pour notre étude : il n'y est pas question d'examiner la valeur littéraire des pièces prises une à une, mais de dégager les éléments essentiels d'un genre. De ce point de vue, les thèmes, plus que les pièces, sont intéressants.

Les pièces dont je donne la traduction sont les plus importantes parmi celles du Che king qui me paraissent être des chansons d'amour ; je les ai rangées dans l'ordre où elles s'expliquent le mieux l'une par l'autre ; elles sont classées d'après les thèmes essentiels qu'elles contiennent et divisées en trois groupes, chacun suivi des remarques qu'il suggère.

Les chansons qu'on lira d'abord sont remarquables par de brèves descriptions dont les sujets sont empruntés à la nature ; on en retrouve de semblables dans les vieux calendriers. L'étude de ces *thèmes champêtres* fera voir que la poésie des chansons est liée à des usages saisonniers ; on peut se demander si elle n'a pas une origine rituelle.

Une deuxième section comprendra les pièces qui peignent *l'amour au village*. Cette poésie rustique a-t-elle une origine savante et des fins morales ? Je montrerai que, si on l'a soutenu, c'est uniquement pour justifier l'emploi pédagogique du Che king. Mais, si on a pu le soutenir, c'est que le souci de l'orthodoxie morale empêchait de comprendre d'anciennes mœurs paysannes. Ces mœurs, précisément, nous feront connaître de quel milieu sont sorties les chansons. Il restera à étudier la matière et les procédés de cette poésie rustique ; ils ne s'expliquent que si elle a pris naissance au milieu des chœurs de danse.

Les dernières pièces, enfin, feront connaître les *thèmes de la promenade sur les monts et près des eaux ;* elles permettront de voir comment les chansons d'amour, comment l'amour avec la poésie naissaient des rites de fêtes saisonnières. Pour terminer, j'indiquerai brièvement ce que la poésie amoureuse, même devenue personnelle, conserve de l'art primitif de la chanson.

LES THÈMES CHAMPÊTRES

III. — *Les mûriers du Val.* 隰桑 (Siao ya VIII, 4 — C. 310 — L. 414).

1. 隰桑有阿.	Les mûriers du val, quelle force !
2. 其葉有難.	leur feuillage, quelle beauté !
3. 既見君子.	Sitôt que je vois mon seigneur,
4. 其樂如何.	ma joie, quelle n'est-elle pas !
5. 隰桑有阿.	Les mûriers du val, quelle force !
6. 其葉有沃.	leur feuillage, quelle douceur !
7. 既見君子.	Sitôt que je vois mon seigneur,
8. 云何不樂.	allons ! quelle n'est pas ma joie !
9. 隰桑有阿.	Les mûriers du val, quelle force !
10. 其葉有幽.	leur feuillage, quel vert profond !
11. 既見君子.	Sitôt que je vois mon seigneur,
12. 德音孔膠.	son prestige, qu'il agit fort !
13. 心乎愛矣.	Celui donc que dans mon cœur j'aime,
14. 遐不謂矣.	est-il trop loin pour y songer ?
15. 中心藏之.	Lui, que du fond du cœur j'estime,
16. 何日忘之.	lui, quand pourrais-je l'oublier ?

III. — *Préf.* 隰桑. 刺幽王也. 小人在位. 君子在野. 思見

之子盡心以事君. *Les mûriers du val* : satire contre le roi Yeou. Les petites gens avaient les places ; les sages étaient aux champs. On désirait que les sages missent tout leur cœur à servir le roi, (c'est-à-dire que le roi sût reconnaître leurs mérites).

1 et 2. Comparaison. 阿 ngo : aux. desc. (non redoublé) (Tcheng en l'expliquant le redouble 阿阿然) peint la belle apparence.

6. 沃. 柔也. (Mao).

10. 幽. 黑色也. (Mao).

12. 膠. 固也. (Mao).

14. 逷. 遠. (Tcheng).

15. Tcheng interprète 臧 par 善.

Correspond. des vers 13 et 14 établie par 矣 particule terminale. — Corresp. des vers 15 et 16 établie par 之.

Variantes d'écriture : Ts'i che : 瑕 pour 逷. Cf. Li Ki, Piao Ki *in* Couv., II, 504.

L'appellation 君子 seigneur : sage, les thèmes de la fidélité et du prestige expliquent pourquoi la recherche de l'amant dans les champs a pu passer pour la recherche des sages retirés à la campagne, faute d'emploi.

Thème de l'essor de la végétation. — Thèmes accessoires de la rencontre dans les vallons, — du prestige (12), — de l'éloignement (14), — de la fidélité (16).

IV. — *Les peupliers de la porte* 東門之楊 (Tch'en fong 5 — C. 148 — L. 209).

1. 東門之楊.   Porte de l'est sont les peupliers !
*2. 其葉牂牂.   qu'il est superbe leur feuillage !
3. 昏以爲期.   Au crépuscule on doit s'attendre !
*4. 明星煌煌.   qu'il est vif l'éclat des étoiles !

IV. — *Préf.* 東門之楊. 刺時也. 昏姻失時. 男女多違. 親迎女猶有不至者也. *Les peupliers de la porte* : critique l'époque. Les mariages se faisaient hors de saison. Nombre de garçons et de filles transgressaient les règles. Quand en personne le fiancé était allé au-devant de la fille, celle-ci, bien des fois, ne venait pas.

1 et 2. Mao : Comparaison : 牂牂 Tsang tsang (aux. desc.). Garçons et filles n'obéissant pas aux saisons (aux règles saisonnières) n'attendaient pas qu'arrivent l'automne et l'hiver 男女失時. 不逮秋冬. Tcheng : Le feuillage superbe des peupliers indiquant le milieu du troisième mois, c'est une image montrant que la saison est trop avancée :

on a manqué le deuxième mois de printemps. 楊葉胖胖. 三月中也. 與者喻時晚也. 失仲春之月.

3 et 4. Tcheng. 親迎之禮以昏時. 女留他色. 不肯時行. 乃至大星煌煌然. Le rite où le fiancé va en personne au-devant de la fiancée se fait au crépuscule du soir. La fille s'attardant à d'autres amours ne voulut point venir au moment voulu et quand elle arriva l'éclat des étoiles était très vif.

煌煌 Houang houang: aux. descriptif.

Le 2ᵉ couplet ne diffère que par les aux. desc.

6. 肺肺 P'ei p'ei. Mao: 猶胖胖 comme Tsang tsang.

8. 晢晢 Tcheu tcheu. Mao: 猶煌煌 comme Houang houang.

Pour Tcheng (et sans doute la préface) la satire est double : le mariage ne se fait ni au moment de l'année ni au moment du jour qui conviennent. La pompe nuptiale Yi li 士昏禮 doit se faire en effet au crépuscule du soir. Mao croit que le mariage se fait trop tôt (printemps ou été) car pour lui les saisons propices sont l'automne et l'hiver. Tcheng croit qu'il se fait trop tard, le seul mois convenable étant selon lui le 2ᵉ mois (équinoxe de printemps).

Pour Tchou Hi : Rendez-vous d'amants.

期 est employé dans la terminologie du mariage 請期 pour désigner le jour de la pompe nuptiale. Dans les chansons il désigne le terme des rendez-vous ou les rendez-vous. Cf. XLIV, 5 ; XX, 7 ; LXVI, 7 et 10.

Thèmes de l'essor de la végétation, — des rendez-vous, — des lieux ombragés à l'Est des villes.

V. — *La belle fleur* 何彼穠矣 (Chao nan 13 — C. 27 — L. 35).

1. 何彼穠矣.   N'est-ce pas une belle fleur,
2. 唐棣之華.   la fleur du cerisier sauvage ?
3. 曷不肅雝.   Ne sent-on pas sa modestie
4. 王姬之車.   à voir le char de la Princesse ?

V. — Quatre premiers vers d'une pièce de circonstance. Mariage d'une princesse royale 王姬 à un seigneur. Un tel mariage étant au-dessous de sa condition 下嫁於諸侯, elle doit faire preuve de modestie 肅雝 (épithète rituelle pour une épousée). Cf. l'histoire des filles de Yao, SMT. Chav., I, 53.

1. 穠. 戎. Mao.

2. 唐棣. 栘. Mao.

3. 肅. 敬. Mao. Cf. LXVII, 3. 雝. 和. Mao. Cf. L, 8.

Poésie de cour. Thème des floraisons.

VI. — *Sauterelles ailées.* 螽 斯 (Tcheou nan 5 — C. 10 —
L. 11).

 1. 螽 斯 羽.   Sauterelles ailées,
*2. 詵 詵 兮.   que vous voilà nombreuses !
 3. 宜 爾 子 孫. Puissent vos descendants
*4. 振 振 兮.   avoir grandes vertus !

VI. — *Préf.* 螽 斯. 后 妃 子 孫 衆 多 也. 言 若 螽 斯 不 妒 忌 則 子 孫 衆 多 也. *Sauterelles ailées :* (peint) le grand nombre des descendants de la reine. On veut dire que, parce que de même que les sauterelles, elle n'était point jalouse, ses descendants étaient très nombreux.

1 et 2. 螽 斯. 蜙 蝑 也. (Mao).

詵 詵 Sin sin, aux. desc. peint le grand nombre (Mao). Tcheng : De tous les êtres qui ont des désirs sexuels (m. a. m. désirs de Yin et de Yang) il n'y en a pas qui ne soit pas jaloux. Seules les sauterelles ne le sont pas. Chacune peut recevoir le souffle 受 氣 (du mâle) et faire des petits. La vertu de la reine avait pareil pouvoir.

N'étant pas jalouse, elle laissait libéralement approcher du seigneur toutes les femmes du gynécée (cf. LVI, préf.) et par ce moyen donnait au seigneur (et à elle-même) de nombreux descendants.

3 et 4. 振 振 Tchen tchen aux. desc. représente les vertus sociales 仁 厚. Cf. Tcheou nan, 11, v. 2 et XIV, 5.

Tcheng explique que la Vertu de la Reine (absence de jalousie) faisait que parmi les enfants des femmes du gynécée il n'y en avait pas qui ne fussent bons.

Les couplets 2 et 3 ne diffèrent que par les aux. desc.

6. 薨 薨 Houng houng, peint le grand nombre (Mao).

8. 繩 繩 Cheng cheng représente le respect des règles (Mao).

10. 揖 揖 Tsi tsi peint le rassemblement (Mao).

12. 蟄 蟄 Tch'en tch'en peint la concorde (Mao).

Variantes d'écriture : 斯. 蜇 et 蝍.

Variantes d'aux. desc. : 莘 pour 詵. 憴 pour 繩. HTKKSP, 1171, p. 6.
Comp. LIX, 1, 2, la sauterelle est liée à l'idée de l'union sexuelle.
Thème de l'amour des bêtes.

Il est difficile d'échapper à l'impression que ces vers ont un caractère de souhait et d'incantation, tendant à la multiplication des individus (espèce humaine et espèce animale associée).

VII. — *Les cailles.* 鶉之奔奔 (Yong fong 5 — C. 56 — L. 80).

*1. 鶉之奔奔.   Les cailles vont par couples
*2. 鵲之彊彊.   et les pies vont par paires...
 3. 人之無良.   D'un homme sans bonté
 4. 我以爲兄.   vais-je faire mon frère?

*5. 鵲之彊彊.   Les pies s'en vont par paires
*6. 鶉之奔奔.   et les cailles par couples...
 7. 人之無良.   D'un homme sans bonté
 8. 我以爲君.   ferais-je mon seigneur?

VII. — *Préf.* 鶉之奔奔. 刺衞宣姜也. 衞人以爲宣姜鶉鵲不若也. *Les cailles* : On blâme Siuan Kiang de Wei (la princesse de nom de famille Kiang, femme du duc Siuan, 718-699, de Wei. — Cf. SMT, IV, p. 196 sqq.). Les gens de Wei voulaient exprimer que (la conduite de) Siuan Kiang n'était pas conforme à (celle des) cailles et des pies.

Tcheng : Siuan Kiang (femme en secondes noces du duc Siuan) se livrait à la débauche et au désordre avec le Kong-tseu Wan (fils du duc Siuan). Sa conduite n'était pas conforme à celle des bêtes. (Cf. Gloses de K'ong Ying-ta à 3-4 : elle ne respectait pas les règles de l'accouplement 失其常匹 que même (des bêtes comme) les pies et les cailles respectent.)

1 et 2. Pen pen, Kiang kiang : aux. desc. Mao : Marquent que les pies et les cailles font leur nichée en respectant les règles d'accouplement 其居有常匹 [glose de K'ong Ying-ta : elles ne commettent pas d'inceste : m. à m. elles ne mettent point de désordre parmi leurs semblables : lisez : parents. 不亂其類. (Sur le sens de 類 : 德 : 姓 voir Kouo yu Tsin yu, IV, 8]]. Elles volent en se suivant l'une l'autre : c'est-à-dire la femelle suivant le mâle avec qui elle doit normalement s'apparier. (C'est ce vol que peignent les aux. desc.). Cf. LVI, 1-2.

4. 兄. Frère ; Mao et Tcheng : le frère du prince, savoir Wan, frère du duc Houei (699-668, successeur de Siuan). — Sur le mot frère pour désigner l'amant, le mari, voir XXXIII, 3 (n.) et Pei fong, 10, X, 2e st. in f.

5. 君. 國小君 : princesse (et non prince). Mao : désigne Siuan Kiang.
Variantes d'écriture : 之. 而.
Variantes d'aux. desc. : 奔. 賁 ; 彊姜. HTKKSP, 1171, p. 46.
Interprétation politique accrochée au mot *frère*, pris dans son sens strict ; *seigneur*, pris dans son sens politique.
Thème de l'amour des bêtes. Thème du refus ironique.

VIII. — *Les monts de l'est.* 東 山 (Pin fong 3 — C. 167 —
L. 235).

41. 倉 庚 于 飛. Le loriot qui prend son vol
*42. 熠 熠 其 羽. comme sont brillantes ses ailes !
43. 之 子 于 歸. Cette fille qui se marie,
44. 皇 駁 其 馬. tachés de roux sont ses chevaux !

VIII. — Fragment d'une élégie militaire.
41. *Le chant du loriot*, thème calendérique. Cal. des Hia, 2ᵉ mois, Yue
ling, *id.* (Couv., p. 340.)
44. Thème des chevaux de la pompe nuptiale. Cf. XLVI.

IX. — *Le nid de pie.* 鵲 巢 (Chao nan 1 — C. 16 — L. 20).

1. 維 鵲 有 巢. C'est la pie qui a fait un nid :
2. 維 鳩 居 之. ce sont ramiers qui logent là !
3. 之 子 于 歸. Cette fille qui se marie,
4. 百 兩 御 之. Avec cent chars accueillez-la !

5. 維 鵲 有 巢. C'est la pie qui a fait un nid :
6. 維 鳩 方 之. ce sont ramiers qui gîtent là !
7. 之 子 于 歸. Cette fille qui se marie,
8. 百 兩 將 之. avec cent chars escortez-la !

9. 維 鵲 有 巢. C'est la pie qui a fait un nid :
10. 維 鳩 盈 之. ce sont ramiers plein ce nid-là !
11. 之 子 于 歸. Cette fille qui se marie,
12. 百 兩 成 之. de cent chars d'honneur comblez-la !

IX. — *Préf.* 鵲 巢. 夫 人 之 德 也. 國 君 積 行 累 功 以 致 爵
位. 夫 人 起 家 而 居 有 之. 德 如 鳲 鳩. 乃 可 以 配 焉. *Le nid de
pie* (montre quelle est) la Vertu d'une princesse. Un prince féodal s'efforce par ses actions, s'applique par ses labeurs à parvenir à son honneur et sa dignité (de seigneur). La princesse en venant se marier avec

lui possède (sa dignité) et habite (sa seigneurie). Sa vertu est semblable
à celle des ramiers ; aussi peut-elle devenir la moitié (du prince).

1 et 2. Mao : Comparaison : la pie est l'emblème du prince, les ramiers
sont l'emblème de la princesse.

4. 百兩·百乘也· Mao : Quand la fille d'un seigneur se marie à un
seigneur cent chars viennent à sa rencontre et autant l'escortent.

御·迎也· Tcheng. Noter qu'au Yi li, chap. du mariage, le suivant
du mari est appelé 御 cocher.

6. 方·有· Mao.

8. 將·送· Mao. Noter que les suivantes de la femme s'appellent
媵, terme qu'on interprète par 送. Yi li : Mariage.

10. 盈滿也· Mao. Tcheng explique que le mot *plein* est une allusion
aux suivantes de la femme qui viennent *emplir* la maison. 衆媵姪娣
之多· Un seigneur épousait en un seul mariage 9 filles de même nom
de famille, savoir : une sœur (cousine) cadette de l'épouse principale et
une de ses nièces (fille d'une génération inférieure), plus deux autres
groupes de 3 femmes de même composition (la principale de chaque
groupe s'appelant 媵, les autres étant une sœur cadette et une nièce)
choisies dans deux autres seigneuries mais portant le même nom. Cf.
principalement Tsouo Tchouan, duc Yin, 1ᵉʳ a. (Leg. 3) ; Gloses de Tou Yu,
K'ong Yang, Ho Hieou, Kou leang. — Tch'ouen Tsieou, duc Tch'eng, 8ᵉ a.
(Leg. 1, 366) ; Glose de Tou yu, note du Tsouo tchouan ; gloses de Tou
yu, Kong yang. — *Id.*, 9ᵉ a. (Leg. 370) ; Gloses de Tou yu, Kong yang, Ho
Hieou. — *Id.*, duc Tchouang, 19ᵉ a. (Leg. 98). Gloses de Kong yang, Ho
Hieou. — Yi li : 士昏禮· — Che king, LXI et Chao nan, 11 ; Couv.,
p. 25.

12. 成 traduit par *comblez* veut dire « accomplissez tous les honneurs
qu'on lui doit à l'occasion de la pompe nuptiale. » (Mao). — Symétrique
de 盈, vers 10.

Le nombre 100 indique la totalité. Cf. l'expression 百物, les cent
choses = toutes choses.

La pie est un oiseau faste, qui mérite le surnom de 喜 et qui est très
ordinairement associé à l'idée du mariage. Voir son rôle dans *le Mariage
stellaire de la Tisserande et du Bouvier* (cf. de Groot, Emouy, pp. 439-440
et ce travail *in fine.*) La pie est un emblème de la fidélité conjugale. Cf.
VII et Piao Ki, Couv., Li Ki, II, 507. Elle fait son nid à partir du 12ᵉ mois,
Yue ling, Couv., I, p. 405.

Le ramier ou la tourterelle, dont les chants au 3ᵉ mois (Yue ling,
Couv., Li Ki, I, 350) sont associés à la cueillette des feuilles de mûrier,
fournit aux chansons un thème printanier. Cf. XLVI, 23, 24. L'épervier
se transforme en ramier au 2ᵉ mois de printemps (Yue ling, Couv., I,
340). Cf. Hia siao tcheng, 1ᵉʳ mois) ; transformation inverse au 8ᵉ mois
(2ᵉ mois d'automne). Li Ki, Wang tche, II, Couv. I, p. 283.

Variantes d'écriture : 誰 鵲 ; 御·訝 et 迓 HTKKSP, 1171, p. 10.

Noter le rythme très simple, marqué par des rappels de mots vides (維
c'est, ce sont au 1ᵉʳ et 2ᵉ vers des couplets ; 之 *la, là*, au 3ᵉ et 4ᵉ vers) et des
balancements de mots : 盈 成 11ᵉ et 12ᵉ vers.

L'interprétation classique sans être très loin du sens véritable le fausse cependant. Les correspondances de vers établissent un parallèle entre la pie et la mariée, 1. 3, les ramiers et (les chars où sont montées) les suivantes. Au 3ᵉ couplet, Tcheng et Mao admettent d'ailleurs que les ramiers sont l'emblème des suivantes. Ils ne l'admettent pas pour les premiers vers afin de pouvoir, comme la préface, mettre en lumière la dépendance de la femme par rapport au mari.

Chanson de mariage. Thème des oiseaux. Thème du char de la mariée.

X. — *Les liserons*. 野有蔓草 (Tcheng fong 20 — C. 101 — L. 147).

1.	野有蔓草.	Aux champs sont liserons
2.	零露溥兮.	tout chargés de rosée !
3.	有美一人.	Il est belle personne
4.	清揚婉兮.	avec de jolis yeux !
5.	邂逅相遇.	J'en ai fait la rencontre :
6.	適我願兮.	elle est selon mes vœux !
7.	野有蔓草.	Aux champs sont liserons
*8.	零露瀼瀼.	tout couverts de rosée !
9.	有美一人.	Il est belle personne
10.	婉如清揚.	avec de jolis yeux !
11.	邂逅相遇.	J'en ai fait la rencontre :
12.	與子偕臧.	avec toi tout est bien !

X. — *Préf*. 野有蔓草. 思遇時也. 君之澤不下流. 民窮於兵革. 男女失時. 思不期而會焉. *Les liserons :* On pense au temps normal des rencontres. L'Influence princière ne se répandait plus sur les humbles. Le peuple était épuisé par les guerres. Garçons et filles manquaient l'époque du mariage. On songe avec regret (au temps où garçons et filles) sans se donner de rendez-vous (particuliers) allaient (tous) à la réunion (des filles et des garçons ordonnée par le prince). Cf. Tcheou li : 地官 vᵒ 媒氏) (Tcheng : 不相與期而自俱會).

1 et 2. 溥. 盛多 : Mao. Comparaison : la rosée se répand sur les plantes par la faveur du ciel comme l'Influence princière se répand sur les hommes.

Pour Tcheng : indication de date, désigne le second mois de printemps. Les plantes commencent à pousser. Le givre devient rosée (cf. LIV, faits inverses aux dates symétriques d'automne). Citation du Tcheou-li comme preuve que c'était alors le temps des réunions matrimoniales.

[Pour Mao : manquer l'époque = dépasser l'âge. Pour Tcheng : laisser passer la saison propice, 2ᵉ mois.]

4. 清揚 : intervalle entre les deux yeux. 婉. 美 Mao.

5. 邂逅 : Rencontre, indique qu'ils se sont trouvés à la grande réunion régulière sans s'être donné de rendez-vous (Mao).

6. Mao : conforme à mon désir de me marier à l'âge régulier 適其時願.

8. Fang fang : aux. desc. peint l'abondance de rosée.

12. 臧. 善 Mao.

Tchou Hi : Rencontre de garçons et de filles dans les champs au milieu des plantes couvertes de rosée.

Variantes d'écriture : 溥. 團 et 專 ; 零. 靈 ; 婉. 畹 ; 揚. 陽 ; 逅. 遘 et 覯. (Cf. LIX, 6 et LX, 23, 29), HTKKSP, 1172, pp. 11 et 12.

Commentaires très importants : ils montrent que pour les érudits chinois l'immoralité ne consiste pas dans les réunions champêtres de filles et de garçons (couvertes par l'autorité du Tcheou li), mais dans le fait que, aux époques troublées, ces réunions étaient l'occasion de rendez-vous particuliers. Cf. *les Joutes*, in fine.

Thème de la rosée. Thème des rencontres printanières. Comp. LIV. (XI. pp. 12, 13, 14 ; voir App. I).

XI. — *La rosée des chemins.* 行露 (Chao nan 6 — C. 20 — L. 27.)

1. 厭浥行露.　— Les chemins ont de la rosée !
2. 豈不夙夜.　pourquoi donc ni matin ni soir ?
3. 謂行多露.　— Les chemins ont trop de rosée !

Voir la chanson entière et les commentaires dans l'appendice I.

XII. — *Le vent du nord.* 北風 (Pei fong 16 — C. 48 — L. 67).

1. 北風其涼.　Le vent du nord, quelle froidure !
2. 雨雪其雱.　pluie et neige, quelles bourrasques !
3. 惠而好我.　Tendrement, oh ! si vous m'aimez,
4. 攜手同行.　les mains jointes, allons ensemble.
5. 其虛其邪.　Pourquoi rester ? Pourquoi tarder ?
6. 既亟只且.　le temps est venu ! oui, vraiment !

7. 北風其喈. Le vent du nord, quelle tempête !
8. 雨雪其霏. pluie et neige, quels tourbillons !
9. 惠而好我. Tendrement, oh ! si vous m'aimez,
10. 攜手同歸. les mains jointes, partons ensemble !
11. 其虛其邪. Pourquoi rester ? Pourquoi tarder !
12. 既亟只且. le temps est venu ! oui, vraiment !

13. 莫赤匪狐. Rien n'est fauve comme un renard !
14. 莫黑匪烏. rien n'est noir comme une corneille !
15. 惠而好我. Tendrement, oh ! si vous m'aimez,
16. 攜手同車. les mains jointes, montons en char !
17. 其虛其邪. Pourquoi rester ? Pourquoi tarder ?
18. 既亟只且. le temps est venu ! oui, vraiment !

XII. — *Préf.* 北風. 刺虐也. 衛國並爲威虐. 百姓不親. 莫不相攜而去也. *Le vent du Nord :* Satire contre la cruauté. Dans la seigneurie de Wei tout le monde était dur et cruel. Les gens des différentes familles (tout le peuple) n'avaient point d'affection les uns pour les autres. Personne ne donnait la main (à un autre) et (tous) s'évitaient.

1 et 2. 霏 peint l'aspect de la pluie et du vent.

Tcheng. Comparaison : Les intempéries sont l'emblème d'un gouvernement cruel. Cf. X, Pref. et 1, 2.

5. 虛. 虛. Mao. 邪讀如徐. Tcheng.

6. 亟. 急. Mao.

7. 喈. Mao ; peint la violence du vent. Cf. XIII, 2.

8. 霏. Mao ; comme 霏.

13 et 14. Selon Tcheng, on devrait traduire :

> Ils sont tous fauves, les renards,
> Et toutes noires, les corneilles.

Allégorie indiquant que seigneur et vassaux (ceux-ci par l'effet de l'Influence mauvaise du prince) sont tous mauvais également.

Thème météorologique. Thème de l'invitation : Indication du rôle de la paumée. Cf. LXVIII, 15.

XIII. — *Vent et pluie.* 風雨 (Tcheng fong 16 — C. 98 — L. 143).

*1. 風雨淒淒. Vent et pluie ! oh ! qu'ils font rage !
*2. 雞鳴喈喈. voici que chante le coq !

3. 旣見君子.　Sitôt que je vois mon seigneur,
4. 云胡不夷.　allons! ne suis-je pas tranquille!

XIII. — *Préf.* 風雨思君子也. 亂世則也思君子不改其度 焉. *Vent et pluie :* On songe avec regret à un sage. Dans un siècle d'anarchie on songe avec regret à un sage qui ne changerait pas sa conduite réglée (pour se livrer aux désordres comme tous les autres).

1. Ts'i ts'i, aux desc. peint un aspect de la pluie et du vent.

2. Ki ki, aux desc. reproduit le chant du coq. Cf. XII, 7.

1 et 2. Tcheng et Mao : Pas plus que le coq ne change de cri avec les intempéries le sage ne change de conduite à une époque d'anarchie.

4. 胡. 何. 夷. 說. Mao. Cf. LIX, 21.

Les deux derniers couplets ne diffèrent guère du premier que par les rimes.

5. Siao siao, aux desc. peint un aspect de la pluie et du vent.

5. Kiao kiao, aux desc. reproduit le chant du coq.

Tchou Hi : Une fille débauchée dit que c'est le moment où elle verra l'homme à qui elle a donné rendez-vous, et elle se réjouit.

Thème météorologique. Thème de la rencontre.

XIV. — *Le tonnerre.* 殷其靁 (Chao nan 8 — C. 23 — L. 29).

1. 殷其靁.　Voici que gronde le tonnerre
2. 在南山之陽.　à l'adret des monts du midi !
3. 何斯遠斯.　Pourquoi donc reste-t-il au loin ?
4. 莫敢或遑.　n'ose-t-il prendre du loisir ?
*5. 振振君子.　O mon bon, o mon bon seigneur,
6. 歸哉歸哉.　oh ! viens-t'en donc ! oh ! viens-t'en donc !

XIV. — *Préf.* 殷其靁. 勸以義也. 召南之夫人. 遠行從政. 不遑寧處. 其室家能閔其勤勞. 勸以義也. *Le tonnerre :* exhortation à remplir les devoirs sociaux (ceux du vassal à l'égard du seigneur). Un grand officier du pays de Chao nan étant en voyage (hors du pays de Chao nan) pour poursuivre l'exécution des ordres du roi, et ne pouvant rester chez lui à prendre du loisir, sa femme est capable, tout en s'affligeant de ses peines et de ses labeurs, de l'exhorter à faire son devoir.

1. 殷, bruit du tonnerre. (Mao).

2. 山南日陽. (Mao) : Les montagnes produisent (font sortir) les nuages et la pluie afin de donner l'humidité à la terre. 山出雲雨以 潤天下 (Mao).

Selon Tcheng. Comparaison : le tonnerre s'entend de tous les côtés de la montagne, de même le grand officier fait route de tous côtés.

3. 斯. 此. Mao. 違去 *id.* 遠. Tcheng.

4. 遑. 暇. Mao.

5. 振振. Tchen tchen, aux desc. peint la fidélité. Mao. Cf. VI, 4 et Tcheou nan, 11, 2.

Aux couplets 2 et 3 les seuls changements sont aux rimes des deuxièmes et quatrièmes vers.

Variantes d'écriture : 殷. 隱；霱. 雷；遑. 偟. HTKKSP, 1171, p. 17.
Thème de l'absence. Thème météorologique.

XV. — *Les feuilles flétries*. 蘀兮 (Tcheng fong 11 — C. 95 — L. 138).

1. 蘀兮蘀兮.　Feuilles flétries ! feuilles flétries !
2. 風其吹女.　le vent vient à souffler sur vous !
3. 叔兮伯兮.　Allons, messieurs ! allons, messieurs !
4. 倡予和女.　chantez ! nous nous joindrons à vous !

5. 蘀兮蘀兮.　Feuilles flétries ! feuilles flétries !
6. 風其漂女.　le vent vient à souffler sur vous !
7. 叔兮伯兮.　Allons, messieurs ! allons, messieurs !
8. 倡予要女.　chantez ! et puis nous après vous !

XV. — *Préf.* 蘀兮. 刺忽也. 君弱臣强. 不倡而和也. *Feuilles flétries :* Satire contre Hou (duc Tchao de Tcheng, 696-695). Seigneur faible, vassal puissant ; sans qu'il y ait d'appel il y a une réponse. (Tcheng : Seigneur et vassal, manquant au devoir, ne s'appellent ni ne répondent de concert 不相倡和.

1 et 2. Comparaison : Les feuilles ne s'envolent que lorsque le vent vient à souffler sur elles ; le vassal ne doit répondre qu'à l'appel du seigneur. (Mao, Tcheng).

3. Les vassaux de divers âges : Mao. Cf. XXXV, 9 et 13.

4. Quand le seigneur appelle (en chantant) (alors seulement) les vassaux s'unissent à lui (en chantant).

和 indique une réponse faite en harmonie à un appel, 倡, la réplique dans un chant alterné.

8. 要. 成. Parfaire la chanson commencée.

Variantes d'écriture : 倡. 唱. 漂. 飄. HTKKSP, 1172, p. 6 v°.

Comp. XXXV, Préf. 陽倡而陰不和. Le Yang (mâle) appelle. Le Yin (femelle) ne répond pas de concert.

Explication symbolique fondée sur l'idée que le vassal est, par rapport au seigneur, dans la même infériorité que la lune par rapport au soleil, le Yin par rapport au Yang, la femme par rapport au mari. D'où la transposition du thème.

Thème des feuilles flétries. Indication de chants alternés d'automne (10ᵉ mois. Cf. Pin fong, 1 et LXVI, 31).

XVI. — *L'arc-en-ciel.* 蝃蝀 (Yong fong 7 — C. 58 — L. 83).

1. 蝃蝀在東.　L'arc-en-ciel est à l'orient !
2. 莫之敢指.　personne ne l'ose montrer !
3. 女子有行.　La fille pour se marier,
4. 遠父母兄弟.　laisse au loin frères et parents !

5. 朝隮于西.　Vapeur matinale au couchant !
6. 崇朝其雨.　c'est la pluie pour la matinée !
7. 女子有行.　La fille pour se marier,
8. 遠兄弟父母.　laisse au loin frères et parents !

9. 乃如之人也.　Or la fille que vous voyez
10. 懷昏姻也.　Rêve d'aller se marier
11. 大無信也.　Sans plus garder la chasteté
12. 不知命也.　Et avant qu'on l'ait ordonné !

XVI. — *Préf.* 蝃蝀. 止奔也. 衛文公能以道化其民. 淫奔之恥. 國人不齒也. *L'arc-en-ciel :* On met un terme aux unions faites sans rites. Le duc Wen de Wei (659-634 ; cf. SMT, IV, p. 200) fut capable par sa Vertu (Tao : son pouvoir régulateur) d'exercer une Influence civilisatrice sur son peuple. On eut de la honte pour les débauches et les unions faites sans rites. Les gens du pays ne voulurent plus fréquenter (les débauchés) (m. à m.: prendre rang avec eux selon l'âge).

1 et 2. Mao : Quand le mari et la femme transgressent les rites, l'arc-en-ciel apparaît (m. à m.: les vapeurs constituant l'arc-en-ciel abondent). Le sage voyant cet avertissement 戒 a peur de (violer les) interdits 諱 : Personne n'ose le montrer du doigt.

Tcheng : L'arc-en-ciel, cet avertissement céleste, on n'ose pas le montrer du doigt, à plus forte raison une fille débauchée, qui oserait la regarder (frayer avec elle) ?

3 et 4. Il est dans l'ordre naturel (Tao) qu'une femme, dès qu'elle est

née, ait à aller se marier (hors de sa famille natale). Mais (puisqu'il est dans l'ordre qu'elle se marie, glose de K'ong yng-ta 於理當嫁者) pourquoi s'attriste-t-elle de ne pas être encore mariée (et en devançant le mariage) pourquoi transgresse-t-elle les rites par la débauche et une union sans rites ? Cela est extrêmement détestable.

5. 隮 升. Mao.

6. 崇 終. Mao. De l'aube au moment du repas c'est la matinée.

5 et 6. Tcheng : Quand dans la matinée il y a des vapeurs qui s'élèvent au couchant, avant que la matinée finisse, il pleuvra : conséquence naturelle de la vapeur. (Comparaison) qui signifie : Il est dans l'ordre naturel que la femme dès sa naissance ait à aller se marier (hors de sa famille natale). (De ce fait) aussi découlent des sentiments naturels (savoir ceux exprimés par Tcheng à 3-4).

9 et 10. Tcheng : Penser à l'acte de mariage, 婚 姻 之 事. On exprime par là la grandeur des vilains excès de cette débauchée.

11 et 12. Mao. 不 待 命 : elle n'attend pas l'ordre.

Tcheng : Cette fille débauchée ne garde point du tout sa foi de fille chaste et ne sait pas qu'il faut attendre pour se marier l'ordre des parents. 淫 奔 之 女. 大 無 貞 潔 之 信. 又 不 知 婚 姻 當 待 父 母 之 命. Cf. Yi li, Mariage : Pompe nuptiale.

Variantes d'écriture : 蝃. 蛛 ; 隮 躋 ; 也. 兮. HTKKSP, 1171, p. 47 v°.

Noter le rythme particulier du dernier couplet : 也 terminal.

Thèmes de la pluie et de l'arc-en-ciel. Thème de l'abandon des parents (obligation exogamique).

Peut-être — et comme application dérivée — chanson d'hyménée : reproches rituels à la mariée.

Voir la note sur l'arc-en-ciel. App. II.

XVII. — *Les piqueurs*. 候 人 (Ts'ao fong 2 — C. 156 — L. 222).

13. 薈 兮 蔚 兮.   Oh ! les petites ! oh ! les faibles
14. 南 山 朝 兮.   vapeurs de l'aube aux monts du Sud !
15. 婉 兮 孌 兮.   Oh ! les jolies ! oh ! les charmantes
16. 季 女 斯 飢.   jeunes filles, qui ont si faim !

XVII. — Dernier couplet d'une chanson certainement déformée et d'interprétation difficile.

13 et 15. Noter les parallélismes appuyés par les finales.

14. Thème des vapeurs sur les monts. Cf. XVI, 5.

16. Thème de la faim. Cf. XLVII, 4. Comp. Chants montagnards des Hak-ka, VI, App. III.

XVIII. — *Les cueillettes*. 采葛 (Wang fong 8 — C. 82 — L. 120).

1. 彼采葛兮. Il cueille le dolic !
2. 一日不見. Un jour sans le voir
3. 如三月兮. me semble trois mois.

4. 彼采蕭兮. Il cueille l'armoise !
5. 一日不見. Un jour sans le voir
6. 如三秋兮. me semble trois automnes !

7. 彼采艾兮. Il cueille l'absinthe !
8. 一日不見. Un jour sans le voir
9. 如三年兮. me semble trois ans !

XVIII. — Pièce très simple sur le thème des cueillettes et de l'absence. Cf. XXXVIII, 11.

XIX. — *Le plantain*. 芣苢 (Tcheou nan 8 — C. 12 — L. 14).

1. 采采芣苢. Cueillons ! cueillons le plantain !
2. 薄言采之. et allons ! recueillons-en !
3. 采采芣苢. Cueillons ! cueillons le plantain !
4. 薄言有之. et allons, ramassons-en !

XIX.— *Préf.* 芣苢. 后妃之美也. 和平則婦人樂有子矣.
Le plantain (montre) la douceur de la reine ; (elle faisait régner la) concorde et la paix, aussi les femmes se réjouissaient-elles d'avoir des enfants.

1 et 2. Le plantain procure les grossesses 宜懷妊 (Mao), guérit les douleurs de l'enfantement : 治婦人難產. (K'ong Ying-ta).

4, 6, 8, 有, 掇, 捋 variantes pour « ramasser ».

10 et 12. 袺, 襭 variantes à sens plus précis : placer dans la robe nouée à la ceinture.

A part ces variantes, les trois couplets sont identiques.

Variantes d'écriture : 苢. 苜. (Ce dernier mot figure dans diverses expressions composées désignant des plantes ou des graines. La mère de Yu conçut son fils en avalant une graine de nénuphar 薏苡.

Voir pour 薭. HTKKSP, 1171, 7 v°, 8 v°.

Noter la monotonie.

Chanson de cueillette. Cueillette de simples.

XX. — *Je cueille les roseaux.* 采綠 (Siao ya VIII, 2 — C. 307 — L. 411).

1. 終朝采綠. Je cueille les roseaux tout le matin
2. 不盈一匊. sans emplir le creux de mes mains!
3. 予髮曲局. Voilà, mes cheveux tout défaits!
4. 薄言歸沐. allons! retournons les laver!

5. 終朝采藍. Je cueille l'indigo tout le matin
6. 不盈一襜. sans emplir le creux de mes jupes!
7. 五日爲期. Le cinquième jour était le terme:
8. 六日不詹. au sixième, il ne paraît pas!

9. 之子于狩. Lorsque tu iras à la chasse,
10. 言韔其弓. je mettrai ton arc dans l'étui!
11. 之子于釣. Lorsque tu iras à la pêche,
12. 言綸其繩. je ferai la corde de ta ligne!

13. 其釣維何. Qu'est-ce que tu as pris à la pêche?
14. 維魴及鱮. ce sont des brèmes et des perches!
15. 維魴及鱮. Ce sont des brèmes et des perches!
16. 薄言觀者. allons! allons! qu'il y en a!

XX. — *Préf.* 采綠. 刺怨曠也. 幽王之時多怨曠者也. *Je cueille les roseaux :* Satire contre (le fait qu'il ait pu y avoir) des époux restant solitaires. Au temps du roi Yeou il y en avait en grand nombre.

1 et 2. Comp. : indique l'incapacité à travailler où la séparation trop prolongée plonge les époux.

3 et 4. Mao : Une femme ne fait point de toilette en l'absence de son époux. 不容飾. Particulièrement (Tcheng) elle n'arrange pas ses cheveux. Cf. Li Ki, Nei tsö, Couv., I, 661 et Wei fong, 8, Couv., p. 73, XX B.

XX B. Mon seigneur, oh ! qu'il est vaillant !
dans le pays, nul ne l'égale !
Mon seigneur, oh ! il tient la lance
à la tête des chars du roi !

Depuis que mon seigneur est dans l'Est,
ma tête est la graine qui vole !
Manquais-je de parfum et d'eau ?
mais pour quel maître me parer ? Comp. XXXVII, 4, 8, 12.

Vienne la pluie ! Vienne la pluie !
éclatant le soleil se montre !
Je veux songer à mon seigneur
le cœur gonflé, la tête lasse !

Où trouver la plante d'oubli ?
j'en planterai derrière la maison.
Je veux songer à mon seigneur
au point d'en fatiguer mon cœur !

7 et 8. Mao : Une femme doit coucher tous les cinq jours avec son mari. 五日一御. Cf. Li Ki, Nei tsö, Couv., p. 661. Tcheng : 5ᵉ jour = les jours du 5ᵉ mois, 6ᵉ jour = les jours du 6ᵉ mois, cela revient à dire que l'époque normale de son retour est passée.

9-16. Comp. XLII, 5-12. Thème de la communion conjugale.

Thèmes des cueillettes, de la pêche, — de la séparation, — du repas communiel.

XXI. — *Le septième mois.* 七月 (Pin fong 1 — C. 160 — L. 226).

14. 春日載陽.	Au printemps quand les jours tiédissent
15. 有鳴倉庚.	voici que chante le loriot,
16. 女執懿筐.	les filles tenant leur corbeille,
17. 遵彼微行.	vont le long des petits sentiers,
18. 爰求柔桑.	prendre aux mûriers la feuille tendre.
*19. 春日遲遲.	Au printemps quand les jours s'allongent
*20. 采蘩祁祁.	on va cueillir l'armoise en bande ;
21. 女心傷悲.	le cœur des filles est dans l'angoisse :
22 殆及公子同歸.	le temps vient pour elles d'aller avec le [jeune seigneur.

XXI. — 2ᵉ strophe d'une longue pièce du type : *Les Travaux et les Jours,* attribuée à Tcheou kong (vers 1144 av. J.-C.) ; il l'aurait composée

à l'adresse du roi Tch'eng afin d'obtenir que ce prince appliquât son Influence souveraine 化 à faire coïncider les occupations humaines avec
l'ordre de la Nature.

15. Thème du loriot. Cf. VIII, 41 et Yue ling, 2e mois, voir les remarques
in Thèmes champêtres.

19. Tch'eu tch'eu, aux. desc.

20. K'i k'i, aux. desc.

21. Mao : Au printemps les filles ressentent l'angoisse d'aimer, à l'automne ce sont les garçons ; ils sentent que leur substance subit une influence. 春女悲. 秋士悲. 感其物化也.

Tcheng : Au printemps les filles subissent l'influence du Yang et rêvent
des garçons 春女感陽氣而思男. A l'automne les garçons subis-
sent l'influence du Yin et rêvent des femmes. Leur substance subissant
une modification, ils sont dans l'angoisse 是其物化所以悲也.

XXII. — *Les prunes.* 摽有梅 (Chao nan 9 — C. 24 — L. 30.)

1. 摽有梅.	Voici que tombent les prunes !
2. 其實七兮.	il n'en reste plus que sept !
3. 求我庶士.	Demandez-nous, jeunes hommes !
4. 迨其吉兮.	c'est l'époque consacrée !
5. 摽有梅.	Voici que tombent les prunes !
6. 其實三兮.	il n'en reste plus que trois !
7. 求我庶士.	Demandez-nous, jeunes hommes !
8. 迨其今兮.	c'est l'époque, maintenant !
9. 摽有梅.	Voici que tombent les prunes !
10. 頃筐墍之.	les paniers emplissez-en !
11. 求我庶士.	Demandez-nous, jeunes hommes !
12. 迨其謂之.	c'est l'époque, parlez-en !

XXII. — *Préf.* 摽有梅. 男女及時也. 召南之國. 被文王
之化. 男女得以及時也. *Les prunes* (montrent que) les garçons
et les filles attendaient (pour se marier) la bonne époque. La seigneurie

de Chao nan ayant subi l'influence civilisatrice du roi Wen, les garçons
et les filles étaient en état d'attendre (pour se marier) la bonne époque
時.

時 peut tout aussi bien s'appliquer à l'âge convenable qu'à la saison
convenable pour se marier. Les divergences des théories archéologiques
sur l'âge et la saison du mariage font que les interprétations symboliques de la pièce sont compliquées et variables. Je résume :

a) L'âge convenable est supposé être pour les garçons de 25 à 30 ans,
pour les filles de 15 à 20 ans. — Les prunes, plus ou moins mûres — il
en tombe plus ou moins selon leur état de maturité — symbolisent l'âge
des conjoints. Au premier couplet, il en reste 7 ; entendez les 7/10. Sont
donc tombées 3/10 ; à cet état de maturité elles symbolisent l'âge de 26,
27 ans pour les garçons ; 16, 17 ans pour les filles. — Au deuxième couplet, il en reste 3 = 3/10 : symbole de 28, 29 ans pour les garçons ; 18,
19 ans pour les filles. — Au troisième couplet, il n'en reste plus ; toutes
sont mûres : garçons de 30 ans, filles de 20 (Mao) ;

b) L'âge obligatoire est supposé être 20 ans pour les filles, 30 ans pour
les garçons ; pas d'application symbolique ;

c) La saison des mariages est le printemps : Garçons et filles, mûrs
pour le mariage dès la saison des prunes, attendront le printemps de
l'année suivante où on les mariera d'office, sans rite, afin de favoriser
la repopulation (Tcheng, avec référence au Tcheou li 地官 v° 媒氏) ;

d) La saison des mariages est en d'automne-hiver. Quand les prunes
sont toutes tombées, on est au dernier mois d'été ; il est temps de faire
la demande.

4. 吉. 善. Mao. 迨. 及. Tcheng.

Variantes d'écriture : 摽 ; 標. 荸. 蔈 et 荸 ; 梅. 楳 ; 傾. 頃 ; 墍. 摡.

On notera l'écriture 楳 : partie phonétique analogue à celle de 媒 entremetteur. Même prononciation. Le colonel Bonifacy nous apprend que
dans les poésies Man, le prunier (ou la fleur de prunier) est un emblème
de virginité. Cf. App. III.

Noter l'emploi de 求, demander. Cf. XLVI, 4 et LVI, 8, 9. Comp. LXIV,
4. Les accordailles printanières sont faites ; restent les formalités d'automne, particulièrement l'envoi de l'entremetteur.

Chanson de cueillette. Thème de l'invitation.

On a pu voir que les chansons du Che king contiennent
souvent des descriptions vives et rapides dont elles empruntent les sujets à la Nature. Ce sont ces sujets, peu variés,
que j'ai appelés *thèmes champêtres*. Tantôt l'on nous montre
un arbre en pleine poussée de sève et, quand on vante ses
fleurs, ses fruits, ses feuilles et ses branches, il semble
qu'on mette en parallèle l'essor de la végétation et l'éveil

des cœurs[1] ; tantôt l'on nous fait voir les bêtes des champs qui s'appellent et se rejoignent, ou bien l'on nous décrit le vol des oiseaux qui s'en vont, par bandes ou par couples, chantant de concert ou se répondant, se réunir au plus épais des bois ou se cacher sur les îlots des fleuves[2] ; les amours des bêtes paraissent ainsi faire pendant à celles des hommes. Le temps qu'il fait, le tonnerre, la neige, le vent, la rosée, la pluie, l'arc-en-ciel, ou encore les récoltes, les cueillettes de fruits ou de simples fournissent aussi un cadre ou une occasion à l'expression des sentiments.

Nous sommes accoutumés à ce que les poètes, quand ils parlent des émotions humaines, empruntent à la Nature des images ; s'il s'agit d'amour, un fond de paysage semble nécessaire et la tradition veut que l'idylle prenne aux champs ses plus belles parures. Est-ce donc à titre d'ornements que les poètes du Che king ont mis des thèmes champêtres dans leurs chansons ?

Les Chinois paraissent le croire[3] : ces thèmes, à leur sens, sont des *comparaisons* 興 ou des *allégories* 比, c'est-à-dire, semble-t-il, des artifices littéraires pour exprimer l'idée poétiquement. Mais alors, quelle pauvreté d'invention chez les auteurs ! quel défaut de variété dans les images ! Le choix même de celles-ci, si elles sont pour la parure, s'explique mal : les fleurs y paraissent moins que les arbres ; à peine y a-t-il un thème des floraisons ; d'ordinaire il est subordonné, ou bien, s'il vaut par lui-même, on reconnaît, par ailleurs, la pièce où il se trouve, pour être d'une autre espèce que l'ordinaire chanson d'amour[4]. Il ne semble pas que le choix des images ait été affaire de goût ; mais, s'il faut savoir quelles

---

1. Cf. I, II, III.
2. Cf. VI, VII ; voir encore L, 9 ; LVI, LIX, 1-2 ; LX, 8.
3. Cf. Préface du Che king. — Consulter Couv., préface, et Legge, *Prolégomènes*.
4. Cf. V. Poésie de circonstance, sur le mariage d'une princesse royale, 王姬 et d'un prince de Ts'i 齊.

images, pour un antique poète, étaient gracieuses, nous sommes mauvais juges : autant vaut ne pas insister sur notre remarque ; elle est utile cependant ; il faut bien, une fois qu'on l'a faite, se demander si les thèmes champêtres n'ont pas d'autres valeurs qu'une valeur ornementale.

Quand les auteurs chinois parlent de comparaisons ou d'allégories, faisons attention : ces termes désignent moins des procédés de littérateurs qu'une méthode de moralistes. L'expression figurée n'a pas pour fin unique de faire entendre l'idée plus aisément ou plus agréablement : en elle-même, déjà, elle a une valeur morale. Cela se voit bien pour certains thèmes : par exemple la représentation d'oiseaux volant par paires est, en soi, une exhortation à la fidélité. Si donc l'on choisit des images naturelles pour exprimer les sentiments, ce n'est point tant qu'on sente la beauté de la Nature, c'est plutôt parce qu'il est moral de se conformer à la Nature ; où l'on pourrait d'abord être tenté de voir une intention artistique, il y a peut-être une intention morale. De ce nouveau point de vue on comprendrait déjà mieux pourquoi les thèmes champêtres ont tant d'importance et si peu de variété.

Souvent, à côté des commentaires expliquant un thème par l'enseignement qui, immédiatement, s'en dégage, on en trouve d'autres qui y voient comme une indication de date : par exemple, un vers qui parle de pêchers fleuris [1] montre, dit-on, que la scène de la chanson est au printemps, tandis que, d'autre part, on prête aux fleurs du pêcher un sens allégorique. Entre ces deux interprétations il n'y a pas autant de distance qu'on pourrait croire : qui veut se conformer à l'ordre de la Nature doit l'imiter encore pour faire, comme elle, les choses en leur temps. Les oiseaux qui volent par couples et se cachent pour s'unir, enseignent les règles de la vie conjugale ; et l'époque où ils se recherchent indique de même la saison où il faut se marier.

----

1. Cf. I, 1-2.

On ne s'étonnera pas de voir les lettrés considérer les thèmes champêtres comme des *dictons de calendrier :* cette conception favorise singulièrement l'interprétation morale des chansons. Voit-on deux amants se rencontrer quand la rosée couvre les plantes des champs[1] ? Cela prouve que le printemps était alors avancé, que, par suite, le temps des mariages était fini, et qu'enfin, puisque garçons et filles se rencontraient encore, le seigneur de leur pays n'y faisait point régner les bonnes mœurs. La jeune fille, au contraire, se refuse-t-elle à aller, soir ou matin, par les chemins trop mouillés de rosée[2] ? Cela prouve que la Vertu 道德 du prince[3] et, par suite, la conduite de ses sujets étaient conformes à l'ordre naturel 道.

Certes il ne faut pas suivre les commentateurs dans le détail de leurs explications ; il serait, en revanche, peu prudent de croire que, dans son fonds, le symbolisme dont ils usent ne s'appuye à rien. Or il est clair qu'il n'a pas d'appui si les thèmes champêtres ont pour origine je ne sais quel sentiment poétique de la Nature ; il n'est fondé en quelque manière que si ces thèmes sortent d'un rituel saisonnier.

En fait, dans les calendriers agricoles, se retrouvent les thèmes champêtres, classés à leurs dates, parmi des dictons tout semblables. Nous possédons plusieurs calendriers anciens ; quatre principalement sont utiles à comparer : le *Petit Calendrier des Hia*[4], qui est le plus ancien et qu'ont conservé les *Rites de T'ai l'aîné ;* le *Yue ling* ou *Ordonnances mensuelles*[5], qui forme un chapitre du *Li ki* et qu'on retrouve à peu près tel quel dans d'autres ouvrages ; un autre qui est

---

1. Cf. X.
2. Cf. XI.
3. Sur le *tao-tö*, vertu, pouvoir régulateur du seigneur sur le monde humain et naturel, voir p. 194 et sqq. et p. 79 n. 1. La traduction donnée de *tao-tö* est commandée par l'emploi de ces mots, particulièrement dans les préfaces des chansons.
4. 夏小正, voir l'édition donnée *in* HTKKSP 573-578.
5. Couv., I, p. 331-410.

inséré dans le troisième chapitre du *Kouan-tseu*[1] ; un dernier, enfin, qui figure au chapitre sixième du *Ki tchoung Tcheou chou*[2]. Leur étude permet d'établir les faits suivants : 1° Tous sont des calendriers rustiques et indiquent, en général, les termes de l'année à l'aide de dictons campagnards ; 2° Tous s'efforcent d'affecter chacun de ces dictons à une date précise de l'année astronomique ; 3° Pour cette répartition plusieurs méthodes de classement sont employées : Kouan-tseu divise l'année en trente périodes de douze jours (huit au printemps, sept en été, huit en automne, sept en hiver). Le Ki tchoung Tcheou chou la divise en vingt-quatre périodes de quinze jours subdivisées en trois périodes de cinq jours, chacune de ces périodes étant marquée par une formule champêtre. Le Yue ling et le Petit Calendrier des Hia se contentent de la division en mois ; cependant on trouve, dans le Yue ling, groupées en un ou deux paragraphes pour chaque mois, les formules qui, dans le Ki tchoung Tcheou chou, servent de nom aux périodes de quinze ou cinq jours. Dans le Petit Calendrier des Hia la plupart aussi se retrouvent, mais dispersées dans la matière de chaque mois ; 4° Tous les dictons n'occupent pas la même place dans les divers calendriers : par exemple, le Petit Calendrier des Hia fixe au premier mois de printemps la transformation de l'épervier en ramier ; le Yue ling, de même que le Ki tchoung Tcheou chou, la fixe au deuxième mois.

On comprend assez bien comment ont été composés ces divers calendriers : ils sont les résultats d'un travail de classement qu'inspirèrent des idées théoriques variables et un souci croissant de symétrie et de précision ; ils sont l'œuvre d'archéologues travaillant sur une matière analogue aux thèmes champêtres des chansons. Dès lors une question se pose : les poètes ont-ils mis dans leurs vers des dictons de calendrier ?

---

1. 幼官.
2. 汲冢周書 *in* Han Wei tsong chou.

ou bien les calendriers sont-ils faits de débris de chansons ?

On ne peut lire le Petit Calendrier des Hia sans être frappé par la singularité de sa rédaction : il se compose de phrases très courtes, qui n'ont pas de liens entre elles ; les plus longues comprennent trois ou quatre caractères, rarement plus, dont l'ordre étonne [1] : si bien que les glossateurs mettent une note. Ils remarquent qu'on ne peut expliquer la place des mots si l'on ne suppose pas qu'ils sont rangés dans l'ordre où les choses qu'ils désignent frappent les sens ; ainsi l'on dit : « Il crie, le milan [2] » parce qu'on entend d'abord crier et qu'on reconnaît ensuite le milan [3]. L'on dit de même [4] : « Voici que chante le loriot. » Cette façon de s'exprimer paraît étrange dans un calendrier et, en effet, le Yue ling écrit simplement : « Le loriot chante [5]. » Tel est bien le style et la syntaxe de la prose ; au contraire la formule du Calendrier des Hia est toute poétique. De fait, on la retrouve telle quelle dans le Che king ; elle y forme un vers [6].

Puisque l'on trouve des traces de langage poétique dans le plus ancien des calendriers, il paraîtra raisonnable de penser que les thèmes champêtres des chansons ne sont point des dictons empruntés par les poètes aux calendriers paysans ; on sera plutôt tenté de croire que les calendriers ont été composés à l'aide de poésies rustiques. Mais il ne faut pas aller trop vite : les thèmes des chansons et les formules de calendrier peuvent provenir d'une source commune ; des poètes peuvent avoir fait œuvre d'antiquaires et puisé, avec

---

1. 1ᵉʳ mois 雁北鄉. 2ᵉ mois 來降燕乃睇。時有見稊始收. 9ᵉ mois 遰鴻雁。降玄鳥蟄. 11ᵉ mois 隕糜角. 12ᵉ mois 鳴弋.

2. 鳴弋 12ᵉ mois.

3. 鳴而後知其弋也.

4. 有鳴倉庚.

5. Li Ki, Couv., I, p. 340 倉庚鳴.

6. XXI, 14. Couv., p. 161 : Ce vers se trouve précisément dans une chanson de fêtes, qui n'est qu'un calendrier en vers, le Septième mois. Voir plus loin.

les érudits, à un fonds de proverbes. En ce cas, les thèmes champêtres du Che king ne prouveraient point que les poésies où ils se trouvent ne sont pas d'origine savante ; peut-être sont-elles les ouvrages de littérateurs raffinés et amateurs d'archaïsme.

Il y a dans l'Anthologie de Confucius une pièce bien curieuse qui s'appelle le *Septième mois* [1] ; elle est vénérable entre toutes ; le duc de Tcheou, qui fut un grand Saint, la composa jadis ; il y voulait montrer que *la Vertu du Roi suffit à faire concorder les occupations des hommes et le cours des choses*. Cette longue pièce est un calendrier en vers et chaque vers est un dicton champêtre marquant un terme de l'année. C'est donc une manière de Fastes chinois.

Or ces Fastes ne sont pas un jeu poétique d'érudits ; ils ne sont pas un recueil savant de proverbes populaires ; la pièce tout entière se tient : elle a une unité et un sens : c'est un chant dont la valeur rituelle est bien assurée. On le chantait à la fête des récoltes qui termine l'année agricole ; lui-même, à sa fin, décrit la fête [2] : on nettoyait une aire, on apportait du vin, on sacrifiait un agneau, on buvait dans la corne de rhinocéros, on portait des santés et, tout en festoyant, on chantait *les travaux et les jours* de l'année écoulée.

Sans doute de tels chants sont l'origine des calendriers plus ou moins méthodiques que nous possédons : ainsi s'expliquent les traces de langage poétique qu'on y découvre. Inversement, s'il se trouve dans les poésies des dictons de calendrier, peut-être en pouvons-nous préjuger la raison : ne

---

1. Pin fong, 1, Couv., p. 161, voir un extrait *in* XXI.
2. *Ibid.*, Couv., p. 165, *8° Strophe*. Comp. Tcheou Song, III, 6 ; Couv., p. 441 (et la pièce précédente). Sur cette fête du 10° mois voir plus loin 178 sqq. Le Tcheou li atteste l'usage rituel du chant 1 du Pin fong à l'article Yo-tchang. Cf. Biot. II, p. 65-66. Le même texte note l'emploi rituel du 3° chant de Pin où abondent les dictons de calendrier et que les glossateurs présentent comme une chanson militaire. Voir aussi T'ang fong, 1 ; Couv., p. 120.

sommes-nous pas, en effet, amenés à penser que, tout comme le chant du *Septième mois*, les chansons sortent, plus ou moins directement, de fêtes saisonnières ?

Un fait reste acquis : l'importance qu'ont les thèmes champêtres dans la poésie du Che king et pour ses interprètes — même si, en fin de compte, cette poésie est savante, et si, dans le détail, les interprètes se trompent, — est un indice sûr du rôle considérable que jouaient les usages saisonniers dans la vie et la pensée des anciens Chinois.

LES AMOURS DE VILLAGE

XXIII. — *Hors de la porte.* 出 其 東 門 (Tcheng fong 19 — C. 100 — L. 146).

1.	出 其 東 門.	Hors de la porte orientale,
2.	有 女 如 雲.	les filles semblent un nuage :
3.	雖 則 如 雲.	Bien qu'elles semblent un nuage,
4.	匪 我 思 存.	nulle ne fixe ma pensée !
5.	縞 衣 綦 巾.	Robe blanche et bonnet grisâtre,
6.	聊 樂 我 員.	voilà qui peut me rendre gai !
7.	出 其 闉 闍.	Hors du bastion de la porte
8.	有 女 如 荼.	les filles semblent des fleurs blanches :
9.	雖 則 如 荼.	Bien qu'elles semblent des fleurs blanches,
10.	匪 我 思 且.	nulle n'occupe ma pensée !
11.	縞 衣 茹 藘.	Robe blanche et bonnet garance,
12.	聊 可 與 娛.	voilà ce qui peut me charmer !

XXIII. — *Préf.* 出 其 東 門. 閔 亂 也. 公 子 五 爭. 兵 革 不 息. 男 女 相 棄. 民 人 思 保 其 室 家 焉. *Hors de la porte* (montre

l'affliction que cause l'anarchie. Les Kong-tseu à cinq reprises dispu-
tèrent [le pouvoir au duc Tchao de Tcheng, 696-695 = savoir : Tou — duc
Li — à deux reprises ; Hou, une fois ; Tseu Wei, une fois ; Tseu Yi, une
fois. Cf. SMT, IV, 458 sqq.] Les guerres ne cessaient pas. Garçons et
filles étaient infidèles les uns les autres. Les gens du peuple désiraient
protéger leur union (contre l'instabilité résultant des troubles militaires).
Comp. préface de LII.

2. Semblent un nuage : nombreuses ; Mao. Selon Tcheng : filles aban-
données ou qui avaient quitté leurs maris (ménages désunis par les
troubles).

5. 縞衣．白色． Mao : Les vêtements blancs seraient ceux des
hommes. 綦巾．蒼艾． Mao : Les coiffes grises : partie du costume des
femmes. Le vers exprimerait symboliquement le désir que les coiffes
grises et les vêtements blancs restassent unis, que les ménages ne fussent point désunis. Selon Tcheng, la femme est désignée par son habit
et sa coiffe 以衣巾言之．

7. 闉．曲城也；闍．城臺也． Mao.

8. 荼．茅秀． Tcheng : chose légère et qui s'envole ; emblème de l'in-
constance 不常．

11. 茹蘆；茅蒐． Mao.

12. 娛．樂． Mao. Terme employé pour désigner les réjouissances et
les fêtes.

Variantes d'écriture : 綦．緙；員．云 et 芸；娛．虞．
Thème des réunions hors du village.

Comparez Tcheng fong, 15. Sur l'aire (XXIII B). Préface. 東門之墠．
刺亂也．男女有不待禮．而相奔者． Sur l'aire : satire contre
l'anarchie. Il y avait des garçons et des filles qui n'observaient pas les
rites et s'unissaient sans règles.

XXIIIB. 1. 東門之墠．　Sur l'aire à la porte de l'Est,
2. 茹蘆在阪．　Dans les remblais croît la garance !
3. 其室則邇．　Ta maison la voilà tout près,
4. 其身甚遠．　Ta personne est bien éloignée !

5. 東門之栗．　Aux châtaigniers porte de l'Est
6. 有踐家室．　Voilà où sont les maisons basses !
7. 豈不爾思．　A toi comment ne pas penser ?
8. 子不我卽．　Toi, tu ne t'en viens pas vers moi.

1 et 2. Tcheng : Paroles d'une fille désirant s'unir à un homme en dehors des règles.

Malgré Tcheng 踐．淺 je crois qu'il faut traduire :
3. Ta femme la voilà tout près.
6. Voilà rangés maris et femmes.
Une variante (HTKKSP, 1172, p. 8) donne au lieu de 踐 靖 rangés ou
tranquilles et une autre donne 靜 : tranquilles. Cf. Pin fong, 5, in f. Couv. 171.

Noter 7. Comp. XLIII, 7.

Thème des réunions hors des portes. Thème (de la séparation et des
regrets ou) de l'invitation.

NB. Si l'interprétation proposée pour 3 et 6 est acceptable, rapprocher l'usage décrit de l'usage japonais des *haies de chansons*. Voir App. III.

XXIV. — *La porte Heng.* 衡門 (Tch'en fong 3 — C. 146 — L. 207). .

1.	衡門之下.	Au-dessous de la porte Heng
2.	可以棲遲.	l'on peut se reposer tranquille !
*3.	泌之洋洋.	L'eau de la source coule, coule !
4.	可以樂飢.	l'on peut s'amuser et manger.
5.	豈其食魚.	Quand l'on veut manger du poisson
6.	必河之魴.	faut-il avoir brêmes du Fleuve ?
7.	豈其取妻.	Lorsque l'on veut prendre une femme
8.	必齊之姜.	faut-il des princesses de Ts'i ?
9.	豈其食魚.	Quand l'on veut manger du poisson
10.	必河之鯉.	faut-il avoir carpes du Fleuve ?
11.	豈其取妻.	Lorsque l'on veut prendre une femme
12.	必宋之子.	faut-il des princesses de Song ?

XXIV. — *Préf.* Éloge de la modération politique. Thème du repas communiel et de la rencontre hors des portes et au bord de l'eau.

XXV. — *L'éphémère.* 蜉蝣 (Ts'ao fong 1 — C. 155 — L. 220).

1.	蜉蝣之羽.	Oh ! les ailes de l'éphémère !
*2.	衣裳楚楚.	oh ! le beau ! le beau vêtement !
3.	心之憂矣.	Dans le cœur que j'ai de tristesse !...
4.	於我歸處.	près de moi viens-t'en demeurer !

5. 蜉 蝣 之 翼.   Oh ! les ailes de l'éphémère !
*6. 采 采 衣 服.   oh ! le bel habit bigarré !
7. 心 之 憂 矣.   Dans le cœur que j'ai de tristesse !...
8. 於 我 歸 息.   près de moi viens te reposer !

9. 蜉 蝣 掘 閱.   Il sort de terre, l'éphémère !
10. 麻 衣 如 雪.   robe en chanvre blanc comme neige !
11. 心 之 憂 矣.   Dans le cœur que j'ai de tristesse !...
12. 於 我 歸 說.   près de moi viens te réjouir !

XXV. — Interprétation historique sans intérêt.
Thème de l'invitation.

XXVI. — *Le sorbier solitaire.* 有 杕 之 杜 (T'ang fong 10 —
C. 129 — L. 185).

1. 有 杕 之 杜.   Il est un sorbier solitaire
2. 生 于 道 左.   qui pousse à gauche du chemin !
3. 彼 君 子 兮.   O Seigneur, ô toi que voilà,
4. 噬 肯 適 我.   daigne t'en venir avec moi !
5. 中 心 好 之.   Toi, que du fond de mon cœur j'aime,
6. 曷 飲 食 之.   toi, ne veux-tu boire et manger ?

7. 有 杕 之 杜.   Il est un sorbier solitaire
8. 生 于 道 周.   qui pousse au tournant du chemin !
9. 彼 君 子 兮.   O Seigneur, ô toi que voilà,
10. 噬 肯 來 遊.   daigne t'en venir promener !
11. 中 心 好 之.   Toi, que du fond de mon cœur j'aime,
12. 曷 飲 食 之.   toi, ne veux-tu boire et manger ?

XXVI. — *Préf.* Satire contre un prince qui n'avait point le pouvoir
d'unir les membres de sa parenté d'un lien familial véritable 不 能 親
其 宗 族.

Thèmes de la rencontre, de la promenade 遊 et du repas communiel.
Comp. T'ang fong, 6. Couv., 125.

XXVII. — *Le chanvre sur le tertre.* 丘中有麻 (Wang fong 10 — C. 84 — L. 122).

1. 丘中有麻. Sur le tertre il y a du chanvre,
2. 彼留子嗟. et c'est là que reste Tseu Tsie !
3. 彼留子嗟. Et c'est là que reste Tseu Tsie !
*4. 將其來施施. puisse-t-il s'en venir joyeux !

5. 丘中有麥. Sur le tertre il y a du blé,
6. 彼留子國. et c'est là que reste Tseu Kouo !
7. 彼留子國. Et c'est là que reste Tseu Kouo !
8. 將其來食. puisse-t-il s'en venir manger !

9. 丘中有李. Sur le tertre sont des pruniers,
10. 彼留之子. c'est là que reste ce seigneur !
11. 彼留之子. C'est là que reste ce seigneur !
12. 貽我佩玖. il me fait cadeau de breloques !

XXVII. — *Préf.* Satire contre les princes qui ne recherchent pas les sages 賢.
Thème de la promenade sur les hauteurs ; thème des cadeaux.

XXVIII. — *Les coings.* 木瓜 (Wei fong 10 — C. 75 — L. 107).

1. 投我以木瓜. Celui qui me donne des coings,
2. 報之以瓊琚. je le paierai de mes breloques ;
3. 匪報也. Ce ne sera pas le payer ;
4. 永以爲好也. à tout jamais je l'aimerai !

5. 投我以木桃. Celui qui me donne des pêches,
6. 報之以瓊瑤. je le paierai de belles pierres ;

7. 匪 報 也.　　Ce ne sera pas le payer :
8. 永 以 爲 好 也.　à tout jamais je l'aimerai !

9. 投 我 以 木 李.　Celui qui me donne des prunes
10. 報 之 以 瓊 玖.　je le paierai de diamants ;
11. 匪 報 也.　　Ce ne sera pas le payer :
12. 永 以 爲 好 也.　à tout jamais je l'aimerai !

XXVIII. — *Préf.* Glorification de l'entr'aide féodale.
Thème des cadeaux, prestations alternatives obligatoires et usuraires.
厚 報.

XXIX. — *Les fossés de la porte.* 東 門 之 池 (Tch'en
fong 4 — C. 147 — L. 208).

1. 東 門 之 池.　Porte de l'Est, dans les fossés
2. 可 以 漚 麻.　on peut faire rouir le chanvre !
3. 彼 美 淑 姬.　Avec ma belle et pure dame
4. 可 與 晤 歌.　on peut s'accorder et chanter !

5. 東 門 之 池.　Porte de l'Est, dans les fossés
6. 可 以 漚 紵.　on peut faire rouir l'ortie !
7. 彼 美 淑 姬.　Avec ma belle et pure dame
8. 可 與 晤 語.　on peut s'accorder et causer !

9. 東 門 之 池.　Porte de l'Est, dans les fossés
10. 可 以 漚 菅.　on peut faire rouir les joncs !
11. 彼 美 淑 姬.　Avec ma belle et pure dame
12. 可 與 晤 言.　on peut s'accorder et parler !

XXIX. — *Préf.* 疾 其 君 之 淫 昏 而 思 賢 女 以 配 君 子 也. Satire contre l'époque. On déteste le mariage débauché du seigneur et l'on pense avec regret à une fille sage dont on ferait la compagne du seigneur.
3. 姬 : nom de famille princière (celle des Tcheou) employé pour désigner une femme distinguée.
8. 語 converser : terme indiquant les vers alternés.
Thème de la rencontre hors les murs, chanson de travail, thème de l'accord verbal.

XXX. — *Le rusé garçon.* 狡童 (Tcheng fong 12 — C. 95 — L. 138).

1. 彼狡童分. O rusé garçon que voilà,
2. 不與我言分. qui avec moi ne veux parler,
3. 維子之故. Est-ce donc qu'à cause de toi
4. 使我不能餐分. je ne pourrai plus rien manger ?

5. 彼狡童分. O rusé garçon que voilà,
6. 不與我食分. qui avec moi ne veux manger,
7. 維子之故. Est-ce donc qu'à cause de toi
8. 使我不能息分. je ne pourrai plus reposer ?

XXX. — 狡童. 剌忽也. 不能與賢人圖事. 權臣擅命也.
Le rusé garçon : Satire contre Hou (duc Tchao de Tcheng, 696-695 ; cf. SMT, IV, 458 sqq.). Il était incapable de se servir de sages pour traiter les affaires publiques. Un vassal puissant dispose du pouvoir (savoir Tchong de Tchai, cf. LI.)

2. Tcheng : qui n'accepte pas mes avis : 不能受之.

6. Mao : qui ne me donne pas d'emploi ; m. à m. qui ne me donne pas de salaire à manger 食祿.

8. 息 reposer.

Variantes : 餐. 湌. HTKKSP, 1172, p. 7 v°.

Tchou Hi : Une fille débauchée voyant que l'homme rompt avec elle le plaisante.

Thèmes de l'invitation ironique, — du festin communiel.

Interprétation symbolique, sans appui aucun, par transposition d'institution ; par exemple : repas communiel des amants et des seigneurs et vassaux.

XXXI. — *Le fou-sou.* 山有扶蘇 (Tcheng fong 10 — C. 94 — L. 137).

1. 山有扶蘇. Le fou-sou est sur les monts,
2. 隰有荷華. les nénuphars aux vallons !
3. 不見子都. Je n'aperçois pas Tseu T'ou
4. 乃見狂且. et je ne vois que des fous !

5. 山有橋松. Les grands pins sont sur les monts,
6. 隰有游龍. la renouée aux vallons !
7. 不見子充. Je n'aperçois pas Tseu Tch'ong
8. 乃見狡童. mais d'astucieux garçons !

XXXI. — 山有扶蘇. 刺忽也. 所美非美然. *Le fou-sou* : Satire contre Hou (duc Tchao de Tcheng, 696-695). Ceux qu'il aimait n'étaient pas dignes d'être aimés.

1. 扶蘇. 扶胥. 小木 : Mao.

1 et 2. Mao. Comparaison : De même que hauteurs et vallons ont la végétation qui convient, de même Hou devrait placer les gens les plus vertueux dans les fonctions les plus hautes, les moins vertueux dans les plus basses : 高下大小各得其宜也.

Tcheng : Le fou-sou sert d'emblème à ceux que malgré leur peu de talents Hou place haut dans l'État ; les nénuphars sont l'emblème des sages qu'il humilie.

3. 子都. Tseu Tou : personnage de l'époque qui aimait la vertu 世之美好者. Mao.

4. 且. 辭也. Mao.

狂 : fou : les petites gens qu'emploie Hou. (Tcheng.)

5 et 6. Tcheng. Comparaison : les grands pins sur les monts ; allégorie pour les grands vassaux à qui Hou n'étend pas sa bienveillance : — La renouée : petits vassaux dont Hou écoute les avis.

7. 子充. Tseu Tch'ong : homme de bien 良人. Mao.

8. 狡童 rusé garçon : Hou, duc Tchao : Mao. Un rusé garçon a de l'apparence et pas de réalité, dit Tcheng.

Variantes d'écriture : 抹. 扶 ; 橋. 喬 ; 龍. 龍. HTKSP, 1172, p. 6.

Tchou Hi : Une fille débauchée plaisant avec son amant 淫女戲其所私者.

Thèmes de l'invitation ironique, — des monts et des vallons, — de la végétation.

Comp. XXX et LI.

Interprétation symbolique : sans aucun point d'appui, pas même un essai d'identification des noms propres.

XXXII. — *Le long de la grande route.* 遵大路 (Tcheng fong 7 — C. 92 — L. 133).

1. 遵大路兮. Le long de la grande route
2. 執子之袪兮. je te prends par la manche !
3. 無我惡兮. Ne me maltraite pas,
4. 不寁故也. ne romps pas d'un coup avec notre passé !

5. 遵大路兮.　Le long de la grande route
6. 執子之手兮.　je te prends par la main !
7. 無我醜兮.　Ne me maltraite pas,
8. 不寁好也.　ne brise pas d'un coup notre amitié !

XXXII. - *Préf.* 遵大路. 思君子也. 莊公失道. 君子去之. 國人思望焉. *Le long de la grand' route* : On pense avec regret aux sages. Le duc Tchouang (de Tcheng, 743-701) manquait à ses devoirs de prince (Tao). Les sages l'abandonnaient. Les gens du pays désiraient voir un sage.

(La chanson est supposée être l'adjuration des gens de Tcheng à un sage qu'ils veulent retenir chez eux.)

1. 遵. 循. Mao. Cf. XLVII, 1.
2. 摻. 𢮷. Mao. 袪. 袂. Mao.
3. 寁. 速. Mao.
6. Paumée. Cf. LXVIII, 15. Cf. Maupetit, Mœurs laotiennes. *Bull. et Mém. de la Soc. d'Anthropol. de Paris*, 1913, p. 504.

Tchou Hi : Une femme débauchée essaye de retenir celui qui l'abandonne.

Thèmes des fâcheries et des promenades. Thème de la paumée.

XXXIII. — *Le faible courant.* 揚之水 (Tcheng fong 18 — C. 99 — L. 145).

1. 揚之水.　　Le faible courant du ruisseau
2. 不流束楚.　n'entraîne pas fagot d'épines !
3. 終鮮兄弟.　Jusqu'au bout vivre comme frères,
4. 維予與女.　seuls nous le pouvons moi et toi !
5. 無信人之言. Ne te fie pas aux dires des gens !
6. 人實迋女.　pour sûr ils iront te mentir !

7. 揚之水.　　Le faible courant du ruisseau
8. 不流束薪.　n'entraîne pas fagot de branches !
9. 終鮮兄弟.　Jusqu'au bout vivre comme frères,
10. 維予二人.　seuls nous le pouvons tous les deux !
11. 無信人之言. Ne te fie pas aux dires des gens !
12. 人實不信.　pour sûr ils sont sans bonne foi !

XXXIII. — *Préf.* 揚之水. 閔無臣也. 君子閔忽之無忠臣

良士·終以死亡而作是詩· *Le faible courant :* On s'afflige de l'absence de vassal. Les sages s'affligeaient que Hou (duc Tchao de Tcheng, 696-695) n'ait ni vassaux fidèles ni bons officiers. Il finit par mourir hors de son pays et l'on fit ce poème.

1. 揚·激揚· Mao. Tcheng : Pas plus qu'un faible courant n'entraîne un fagot, l'influence de Hou n'est capable de s'exercer sur ses vassaux.

3. Tcheng : Allusion aux frères de Hou qui lui disputaient le pouvoir.

6. 迋·誑· Mao.

10. 二人同心· Mao : Ce couple qui a même cœur. Cf. Pei fong, 10. Tchou Hi : Débauchés se parlant 淫者相謂·

Noter l'expression : s'aimer comme frères, en parlant d'amants. Comp. VII, 4 et surtout Pei fong, X, 2ᵉ strophe :

Tu fêtes ta nouvelle épouse. (Cf. LXVI, 55, 56 et LX, 29.)

Comme un frère aimé, comme un frère cadet 如兄如弟· (Il faut entendre frères par serment 盟兄弟·)

Thèmes des serments et de la fidélité. Noter les fagots et les bords de l'eau. (Peut-être présages tirés de la flottaison. Cf. Sébillot, Paganisme contemporain, p. 89.) Comp. Wong fong 4. Couv. 78.

XXXIV. — *Les nids sur la digue.* 防有鵲巢 (Tch'en fong 7 — C. 149 — L. 211).

1. 防有鵲巢·   Des nids de pie sont sur la digue,
2. 邛有旨苕·   des pois exquis sur le coteau !
3. 誰侜予美·   Qui donc trompa celui que j'aime ?
*4. 心焉忉忉·   O mon cœur, hélas ! quel tourment !

XXXIV. — *Préf.* Interprétations historiques sans intérêt.

Tchou Hi : Relations amoureuses privées entre garçons et filles 男女之有私·

Thème de la promenade sur les hauteurs; thème des médisances. Comp. T'ang fong. 12. Couv. 131.

XXXV. — *Le beau seigneur.* 丰 (Tcheng fong 14 — C. 96 — L. 141).

1. 子之丰兮·   O toi, Seigneur de belle mine,
2. 俟我乎巷·   qui m'as attendue dans la rue !...
3. 悔予不送兮· Hélas ! que ne t'ai-je suivi !...

4. 子之昌兮.　O toi, Seigneur de belle taille,
5. 俟我乎堂兮.　Qui m'as attendue dans la salle !...
6. 悔予不將兮.　Hélas ! que ne t'ai-je suivi !...

7. 衣錦褧衣.　En robe à fleurs, en robe simple,
8. 裳錦褧裳.　en jupe à fleurs, en jupe simple,
9. 叔兮伯兮.　Allons, messieurs ! allons, messieurs !
10. 駕予與行.　en char menez-moi avec vous !

11. 裳錦褧裳.　En jupe à fleurs, en jupe simple,
12. 衣錦褧衣.　en robe à fleurs, en robe simple,
13. 叔兮伯兮.　Allons, messieurs ! allons, messieurs !
14. 駕予與歸.　en char emmenez-moi chez vous !

XXXV. — *Préf.* 丰. 刺亂也. 昏姻之道缺. 陽倡而陰不和. 男行而女不隨. *Le beau seigneur :* Satire contre l'anarchie. On ébréchait les règles du mariage. Le Yang (mâle, le fiancé) appelait et le Yin (femelle, la fiancée) ne répondait pas de concert. Le garçon venait chercher la fiancée et la fille ne le suivait pas. (Cf. Yi li : Mariage. 6ᵉ rite : la pompe nuptiale 親迎.)

1. 丰. 豐滿.
2. 巷. 門外. Mao. Cf. Yi li : Mariage.
1, 2, 3. Le fiancé venu en personne et sorti (de la maison de la fille après la prestation de l'oie sauvage) l'attend dans la ruelle.
4. 昌. 盛壯貌. Mao.
5. 堂, salle de réception où doit se faire (Yi li : Mar.) la prestation de l'oie sauvage. Comp. Ts'i fong. 3. Couv. p. 105.
7 et 8. Mao : costume de mariage. — Comme ce n'est pas celui décrit au Yi li, Tcheng ajoute : costume de mariage d'une *fille du peuple*. Comparez Wei fong, 3 ; Couv., p. 65 : le même costume est attribué à une *fiancée noble*.
9. S'adresserait au fiancé (donc au singulier). Comp. XV, 3 et l'interprétation différente.

Variantes d'écriture : 乎. 於 ; 堂. 橙 ; 褧. 絅.

Tchou Hi : 婦人所期之男子. 已俟乎巷. 而婦人以有異志不從. 既則悔而作是詩. La femme avait donné rendez-vous à l'homme qui l'attendit en effet dans la ruelle, mais elle, ayant changé de sentiment, n'alla pas l'y rejoindre et, plus tard, s'en repentant, fit cette chanson.

Thème du rendez-vous au village. Thème du char.

XXXVI. — *Sur le même char.* 有 女 同 車 (Tcheng fong 9 — C. 93 — L. 136).

1.	有 女 同 車.	La fille monte au même char,
2.	顏 如 舜 華.	belle comme fleur de cirier !…
3.	將 翱 將 翔.	Flottant au vent, flottant au vent,
4.	佩 玉 瓊 琚.	ses breloques sont de beaux jades !
5.	彼 美 孟 姜.	La voici, la belle Mong Kiang,
6.	洵 美 且 都.	belle vraiment et comme il faut !
7.	有 女 同 行.	La fille suit la même route,
8.	顏 如 舜 英.	belle comme fleur de cirier !…
9.	將 翱 將 翔.	Flottant au vent, flottant au vent,
*10.	佩 玉 將 將.	ses breloques font un cliquetis !
11.	彼 美 孟 姜.	La voici, la belle Mong Kiang !
12.	德 音 不 忘.	son prestige vaincra l'oubli !

XXXVI. — *Préf.* 有 女 同 車. 刺 忽 也. 鄭 人 刺 忽 之 不 昏 于 齊. 太 子 忽 嘗 有 功 于 齊. 齊 侯 請 妻 之. 齊 女 賢 而 不 取. 卒 以 無 大 國 之 助. 至 於 見 逐. 故 國 人 刺 之. *Sur le même char:* Satire contre Hou (duc Tchao de Tcheng, 696-695). Les gens de Tcheng blâment Hou de ne pas se marier à Ts'i. Étant héritier présomptif, Hou avait acquis du mérite à Ts'i. Le seigneur de Ts'i lui offrit de le marier (à une fille de sa famille). La fille de Ts'i était sage et il ne la prit pas. Il périt faute d'avoir l'aide d'une grande seigneurie : il finit par se voir exilé. Les gens du pays le blâmèrent. Cf. SMT, IV, 458 sqq.

2. 舜 華. 木 槿. Mao. La fille de Ts'i était belle, dit Tcheng ; on blâme le duc de ne pas être allé au-devant d'elle (6ᵉ rite du mariage). Tous deux seraient alors montés (un instant) dans la même voiture (à la mise en marche du cortège au sortir de la maison de la fille. Cf. Yi li : Mariage.)

5. 孟 姜. Mao : Mong Kiang, fille aînée du duc de Ts'i (dont le nom est Kiang).

4. Indique la marche rapide, vêtement et pendeloques flottant au vent. Cf. XLII, 5.

6. 都. 閑. Mao. Elle connaissait les rites féminins : Tcheng.

10. Tsiang tsiang, aux. desc. peint le son des breloques.

12. Tcheng : Les générations futures se transmettront (la mémoire) de sa Vertu (Tao-tö 道 德).

Variantes d'écriture : 舜. 蕣 ; 洵. 詢. 恂 ; 將. 鏘. HTKKSP, 1172, p. 5 v°.

Thème du char.
Noter les comparaisons florales.
Mong Kiang (nom propre qui a servi de point d'attache à l'interpréta-
tion symbolique) : la belle princesse. Mong : l'aînée, terme de respect ;
Kiang : nom d'une famille princière ; l'ensemble forme une espèce de nom
générique. (Cf. L'emploi de 姬). Voir XXIV, 8 et XLIV, 4 (n.).

XXXVII. — *Le dolic.* 葛生 (T'ang fong 11 — C. 130 — L. 186).

1.	葛生蒙楚.	Le dolic pousse sur les buissons,
2.	斂蔓于野.	le liseron croît dans les plaines...
3.	予美亡此.	Mon bien-aimé est loin d'ici !...
4.	誰與獨處.	avec qui ?... non, seule ! je reste !...
5.	葛生蒙棘.	Le dolic pousse aux jujubiers,
6.	斂蔓于域.	le liseron croît sur les tombes...
7.	予美亡此.	Mon bien-aimé est loin d'ici !...
8.	誰與獨息.	avec qui ?... non, seule ! je repose !...
9.	角枕粲兮.	Hélas ! bel oreiller de corne !...
10.	錦衾爛兮.	hélas ! brillants draps de brocart !...
11.	予美亡此.	Mon bien-aimé est loin d'ici !...
12.	誰與獨旦.	avec qui ?... non, seule ! j'attends l'aube !...
13.	夏之日.	Jours de l'été !...
14.	冬之夜.	nuits de l'hiver !...
15.	百歲之後.	Après cent ans passés
16.	歸于其居.	j'irai dans sa demeure !
17.	冬之夜.	Nuits de l'hiver !...
18.	夏之日.	jours de l'été !...
19.	百歲之後.	Après cent ans passés
20.	歸于其室.	j'irai dans sa maison !

XXXVII. — *Préf.* Satire contre les guerres continuelles.
15-16 et 19-20. Cf. XLIII, 9.
Thème de l'union conjugale et des séparations.

XXXVIII. — *Le collet bleu*. 子衿 (Tcheng fong 17 — C. 98 — L. 144).

*1. 青青子衿. Votre collet est bien bleu
*2. 悠悠我心. et mon cœur est bien troublé!...
3. 縱我不往. Si vers vous je ne vais pas,
4. 子寧不嗣音. faut-il que vous ne chantiez ?

*5. 青青子佩. Vos breloques sont bien bleues
*6. 悠悠我思. et mes pensées bien troublées !
7. 縱我不往. Si vers vous je ne vais pas,
8. 子寧不來. faut-il que vous ne veniez ?

9. 挑兮達兮. Allez ! et promenez-vous
10. 在城闕兮. sur le mur et sur la tour !
11. 一日不見. Un jour où je ne vous vois
12. 如三月兮. me paraît comme trois mois !

XXXVIII. — *Préf.* 子衿. 刺學校廢也. 亂世則學校不修
Le collet bleu : Satire contre l'abandon des études. Par temps d'anarchie, les études ne sont pas cultivées.

1. Collet bleu indique le vêtement d'un étudiant : Mao.
Ts'ing ts'ing, aux desc. peint la couleur bleue ; ts'ing signifie bleu.

2. Yeou yeou, aux desc. peint le trouble du cœur (Cf. Siao ya et Pei fong, 8), mais aussi l'éloignement (cf. Yong fong, X, 3.)

4. 嗣. 習. Mao : Dans l'antiquité les étudiants apprenaient les Vers (le Che king) et la musique. (Tcheng 續.)

5. Mao : Les 士 nobles portaient des breloques pendues à des cordons bleus.

9. 挑達. 往來相見. Mao. Les étudiants dissipés se faisaient un plaisir de monter sur les hauteurs : Tcheng.

10 et 12. Mao : L'étude des rites et de la musique ne peut être abandonnée un seul jour.

Variantes d'écriture : 衿. 裣 ; 嗣. 詯 ; 悠. 攸 ; 挑. 𢾅. 兆 ; 達. 撻.

Tchou Hi : Chanson d'une personne débauchée. 淫奔之詩.

Thème de la séparation au village. Indication de chants et de rendez-vous. Comp. les sérénades des fiancés de Formose, voir App. III.

XXXIX. — *La Vierge sage.* 靜女 (Pei fong 17 — C. 49 — L. 68).

1. 靜女其姝.　La Vierge sage, que de grâce !
2. 俟我於城隅.　elle m'attend au coin des murs,
3. 愛而不見.　Je l'aime, et, si je ne la vois,
4. 搔首踟蹰.　je me gratte la tête, éperdu...

5. 靜女其孌.　La Vierge sage, que de charme !
6. 貽我彤管.　elle me donne un tube rouge !
7. 彤管有煒.　Le tube rouge a de l'éclat :
8. 說懌女美.　la beauté de la fille enchante !

9. 自牧歸荑.　Plante qui viens des pâturages,
10. 洵美且異.　vraiment belle en ta rareté,
11. 匪女之爲美.　Non, ce n'est pas toi qui es belle :
12. 美人之貽.　tu es le don d'une beauté !

XXXIX. — *Préf.* 靜女. 刺時也. 衛君無道. 夫人無德. *La vierge sage :* On blâme les usages du siècle. Le seigneur de Wei était sans Vertu (Tao, pouvoir régulateur du prince). La princesse, sa femme, était sans Vertu (Tö, délégation du Tao, Tao en acte, influence agissante du pouvoir régulateur).

Tcheng : Le seigneur ainsi que la princesse étant sans Vertu (Tao-tö), on présente une vierge sage « donnée à moi selon la règle du tube rouge » (paraphrase du vers 6). La vertu (de cette fille) étant telle (que l'implique l'observation de cette règle), on peut remplacer (la princesse) par elle pour en faire la (digne) compagne d'un Seigneur. 以君及夫人無道德. 故陳靜女遺我以彤管. 之濾德如之. 可以易之爲人君之配.

　1. 姝. 美. Mao.
　2. 俟. 待. Mao.

1 et 2. Les vertus de la fille étant la chasteté et la pureté ainsi que le respect des règles, elle peut être aimée. Les remparts de la ville signifient ce qui est élevé et ne doit pas être transgressé (savoir les règles) : Mao.

La fille, étant docile aux règles, attend l'accomplissement des rites avant de bouger. Elle réprime elle-même sa passion 自防 (elle l'endigue) comme (à l'aide d') un rempart. Elle peut ainsi être aimée (Tcheng. Ceci veut dire qu'elle ne s'offre pas d'elle-même comme ferait une fille débauchée et qu'elle attend le rite de l'envoi par le prince d'un entremetteur pour la demander.

3 et 4. Elle désire aller vers le prince, mais sa conduite reste correcte (Mao). Ses hésitations montrent son désir (Tcheng). [Ces vers sont censés dits par elle.]

5 et 6. Parce que la fille est pure, qu'elle est belle et qu'elle peut ainsi être donnée selon la méthode du tube rouge suivie dans l'antiquité, elle mérite d'être appariée à un prince. Dans l'ancien temps, la reine et les princesses devaient suivre la méthode du tube rouge de la Secrétaire du gynécée, 女史 (Cf. Tcheou li 天官.) La Secrétaire qui n'enregistrait pas les manquements (à la règle du tube rouge) encourait la peine de mort. La reine et toutes les femmes de second rang approchaient selon les rites de la couche du seigneur. La Secrétaire notait le jour et le mois. Elle leur donnait un anneau pour les y envoyer ou les retenir en arrière (dans leurs appartements privés). Quand elles étaient enceintes, au dernier mois de la grossesse, (la Secrétaire) en leur donnant un anneau d'or les faisait demeurer chez elles (Cf. Li Ki, Nei tsö, Couv., I, p. 662). Quand elles avaient à coucher avec le seigneur (la Secrétaire) les y envoyait en leur donnant un anneau d'argent, qu'elles portaient à la main gauche. Quand elles avaient couché avec lui elles le portaient à la main droite. Dans le service du prince, tout, quelle qu'en ait été l'importance, était noté de façon que fût parfaitement suivie la méthode (du tube rouge). Mao. 古者后夫人必有女史彤管之濾．史不記過．其罪殺之．后妃羣妾以禮御君所．女史書其日月．授之以環以進退之．生子月辰．則以金環退之．當御者以銀環進之．著于右手．旣御者．著于左手．

Tcheng : Le tube rouge : tube rouge contenant les pinceaux de la 女史 Secrétaire.

7. Le tube est rouge parce que la Secrétaire avec son cœur rouge (c'est-à-dire par la sincérité de son application à faire son service) rectifie (la conduite) des personnes (du gynécée). Mao. 以赤心正人也．

8. Tcheng : 懌 est pour 釋. D'où il suit que : la Secrétaire mettant en évidence (par l'emploi de son tube rouge) les Vertus de la reine et des femmes de second rang, fait apparaître leur beauté.

9. 牧．田官. Mao : (pasteurs et non pâturage).

9. Jeunes pousses de chiendent. Mao : 取其有始有終． De même que ces pousses se développeront, de même, sous l'influence de la réglementation du gynécée, la fille méritera d'être la compagne du prince. Cf. K'ong Ying-ta.

9 et 10. Tcheng : De même que les pousses de chiendent rapportées par le pasteur, grâce à leur blancheur et leur pureté (cf. LXIV, 2) peuvent servir aux sacrifices, de même la fille chaste qui vit dans un lieu de retraite, 窈窕之處 (cf. LVI, 3), quand un entremetteur aura fait pénétrer (jusqu'à elle la notification des volontés du prince) (達 : 通 ; cf. Yi li : Mar., début : glose de Tcheng sur l'entremetteur) pourra devenir la moitié du prince.

11 et 12. Mao : Ce n'est pas uniquement que me plaise sa beauté, mais je la trouve belle d'avoir pu m'être offerte selon la règle du tube rouge.

K'ong Ying-ta explique que 9-12 forment une comparaison : de même qu'une pousse de chiendent a été apportée par un pasteur, et étant belle et merveilleuse, peut servir aux sacrifices, de même il faut faire présenter au prince une fille chaste, fidèle et belle pour qu'elle en soit la digne compagne et remplace la princesse actuelle. (女 : *fille* et non *toi* 爾).

Tcheng (d'après K'ong Ying-ta) : S'il y avait quelqu'un qui pût m'offrir (comme est offerte la belle fleur) une fille chaste et pure, ce ne serait pas la fille que je trouverais belle ; je trouverais belle (j'aimerais) la personne qui m'aurait offert la fille.

Les modernes lisent *toi* et non *fille* (*jou* et non *niu*).

Tchou Hi : Chanson de rendez-vous de débauchés 淫奔期會之詩.

Variantes d'écriture : 姝·㚜·袾 ; 於·乎·于 ; 愛·僾·薆 ; 踟·躊跱. 躕踷 ; 貽·詒 ; 說·悅 ; 洵·詢. HTKKSP, 1171, pp. 39-40.

Chanson de rendez-vous au village. Thème des gages d'amour (fleurs). Indication de vie pastorale.

Noter le rapprochement (suggéré par Tcheng 9, 10 n) de la 靜女 vierge sage, qui vit dans la retraite ; et de la fille pure 淑女 de LVI qui fait retraite 窈窕 avant d'être, elle aussi, une compagne assortie, une digne moitié du seigneur. Noter encore le rôle religieux des pousses de chiendent.

Bien qu'on ne retrouve pas pour cette pièce une interprétation analogue à celle qui est présentée pour LVI, LIX, LXVII B et Chao nan, 4, elle est importante pour l'étude de la transposition des notions et règles concernant les fiancées paysannes aux fiancées nobles et vivant dans le gynécée.

XL. — *Je t'en supplie.* 將仲子 (Tcheng fong 2 — C. 86 — L. 125).

1. 將仲子兮. Je t'en supplie, ô seigneur Tchong,
2. 無踰我里. ne saute pas dans mon village,
3. 無折我樹杞. Ne casse pas mes plants de saule !...
4. 豈敢愛之. comment oserais-je t'aimer ?...
5. 畏我父母. J'ai la crainte de mes parents !...
6. 仲可懷也. O Tchong, il faut t'aimer, vraiment,
7. 父母之言. Mais ce que disent mes parents
8. 亦可畏也. il faut le craindre aussi, vraiment !

9. 將仲子兮. Je t'en supplie, ô seigneur Tchong,
10. 無踰我牆. ne saute pas sur ma muraille,
11. 無折我樹桑. Ne casse pas mes plants de mûriers !...
12. 豈敢愛之. Comment oserais-je t'aimer ?...

13. 畏我諸兄. j'ai la crainte de mes cousins !...
14. 仲可懷也. O Tchong, il faut t'aimer, vraiment,
15. 諸兄之言. Mais ce que disent mes cousins
16. 亦可畏也. il faut le craindre aussi, vraiment !

17. 將仲子兮. Je t'en supplie, ô seigneur Tchong,
18. 無踰我園. ne saute pas dans mon verger,
19. 無折我樹檀. Ne casse pas mes plants de t'an !...
20. 豈敢愛之. Comment oserais-je t'aimer ?...
21. 畏人之多言. j'ai la crainte de ces cancans !...
22. 仲可懷也. O Tchong, il faut t'aimer, vraiment,
23. 人之多言. Mais les cancans que font les gens
24. 亦可畏也. il faut les craindre aussi, vraiment !

XL. — *Préf:* 將仲子. 刺莊公也. 不勝其母以害弟其. 弟 叔失道而公弗制. 祭仲諫而公不聽. 小不忍以制大亂 焉. *Je l'en supplie :* Satire contre le duc Tchouang de Tcheng (743-701). Il ne (sut pas) surmonter (ses sentiments à l'égard de) sa mère afin de faire obstacle à (l'ambition de) son frère cadet. Son cadet (Touan, surnommé T'ai-Chou) manquant au devoir (ne respectant pas l'ordre naturel puisqu'il essayait de renverser son aîné), le duc ne le corrigea pas. Tchong (seigneur) de Tchai l'en réprimanda et (le duc) ne l'écouta point. Trop petit pour se faire violence de façon à corriger (les fauteurs) d'anarchie.

Voir SMT, IV, p. 453.

Tchou Hi : Parole d' (une fille) débauchée. 淫奔者之辭.

1. 將. 請. Mao : Seigneur Tchong = Tchong de Tchai.

2. 踰. 越. Mao.

3. 折. 傷害.

1, 2, 3. Tchouang est supposé s'adresser à Tchong de Tchai et refuser de recevoir ses conseils, en l'invitant par symbole à ne pas pénétrer violemment dans son village, par-dessus la haie ; casser les arbres = faire tort au frère cadet Touan. (Mao. Tcheng.) Comp. Ts'i fong 5, st. 2. Couv. 107.

4. L'aimer : Touan (mauvais frère). (Mao. Tcheng.)

5. Mes parents, mon père et ma mère : entendez seulement ma mère, protectrice de Touan (Tcheng).

6 et 7. — Entendez : J'apprécie l'avis de Tchong mais n'ose me heurter à celui de ma mère (Tcheng).

8. 牆. 垣.

13. Mes cousins : la famille du duc (favorable à Touan). (Mao.)

Thème du rendez-vous (au village de la fille qui a peur de ses parents : période des fiançailles).

里 : village, hameau ; 25 familles forment un 里. La chanson montre

que le hameau est habité par la famille de la fille ; l'unité familiale forme
aussi une unité territoriale : groupe local. Noter les haies et murailles.
L'amoureux vient du dehors, d'un autre village : exogamie. Comp. Ts'i
fong, 5 ; Couv., p. 106.

Excellent exemple de l'utilisation d'une chanson populaire comme réprimande.

Un nom propre (très répandu) sert de point d'appui à cette utilisation.

XLÍ. — *Soleil à l'orient.* 東 方 之 日 (Ts'i fong 4 — C. 106 — L. 153).

1. 東方之日兮. Soleil à l'orient !
2. 彼姝者子. C'est une belle fille
3. 在我室兮. qui est dans ma maison !...
4. 在我室兮. Elle est dans ma maison !
5. 履我即兮. à ma suite elle y vient !

6. 東方之月兮. Lune vers l'Orient !
7. 彼姝者子. C'est une belle fille
8. 在我闥兮. qui est près de ma porte !...
9. 在我闥兮. Elle est près de ma porte !
10. 履我發兮. à ma suite elle en sort !

XLI. — *Préf.* Satire contre un prince de Tsi. 君臣失道. 男女淫
奔. 不能以禮化. Seigneur et vassaux avaient perdu le sens de la
droite raison. Garçons et filles avaient des rapports débauchés et n'étaient
point capables de subir l'influence des rites.

Tchou Hi : Chanson de débauchés.

Thème des rendez-vous villageois. Comp. Tch'en fong 8. Couv. 150.

XLII. — *Le chant du coq.* 女曰鷄鳴 (Tcheng fong 8 — C. 92 — L. 134).

1. 女曰鷄鳴. — Le coq a chanté ! dit la fille,
2. 士曰昧旦. — Le jour paraît ! dit le garçon,

3. 子興視夜. — Lève-toi ! Regarde la nuit !
4. 明星有爛. Est-il des étoiles qui brillent ?
5. 將翱將翔. Vite, va-t'en ! Vite, va-t'en !
6. 弋鳧與鴈. Chasser canards et oies sauvages !

7. 弋言加之. Si tu en tues, je les prépare
8. 與子宜之. Pour faire un repas avec toi !
9. 宜言飮酒. Au repas nous boirons du vin !
10. 與子偕老. Puissé-je vieillir avec toi !
11. 琴瑟在御. Près de nous sont luths et guitares !
12. 莫不靜好. Tout rend paisible notre amour !

13. 知子之來之. Si j'étais sûre de ta venue,
14. 雜佩以贈之. Mes breloques je te donnerais !
15. 知子之順之. Si j'étais sûre de ta faveur,
16. 雜佩以問之. Mes breloques je t'enverrais !
17. 知子之好之. Si j'étais sûre de ton amour,
18. 雜佩以報之. Mes breloques te le paieraient !

XLII. — *Préf.* 女曰鷄鳴. 刺不說德也. 陳古義以刺今. 不說德而好色也. *Le chant du coq :* Satire contre ceux qui n'aiment pas la Vertu. On représente les mœurs justes d'autrefois pour blâmer les gens d'aujourd'hui qui n'aiment pas la Vertu mais la volupté.

Tcheng : Glose (afin d'expliquer les strophes II et III) : Vertu = officiers, grands officiers, hôtes vertueux.

1 et 2. Tcheng : Dialogue entre un mari et une femme éveillés de grand matin : montre qu'ils ne s'oublient pas dans la volupté 留色.

3 et 4. Mao : Les grandes étoiles seules brillent encore, les petites ont disparu. — Tcheng : Les étoiles brillent encore ; il est encore tôt pour s'arracher aux voluptés.

5. Vers indiquant une marche rapide qui fait flotter les vêtements. Cf. XXXVI, 3.

6. Les produits de la chasse serviront à recevoir les hôtes (vertueux) : Tcheng.

8. 宜. 肴. Mao. 子 *Toi* s'adresse aux hôtes (Tcheng).

10. Tcheng : Paroles d'affection : s'adressent aux hôtes. Voir LXVIII, 16 ; LXVI, 51 ; Yong fong, 3, vers 1.

11. Musique pour les hôtes (Tcheng). Comp. LX 28 et Siaoya I. 4, st. 7. Couv. 180.

12. 靜. 安. Tcheng.

13-18. Cadeaux aux hôtes (Tcheng).

Tchou Hi : Dialogue d'époux vertueux.

Thème de l'aube. Séparation à l'aube (le fiancé a rejoint la fiancée pendant la nuit). Thèmes de la chasse, du festin communiel, de l'accord (11, 12) des cadeaux et gages d'amour. Serment conjugal (10).

Comparez Hak-ka, XI. Cf. Maupetit, *Bull. et Mém. Soc. d'Anthropologie de Paris*, p. 510.

Comparez Ts'i fong, 1 et 5; Siao ya, III, 8. (Transformations du thème de l'aube). L'interprétation du thème primitif (dans XLII) est faite d'après les idées qui inspirèrent sa transformation.

XLIII. — *Le char du seigneur.* 大車 (Wang fong 9 — C. 83 — L. 121).

*1.	大車檻檻.	Le char du Seigneur, comme il roule !
2.	毳衣如菼.	sa robe a la couleur des joncs !
3.	豈不爾思.	A toi comment ne penserais-je ?...
4.	畏子不敢.	j'ai peur de lui et n'ose pas...
*5.	大車啍啍.	Le char du Seigneur, comme il roule !
6.	毳衣如璊.	sa robe est couleur de rubis !
7.	豈不爾思.	A toi comment ne penserais-je ?...
8.	畏子不奔.	j'ai peur de lui pour aller aux champs...
9.	穀則異室.	Vivants, nos chambres sont distinctes,
10.	死則同穴.	morts, commun sera le tombeau !
11.	謂予不信.	Si tu ne me crois pas fidèle,
12.	有如皦日.	je t'atteste, ô jour lumineux !

XLIII. — *Préf.* Satire contre les grands officiers des Tcheou. 禮義陵遲. 男女淫奔. 故陳古以剌今. 大夫不能聽男女之訟焉. Les Rites et le Droit étaient transgressés. Garçons et filles s'unissaient dans la débauche. On vante les mœurs du passé pour en faire une satire contre les mœurs du siècle. Les grands officiers n'avaient plus le pouvoir d'entendre (en justice) les débats entre filles et garçons.

1. 大車. Grand char = char de grand officier (Mao), Hien hien, aux. desc.

2. Vêtement de grand officier (Mao).

4. Tcheng : parole de ceux qui autrefois avaient des désirs de débauche mais étaient retenus par la crainte des lois.

5. T'ouen t'ouen, aux. desc.

9. 穀·生·

9 et 10. Mao : Pendant leur vie les femmes restent dans l'appar ement intérieur 室 ; il y a alors distinction entre ceux qui doivent rester à la maison 內 (les femmes) et ceux qui ont seuls affaire au dehors 外 (les hommes). Morts, les esprits des époux se réunissent, s'assimilent l'un à l'autre et forment un tout 死則神合同而爲一也·

Tcheng : Les grands officiers avaient à s'occuper non seulement des débats sexuels entre célibataires mais encore à faire respecter les règles de la morale conjugale, à savoir la séparation entre époux 夫婦之禮有別·

12. Formule de serment.

Noter l'emploi du mot 訟, débats sexuels, dans la préface. Cf. App. I.

Thèmes des rencontres aux champs, de la séparation au village. Thèmes de la fidélité et des serments. Accessoirement thèmes du char et du luxe des vêtements de fête.

Si, de l'étude seule des thèmes champêtres, nous n'avons pas osé conclure que la poésie du Che king est une poésie paysanne, les chansons qui précèdent peuvent, dès maintenant, semble-t-il, nous y autoriser. Que décrivent-elles, en effet, sinon l'amour au village ?

Le même raffinement, il est vrai, qui a pu faire choisir des ornements champêtres ou s'inspirer d'antiques dictons, peut aussi avoir conduit à préférer, pour des scènes d'amour, des déguisements villageois et un décor rustique. Ne sait-on pas que les beautés naturelles et les grâces simples plaisent à l'art le plus délicat ? Or, que connaissons-nous de l'histoire de nos chansons ? Ce sont des gens de cour qui y prirent plaisir, qui les étudièrent, qui les classèrent, qui nous les ont transmises ; ce sont des maîtres de musique de cours princières ou royales qui les avaient conservées et les faisaient chanter dans les cérémonies des palais. Pourquoi ne seraient-elles point l'œuvre de poètes officiels ? pourquoi la poésie du Che king ne serait-elle point une *poésie de cour?* La tradition le veut ainsi et elle en donne de bonnes raisons.

Les seigneurs féodaux avaient la charge d'un peuple

d'agriculteurs : leur gouvernement assurait tout ensemble la régularité des mœurs et celle des saisons ; la prospérité de la Nature et le bonheur des hommes manifestaient à la fois l'Heureuse Fortune des princes ; la satisfaction des choses et des gens prouvaient la légitimité de leur pouvoir ; leur puissance se mesurait à la fécondité de leur sol, leur vertu à la moralité de leurs vassaux [1] ; tel seigneur, tel pays ; tels paysans, tels princes ; « les joncs sont vigoureux » : c'est que le prince est sage [2] ; — un rustre est trop brutal : c'est que le gouvernement est fait de violence [3] ; — les ménages sont-ils unis ? l'ordre règne dans le palais intérieur [4] ; — par l'ascendant du prince, sa femme a-t-elle la Vertu de mériter une postérité nombreuse ? les femmes du pays désirent avoir des enfants [5] : pour faire l'éloge d'une reine, il n'y a qu'à montrer des paysannes cueillant le plantain qui favorise les grossesses ; et la chanson qui rythme leur cueillette est, d'elle-même, un panégyrique. Y a-t-il manière plus délicate à la fois et plus forte, plus subtile et cependant plus directe ? Point n'est besoin, au poète de cour, pour chanter une princesse, de la costumer en bergère, point n'est besoin d'allégorie — les liens sont dans les faits eux-mêmes : une peinture vraie des choses rustiques suffira. Donc, si forte que soit l'impres-

---

1. C'est la doctrine officielle sur le pouvoir régulateur du prince ; elle s'exprime à chaque instant dans les préfaces des chansons. Un chant du Lou song I, Couv., p. 445, exprime magnifiquement l'effet immédiat et direct de l'Influence Souveraine sur les choses :

> Les pensées du prince n'ont point de limites.
> Il pense aux chevaux et ceux-ci sont forts...
> ... Les pensées du prince sont sans défaillance
> Il pense aux chevaux et ceux-ci s'élancent...
> ... Les pensées du prince n'ont rien d'oblique
> Il pense aux chevaux et ceux-ci vont droit en avant.

Comp. T'ang fong 4. Couv. p. 124.

2. Chao nan, 14 ; Couv., p. 28.

3. Préf. de XI et XLIV ; voir aussi celle de XLVI.

4. LVI et en général tout le Tcheou nan.

5. XIX, préf. Comp. l'interp. de Tcheou nan, 7 ; Couv., p. 11 (on prétend qu'il y est montré que la Vertu de la reine détermine une abondance de sujets fidèles.)

sion de vérité qu'on sent à lire les chansons, si fidèle que puisse y être la description des mœurs paysannes, rien ne prouve que ces chansons ne sont pas œuvres savantes.

Un poète, sur un mode rustique, montre son loyalisme, et, puisqu'un enseignement moral se dégage des thèmes champêtres, il aide ses maîtres à persévérer dans la bonne voie. Or il n'y a pas que de bons seigneurs ; les princesses, souvent, sont des créatures de perdition[1] : en fidèles vassaux, les poètes ne furent-ils pas obligés de peindre l'immoralité gagnant les classes inférieures et de composer, en manière de châtiments, des chansons rustiques à dessein voluptueuses ? — Mais pourquoi, alors, fait-on une gloire à Confucius d'avoir expurgé le Che king ? pourquoi les commentateurs ne consentent-ils à y voir que peu de chansons amoureuses ?

A dire vrai, dès qu'il ne s'agit plus du Tcheou nan et du Chao nan, dont on affirme tout ensemble l'origine officielle et la haute moralité, on sent chez les interprètes un grand embarras.

Sseu-ma Ts'ien[2] conte qu'un sage nommé Ki-tcha rendit, en 544 avant Jésus-Christ, visite au seigneur de Lou ; on lui fit entendre, pour l'honorer, la musique des Tcheou, c'est-à-dire le Che king dont les pièces étaient dès lors classées comme aujourd'hui. Ki-tcha s'exclama d'admiration ; pourtant les chants de Tcheng et de Tch'en lui firent mauvaise impression : il en augura la ruine de ces seigneuries. Confucius déclara de même dans ses *Entretiens*[3] que les airs de Tcheng étaient pernicieux. Son disciple Tseu Hia les condamna comme ceux de Song et aussi ceux de Ts'i et de Wei que Ki-tcha avait admirés[4]. Déjà, entre des sages, pareil désaccord est étrange ; il y a plus : Ki-tcha, Confucius et Tseu Hia s'entendent à

---

1. Voir *in* SMT l'histoire caractéristique de Pao-Sseu, t. I, p. 292.
2. T. IV, p. 8 sqq. Cf. Tsouo tchouan Siang 29ᵉ a.
3. Louen yu, XV, 10.
4. SMT, III, 275 et Li ki, Yo ki, Couv., II, pp. 49 et 90.

trouver funestes les chants de Tcheng ; or, à lire les préfaces Tseu Hia qui les accompagnent, on voit qu'ils veulent engager à la vertu ; et il le faut bien puisque Confucius les a fait entrer dans son Anthologie.

Le Tcheng fong contient vingt et une pièces ; seize sont incontestablement des chansons d'amour[1] ; tel est l'avis du grand érudit des Song, *Tchou Hi*, dont le traditionalisme s'accompagnait d'un ferme bon sens ; toutes pour lui, sauf une[2], sont des chants de débauchés et mettent en scène des garçons et des filles engagés dans des amours irrégulières. Or, si l'on en croit les préfaces — et leur autorité est grande, puisqu'on les attribue à Tseu Hia — sur ces seize chansons, neuf, à peu près les deux tiers, sont de louables satires politiques et ne mettent en scène que des hommes ; sur vingt et une pièces en voilà donc quatorze où il n'est même pas question d'amour, et pourtant Tseu Hia affirme, d'autre part, l'immoralité du Tcheng fong. Les sept qui restent, il est vrai, parlent d'amour, mais deux d'entre elles[3] peignent les bonnes mœurs ; elles furent faites pour que le spectacle figuré de la vertu ramenât les mauvais seigneurs dans le bon chemin ; ce sont donc de courageuses, d'utiles réprimandes. Cinq chansons[4] révèlent des mœurs détestables ; les préfaces prétendent que trois de ces pièces[5], — elles sont moins formelles pour les deux autres, — sont aussi des censures poétiques : l'anarchie gouvernementale avait entraîné des désordres militaires et le dérèglement des mœurs ; représenter ces mœurs déréglées, c'était faire réfléchir les princes aux conséquences de l'anarchie 刺亂. Au demeurant, tout le Tcheng fong s'inspire de bonnes intentions.

---

1. 2 (XL) ; — 7 (XXXII) ; — 8 (XLII) ; — 9 (XXXVI) ; — 10 (XXXI) ; — 11 (XV) ; — 12 (XXX) ; — 13 (LI) ; — 14 (XXV) ; — 15 (XXIII B) ; — 16 (XIII) — 17 (XXXVIII) ; — 18 (XXXIII) ; — 19 (XXIII) ; — 20 (X) ; — 21 (LII).
2. 8 (XLII).
3. 8 (XLII) ; — 9 (XXXVI) et peut-être 20 (X).
4. 14 (XXV) ; — 15 (XXIII B) ; — 19 (XXIII) ; — 20 (X) ; — 21 (LII).
5. 14 (XXV) ; — 15 (XXIII B) ; — 21 (LII).

Tchou Hi est moins assuré que les intentions des auteurs aient été morales ; souvent — et surtout pour les pièces où, seul, il voit des chansons d'amour — il s'exprime comme si les paysans de Tcheng les avaient eux-mêmes composées au milieu de leurs débauches. Par exemple, il explique ainsi le *beau seigneur :* « L'homme à qui la femme avait donné rendez-vous, l'attendit en effet dans la ruelle ; mais elle, qui avait changé de sentiments, n'y alla point et, plus tard, s'en repentant, fit cette chanson[1]. »

On voit comme la tradition chinoise est hésitante. Cela s'explique : Dès que le Che king servit de thème aux exercices de rhétorique, après surtout qu'il fut devenu un classique et matière d'enseignement, on crut bon de prêter à ce texte pédagogique une valeur morale, indépendante de l'utilisation qu'on en pouvait faire — et qu'il aurait eue dès l'origine[2]. On se servait des chansons pour enseigner : on se persuada qu'elles avaient été faites pour enseigner ; on en utilisait les vers pour exhorter au bien : on imagina que chacun était expressément une exhortation à la vertu ; on sonda les intentions des auteurs et autant il fallait de subtilité pour trouver leurs productions aussi morales qu'on le désirait, autant leur *métier* parut raffiné ; enfin l'on crut que le Che king, dont les lettrés se servaient pour des fins pédagogiques, avait été composé par les savants instituteurs des cours féodales.

Cette théorie sur l'origine du Che king n'allait guère ni avec le sens apparent des chansons ni avec la tradition qui y voit l'expression de mœurs locales ; on fut conduit à imaginer que les poètes de cour, par application de la théorie du droit public qui fait du prince le régulateur des hommes et des choses, avaient donné à leur composition l'allure véritable et la matière même de chants rustiques. Ainsi l'on aurait

---

1. Cf. XXXV. Le sentiment de Tchou Hi sur ces chansons s'exprime ainsi : 淫奔之辭, paroles de débauchés.

2. Voir la Préface du Che king : 先王以是經夫婦成孝敬厚人倫美敎化移風俗.

fermé le cercle — sans une difficulté : pour la morale qu'on enseignait, beaucoup de chansons paraissaient trop libres ; on sentait qu'on ne les défendait pas assez en disant : le spectacle du vice ramène à la vertu ; — car la tradition les jugeait pernicieuses. Heureusement, l'opinion voulait qu'un Sage eût expurgé le Che king ; cela permit, puisque, officiellement, on n'y pouvait trouver de vers licencieux, de proposer pour bien des pièces une interprétation qui les dépouillait de toute influence maligne en leur enlevant jusqu'à leur caractère de chansons d'amour. Mais cet expédient n'était pas possible pour toutes, il fallait bien avouer que le classique contenait quelques poésies voluptueuses.

Dans quelques cas, on pouvait encore se tirer d'affaire, l'archéologie aidant à moraliser les chansons d'amour[1]. Si l'une montre des filles invitant vivement les garçons à les « demander[2] », on glisse sur l'impudeur de cette provocation, en faveur du désir qu'elles expriment de se marier à la saison des prunes : car on peut soutenir que c'est la bonne époque. Si, dans une autre[3], une jeune fille se repent d'avoir manqué un rendez-vous, on soutient qu'elle a honte de n'avoir pas suivi son fiancé venu pour la pompe nuptiale ; outre que le repentir suffirait à rendre la pièce morale, on a loisir de parler d'un usage ancien. Voit-on une fille monter sur le même char[4] que son amant ? On se souvient à temps qu'au sortir de la maison natale, le fiancé restait un instant sur le char de la fiancée ; la pièce nous peint cette scène ; assurément elle fut faite pour donner à un prince le conseil de ne point manquer un mariage politique qui s'offrait à lui. Des amoureux se séparent à l'aube[5] ? On prétend qu'ils sont mari et femme, que leur précipitation à se quitter montre le mé-

---

1. *Ibid.*, 懷其舊俗.
2. XXII.
3. XXXV.
4. XXXVI.
5. XLII.

pris des voluptés et, puisque c'est la fille qui presse l'amant de partir, on vante en elle l'épouse vertueuse qui ne retient pas son époux trop longtemps dans le lit. A ces pièces qu'une savante explication a reconnues conformes à la morale, on attribue un auteur moral et savant.

D'autres fois il n'y a pas moyen de trouver dans les chansons trace de la morale classique : elles montrent naïvement le mélange des sexes au milieu des champs. Mœurs inconcevables ! Les déclamations qu'on pouvait faire sur les mauvais gouvernements ne devaient guère atténuer l'impression voluptueuse que laissait la poésie ; pour se conformer à la théorie, on soutenait bien que la pièce était une censure et qu'un bon vassal l'avait faite pour morigéner son prince ; mais on tenait moins à établir son origine savante ; on sentait, en la commentant, qu'il fallait passer vite sur des détails trop clairs : à une pièce qu'on n'explique pas subtilement, pourquoi supposer un auteur subtil ?

Ainsi, tout en commentant le Che king pour les besoins de la morale, on fut amené à voir des chansons de deux espèces parmi celles où l'on reconnaissait encore des chansons d'amour. Dans les unes, on retrouvait la morale classique et on les prêtait à un auteur que l'interprète imaginait à sa ressemblance ; dans les autres on découvrait des errements inadmissibles et l'on était moins porté à les attribuer à des poètes dignes de ce nom. Or l'on était pénétré d'un respect religieux pour l'autorité ; la distinction qu'on établissait dans le Che king permit de le manifester : aux bons princes, les bonnes chansons et les bons poètes et, avant tout, au roi ! Le Tcheou nan, le Chao nan, même le Wang fong ne peuvent contenir que des pièces morales et faites de mains de maître : on les a recueillies dans le domaine royal. On imagina donc qu'elles avaient été composées dans le palais, puis chantées dans les villages, au bénéfice de la morale. En revanche, on hésita à déclarer toujours ou expressément œuvres de sages les chansons recueillies dans les seigneuries. Ainsi était sauvée, au moins à titre politique, la moralité du Che king : on s'en tint là, malgré les contradictions de la thèse et les difficultés de l'explication détaillée.

En fin de compte, si les Chinois croient à l'origine savante du Che king, c'est qu'ils l'expliquent savamment ; s'ils sont obligés d'en faire une explication subtile, c'est qu'ils veulent en tirer un enseignement conforme à l'orthodoxie morale : la théorie de l'origine savante des chansons est liée à leur emploi pédagogique. Si parfois les lettrés se sentent moins sûrs et de la valeur morale et de l'origine savante, c'est qu'il y a trop de distance entre les mœurs qu'ils découvrent dans l'Anthologie et celles qu'ils estiment vertueuses. L'embarras des interprètes leur vient, en dernière analyse, de leur croyance à l'immutabilité des principes moraux.

Mais, dès qu'on ne se sent pas tenu de respecter le Che king comme un classique, dès qu'on ne croit pas à la valeur première des règles confucéennes, rien n'oblige à penser que telle chanson peint le vice et telle autre la vertu, rien n'oblige à prouver que là seulement où s'exerça l'influence royale les mœurs furent bonnes ; il est plus simple, il est plus sûr de présumer que toutes les chansons expriment les mœurs régulières du temps passé.

Elles nous montrent fort simplement des amours de campagne. C'était aux champs [1] que garçons et filles liaient connaissance, il y avait en dehors des portes [2] des lieux de promenade où ils se rencontraient ; c'était tantôt parmi les mûriers [3], tantôt dans les vallons, ou bien sur un tertre, ou bien près de la source qui en jaillissait [4]. Ils y allaient par la grand' route [5], souvent sur le même char [6] et les mains

---

1. XLIII, 8 et X.
2. XXIII, XXIII B, XXIV, XXIX ; voir encore LXIII, LXVI, IV.
3. XLIV.
4. XXVII, XXXI, XXXIV ; cf. I, II.
5. XXXII.
6. XXXVI et XII.

jointes[1]. Les assemblées étaient nombreuses[2] ; les filles y semblaient un nuage ; elles étaient soigneusement attifées : on admirait leurs beaux habits bigarrés[3], leurs robes de soie à fleurs[4], leurs coiffes grises ou garance[5], leur beauté ; on comparaît à des fleurs blanches, à des fleurs de cirier[6], celle qui vous charmait ; on se choisissait et l'on s'abordait ; souvent les filles prenaient les devants et invitaient les garçons[7] ; parfois elles faisaient les fières et traitaient de haut les jeunes fous[8] ; puis elles s'en repentaient[9]. Les jeunes gens se faisaient rustiquement la cour, s'invitant à manger et à boire ensemble[10] : ils se réjouissaient ; alors venaient les cadeaux, les gages d'amour[11], les protestations de fidélité, les serments[12] ; car, après ces accordailles, il fallait rentrer chez soi et vivre loin l'un de l'autre, chacun dans son village, jusqu'à la réunion prochaine. Il y avait des inconstants qui refusaient de renouer les vieilles relations[13] et qu'on allait supplier et prendre par la main ; d'autres fois on essayait de les piquer de jalousie[14] ; sur tous ces ménages d'amoureux les cancans allaient leur train[15] ; plus d'une se plaignait des médisances ; telle pleurait son amour perdu ; mais la bonhomie paysanne dominait tout :

> Lorsqu'on veut prendre une femme
> Faut-il des princesses de Song ?[16]

---

1. XXXII et XII.
2. XXIII.
3. XXV.
4. XXXV et XLIII.
5. XXIII.
6. XXXVI.
7. XXXV, XXV, XXVI.
8. XXX, XXXI.
9. XXXV.
10. XXIV, XXV, XXVI, XXVII.
11. XXXIX, XXVII, XXVIII.
12. XXVIII, XXXIII, XLIII.
13. XXXII, XII.
14. XXX.
15. XXXIII, XXXIV.
16. XXIV.

Il semble qu'au village l'on avait moins de liberté ; les temps de séparation étaient durs à passer. Tout en faisant sa besogne on songeait aux absents et leur pensée revenait dans les chansons de travail [1]. On tâchait de se voir, on se donnait des rendez-vous ; le crépuscule était l'heure propice [2], on s'attendait dans les ruelles [3] ou bien au coin des remparts [4]. Quand on ne pouvait se réunir, on prenait du plaisir à entendre la voix de l'ami ou à le regarder passer, tout paré, au haut des murailles [5]. On se retrouvait parfois la nuit ; les amants trop hardis faisaient frémir les filles soucieuses du qu'en dira-t-on, de leurs parents et de leurs frères [6] ; pourtant elles appelaient leur venue de tout leur cœur. Mais s'ils réussissaient à les rejoindre, sautant murs et haies du hameau où habitaient leurs familles, dès le chant du coq elles les pressaient de s'en aller et ils se départaient de leur amour [7].

Il y a trop de naïveté dans ces mœurs rustiques pour y voir, si l'on n'est pas pédagogue, un spectacle de corruption. On voudrait, pour la gloire de l'orthodoxie morale, que les paysans de la Chine ancienne aient obéi, par avance, aux règles de la vie seigneuriale, que les lettrés transformèrent en maximes universelles [8] : c'est manquer de critique. Ne nous dit-on pas que les rites ne s'appliquaient pas aux gens du peuple [9] ? On ne leur accorde pas de temples d'ancêtres [10] : comment veut-on que leurs filles s'y soient retirées dès

---

1. XXIII B, XVIII, XX, XXI.
2. IV, XLI.
3. XXXV.
4. XXXIX.
5. XXXVIII.
6. XL.
7. XLII.
8. Sur la morale noble, voir *la Famille chinoise des temps féodaux*, chap. vii, travail que j'espère faire paraître à bref délai. On trouvera un grand nombre de règles de la vie noble énoncées dans le ch. *Nei tsö* du Li Ki.
9. Li ki, Kiu Li ; Couv., I, 53.
10. Li ki, Wang tche, 3 ; Couv., I, 289.

quinze ans, pour y faire, avant le mariage, leur apprentis-
sage rituel[1] ? Que dès le temps des Tcheou on ait cherché à
rendre uniformes les usages, c'est bien possible ; la chanson
le char du seigneur[2], si elle ne conte pas simplement un
amour contrarié, montre, peut-être, l'arrivée d'un officier
chargé de faire respecter parmi le peuple les règles de la
séparation des sexes, telles que les nobles les comprenaient ;
mais alors cette chanson fait sentir combien cette innovation
parut douloureuse. En allant se chercher des amis dans la
campagne, en leur donnant des rendez-vous au village, les
paysannes d'autrefois ne violaient que des règles qui n'étaient
point faites pour elles ; elles obéissaient à de vieux usages :
les accordailles se faisaient dans les champs[3], elles étaient
suivies d'une période de séparation pendant laquelle les
jeunes filles ne revoyaient leurs amants qu'en se cachant de
leurs parents : c'était là le temps des fiançailles. Émotions
des rencontres, ennui de l'absent, voilà de quels sentiments
est faite la poésie de nos chansons ; certes, il n'est point
commode d'en tirer les enseignements confucéens, mais pour
y voir de l'immoralité, il faut manquer de sens historique.
Ces vieilles chansons sont morales à leur manière : elles
expriment une vieille morale. Seulement elles ne l'expriment
pas délibérément : elles ne sont pas œuvres de moralistes,
elles n'ont guère l'air d'être nées d'un travail de réflexion
ni de sortir d'un milieu aussi raffiné que celui qui, plus tard,
y prit plaisir. Croie qui voudra que ce sont œuvres de *lettrés !*

---

1. Yi li, Mariage 記 : 教于宗室.
2. XLIII.
3. Voir Granet, *Coutumes matrimoniales de la Chine antique*. T'oung pao,
XIII, 543. Voir plus loin, p. 135.

Les thèmes champêtres qu'elles contiennent, les mœurs rustiques qu'elles décrivent, semblent montrer que les chansons du Che king sont des œuvres paysannes. Comment furent-elles composées ? L'étude de celles qu'on connaît déjà permet d'établir quelques faits qui prépareront à comprendre leur origine.

Un fait frappant de ces vieilles chansons est qu'on n'y découvre aucun sentiment personnel : ce n'est pas que la poésie personnelle soit absente du Che king ; on en verra plus loin un exemple ; mais ce n'est point elle qui inspire les poèmes rustiques groupés dans cette étude. Tous les amoureux qui y paraissent se ressemblent ; ils expriment tous de même leurs sentiments. Point de portrait qui fasse reconnaître un individu ; un pronom, le mot seigneur, des expressions toutes faites, comme : une belle personne [1], la fille pure [2], la vierge sage [3], celui à qui je pense, la belle dame [4], suffisent presque toujours à désigner qui l'on aime ; si on parle à la deuxième personne il semble si peu qu'on s'adresse en particulier à quelqu'un qu'on peut toujours comprendre au pluriel ; le plus souvent l'on emploie les mots les plus indéterminés, fille, garçon, qui sont sans doute aussi des termes collectifs. Nul ne dit pour quelles qualités il aime cet objet vague de son amour : à peine parle-t-on de son prestige [5], de ses beaux habits [6], et, une fois, de ses jolis yeux [7]. C'est une rareté qu'une comparaison : on compare quelque part les filles à des fleurs blanches [8] ; la métaphore vaut pour toutes et n'est point choisie pour peindre l'une d'elles. La belle Mong

---

1. 美人. Cf. X, 3 ; LV, 3.
2. 淑女. Cf. LVI, 3.
3. 靜女. Cf. XXXIX, 1.
4. 淑姬. Cf. XXIX, 3.
5. 德音. Cf. XXXVI, 12 et LX, 4 ; cf. LX, 10 令德.
6. XXV.
7. X, exactement on vante la beauté de ses arcades sourcilières.
8. XXIII, 8.

Kiang[1], qui monte au même char que son amant, est dite aussi belle que les fleurs de cirier : voilà le portrait le plus précis de nos chansons ; encore la belle Mong Kiang n'est-elle pas une personne définie ; on la retrouve bien des fois et, si elle a un nom, c'est un nom générique qui ne dit rien de plus que la *belle princesse*.

Ces amoureux sans personnalité n'expriment que des sentiments impersonnels. A vrai dire, ce qu'on trouve dans les chansons, ce sont, plutôt que des sentiments, des *thèmes sentimentaux*, la rencontre, les accordailles, les fâcheries, les séparations ; dans ces situations communes tous et toutes sentent uniformément : nulle émotion singulière dans les cœurs ; point de cas particulier, aucun n'aime ou ne souffre de façon originale. Toute individualité est absente, on ne cherche à dire les choses que de la manière la plus générale.

Le décor lui-même est aussi peu varié que possible. Ce sont les thèmes champêtres qui le fournissent ; sans doute ils sont fort concrets, mais ce sont des thèmes, des formules qu'on introduit toutes faites dans la chanson. Ils composent une espèce de *paysage obligatoire* et, s'ils sont liés aux sentiments exprimés, ce n'est point pour les spécifier, mais plutôt, on l'a vu, pour les rattacher à des usages généraux[2].

On ne se soucie pas du particulier : cela explique d'abord que les chansons puissent s'emprunter des vers ou des quatrains les unes aux autres[3] ; cela fait aussi comprendre combien il a été facile de prêter à chaque pièce tel ou tel sens à sa guise ; mais, surtout, cela démontre qu'il ne faut point chercher dans chacune de ces poésies la personnalité d'un auteur. Ce n'est pas l'imagination des poètes qui a inventé ces amoureux sans individualité ressentant uniformément les émotions les plus générales de l'amour dans un paysage ri-

---

1. XXVI.
2. Voir *Thèmes champêtres*.
3. Comp. Siao ya, I, 8 ; Couv., 187, strophes 5 et 6 et LVIII et XXI.

tuel : l'impersonnalité de cette poésie exige qu'on lui suppose une origine impersonnelle.

On ne trouve pas dans les chansons de ces procédés littéraires qui révèlent l'art d'un auteur. L'art y est tout spontané : on n'y fait pas usage d'artifices de langage ; métaphores et comparaisons sont, pour ainsi dire, absentes[1] : les choses sont rendues directement. Sans doute ce sont des rapprochements d'images toutes simples et d'émotions naïvement exprimées qui font ici le charme poétique ; mais ces rapprochements ne sont pas un effet de l'art ; ils ne sont pas établis expressément ; ils n'ont pas l'air voulus ; ils résultent des faits eux-mêmes. *Les correspondances qui sont dans les choses se retrouvent dans les vers*. Rien ne vient rendre manifestes les fils mystérieux qui lient les termes rapprochés : la forme des phrases, la place des mots, un retour d'expression font sentir l'intimité des choses ; on n'a pas l'impression que les phrases aient été délibérément ordonnées pour obtenir ce résultat. Par leur répétition, parfois, quelques mots vides[2] avertissent du parallélisme : c'est là le plus grand artifice. Est-ce un artifice ? Les correspondances, qui sont naturelles, ne doivent-elles pas s'inscrire naturellement dans les vers ? Il faut bien que le mouvement de deux pensées jumelles se retrouve dans la forme des phrases qui se font pendant : le balancement des expressions résulte spontanément de la parité des choses ; l'accouplement des images se traduit de soi-même par la symétrie des mots. Sans doute pareille abstention de l'auteur témoigne souvent de l'art le plus raffiné ; mais nous avons déjà trop de raisons de penser que nos chansons ne sont pas œuvres savantes, pour ne pas

---

1. Voici trois exemples isolés : XXIII, 2 有女如雲 (荼) les filles *semblent* 如 des nuées (des fleurs blanches) ; — LXIV, 8 有女如玉 la fille *semble* 如 du jade ; — LXIII 視爾如荍 tu me parais *comme* 如 la mauve.

2. Par ex. XXII, 10 et 12 之. De même LXIV, 2 et 4 et t. VI, 6 et 8.

croire plutôt que leur art est tout primitif. Il est antérieur à l'usage même de la métaphore ; les liaisons d'idées y ont le minimum possible d'artifice ; elles résultent d'une parenté naturelle que révèle le plus élémentaire des procédés, la symétrie.

La symétrie est encore pour la composition des chansons le procédé fondamental. La forme en est, en général, très simple : elles se composent de couplets qui, normalement, comptent un même nombre de vers, quatre ou six, d'ordinaire ; il y en a, le plus souvent, trois ou quatre par chanson ; après chacun d'eux revient parfois un même groupe de vers ; mais, à vrai dire, c'est à l'intérieur des couplets qu'est le refrain ; dans tous, en effet, quelques vers, souvent les vers impairs [1] ne sont pas modifiés ; les autres, au reste, ne le sont guère, si bien que souvent, quand on veut traduire, il est impossible de rendre les variations. Tel est le cas général. Parfois pourtant on sent un progrès du développement et comme une *marche piétinante* de l'idée ; quelques pièces ont un dessin plus compliqué ; certaines même ont presque la forme narrative ; mais la symétrie y règne encore au moins dans l'ordonnance intérieure des couplets. Évidemment de telles compositions ne sont point savantes ; l'absence presque totale de développement, les retours d'expressions, les rappels de vers, tout indique, non pas seulement qu'il s'agit de chansons populaires, mais encore qu'on les chantait en chœur et sans doute avec des parties de voix se répondant : ainsi il arrivait que le chant des filles alternait avec celui des garçons [2] :

> Allons, messieurs ! Allons, messieurs !
> Chantez ! et puis nous après vous !...

Faut-il croire que ces chants étaient réglés d'avance, rigoureusement, dans le détail ? Le thème était donné [3], l'air

---

1. Les couplets sont en réalité des distiques, les vers impairs forment le premier hémistiche de chaque vers complet. Cf. p. 227.
2. XV.
3. Vraisemblablement le vers impair, le premier hémistiche.

çonnu ; pendant l'exécution il devait y avoir une part d'improvisation ; on faisait varier les réparties données aux vers fixes, qu'imposait le thème. Ainsi s'inventaient des couplets nouveaux.

Comment se faisaient ces trouvailles ? D'où venait l'inspiration ? On peut croire qu'elle jaillissait du rythme même. Dans ces simples poésies où la symétrie semble l'unique procédé d'expression, il est clair que le rythme est tout. Sans doute il n'était point rendu seulement par la voix, mais aussi par les gestes : les chansons en portent encore la preuve. Si, souvent, on n'arrive pas à donner une traduction qui distingue les couplets les uns des autres, c'est que *les* SEULS *vers par où ils varient n'ont d'autre différence qu'une expression redoublée placée fréquemment à la rime*[1]. — Lorsque les commentateurs veulent expliquer ces expressions redoublées, on sent qu'elles les embarrassent ; ils ne paraissent guère les comprendre et n'en donnent qu'une explication générale et fort vague ; on y voit qu'elles traduisent avec force un aspect des choses, qu'elles sont des manières de particules intensives ou adverbiales ou, pour mieux dire, des espèces d'*auxiliaires descriptifs*. Parfois on les prendrait pour des onomatopées : telles celles qui sont accolées à un nom d'oiseau dont elles semblent imiter le cri ; mais les glossateurs nous avertissent que même de celles-là le sens est plus riche : les expressions *Pen pen* pour les cailles[2], *Kiang kiang* pour les perdrix[2], *Yong yong*[3] pour les oies sauvages, *Kouan kouan*[4] pour les mouettes, ne veulent point, selon eux, rendre seulement la voix de ces bêtes ; elles veulent encore représenter leur cri d'appel et de réponse, et même l'allure de leur vol quand elles

---

1. Voir dans les notes aux chansons les variantes conservées ; elles portent presque toutes sur ces expressions redoublées. Quand une chanson reprend les thèmes d'une autre, les auxiliaires seuls varient : Couv., 189 et LVIII et XXI.

2. VII.

3. L, 9.

4. LVI, 1.

vont en bande ou par couples. Ainsi par ces expressions redoublées la voix humaine ne s'efforce pas uniquement d'imiter des bruits, mais encore de mimer des mouvements. Elles servent à représenter vocalement toutes sortes d'impressions sensibles. Il y en a qui décrivent la jeune vigueur d'un arbuste, la multitude de ses fleurs, la luxuriance de son feuillage [1] ; il y en a qui peignent les divers aspects de la pluie ou du vent [2] ; il y en a encore pour traduire les mouvements du cœur [3] ; chose remarquable, les mots qui composent ces dernières ont par eux-mêmes un sens moral ; de même, le mot dont on forme une expression redoublée qui rend une couleur, signifie cette couleur dans le langage ordinaire. Le sens de ces mots leur viendrait-il de leur emploi à titre d'auxiliaires descriptifs ? Quoi qu'il en soit, il est hors de doute que, dans la poésie du Che king, toutes sortes d'impressions étaient associées aux sons des mots et particulièrement des impressions de mouvements. Comment l'expliquer, sinon par le fait que les gestes des chanteurs venaient aider leur voix, et qu'*une mimique figurait aux yeux ce que le chant dessinait oralement* [4] ? Mais alors, ne faut-il pas penser que ces chansons sont nées au rythme de la danse ?

Par leurs thèmes champêtres et leurs sujets rustiques, par l'impersonnalité des sentiments qu'elles expriment, par leur art simple et direct, leur dessin symétrique, leur allure piétinante, par l'air qu'elles ont d'être des chœurs alternés et par la mimique que supposent leurs brèves peintures vocales, les chansons d'amour du Che king apparaissent comme les produits d'une improvisation paysanne. A quelle occasion garçons et filles des champs improvisaient-ils ?

---

1. I, II.
2. XIII.
3. LV, 12 ; LIX, 11 ; LXVI, 55-56.
4. Sur le langage par gestes, vocaux ou autres, et les suffixes descriptifs, voir Lévy-Bruhl, *les Fonctions mentales dans les sociétés inférieures,* p. 183 sqq.

LES CHANSONS DES EAUX ET DES MONTS

XLIV. — *A Sang-tchong* (parmi les mûriers). 桑中 (Yong fong, 4 — C. 55 — L. 78).

1.	爰采唐矣.	Où cueille-t'on la cuscute ?
2.	沬之鄉矣.	c'est dans le pays de Mei !
3.	云誰之思.	Savez-vous à qui je pense ?
4.	美孟姜矣.	c'est à la belle Mong Kiang !
5.	期我乎桑中.	Elle m'attend à Sang-tchong,
6.	要我乎上宮.	Elle me veut à Chang-Kong,
7.	送我乎淇之上矣.	Elle me suit sur la K'i !

8.	爰采麥矣.	Où cueille-t-on le froment ?
9.	沬之北矣.	c'est du côté nord de Mei !
10.	云誰之思.	Savez-vous à qui je pense ?
11.	美孟弋矣.	c'est à la belle Mong Yi !
12.	期我 …	Elle m'attend à… etc.

15.	爰采葑矣.	Où cueille-t-on le navet ?
16.	沬之東矣.	c'est du côté est de Mei !
17.	云誰之思.	Savez-vous à qui je pense ?
18.	美孟庸矣.	c'est à la belle Mong Yong !
19.	期…	Elle…

XLIV. — *Préf.* 桑中刺奔也. 衛之公室淫亂. 男女相奔. 至於世族在位. 相竊妻妾. 期於幽遠. 政散. 民流而不可止. *A Sang-tchong :* Satire contre les unions sans règles. La maison seigneuriale de Wei vivait dans la débauche et le désordre. Garçons et filles (du peuple) s'unissaient sans règles; (les mauvais usages) pénétrèrent jusque dans les familles nobles exerçant des charges. (Leurs membres) se dérobaient les uns aux autres épouses et femmes de second rang. Ils se donnaient des rendez-vous en des endroits lointains et solitaires. L'influence gouvernementale s'étant évanouie, (les mœurs) du peuple déclinaient et (le désordre) ne pouvait être arrêté.

Tcheng : Il s'agirait de l'époque des ducs Siuan (718-699) et Houei (699-668). (Cf. SMT, IV, pp. 194-198, particulièrement p. 196, l'histoire qui y est racontée sur le thème du beau-père amoureux). Garçons et filles s'unissaient sans rites, 不待媒氏以禮會, et sans attendre l'ordre de l'Entremetteur (au deuxième mois de printemps) de se réunir selon les rites.

Noter que, pour Tcheng, ce sont les noms de Mong Kiang, Mong Yi, Mong Yong, qui justifient la phrase de la préface sur les grandes familles. (En fait, termes génériques : la belle dame, la belle princesse ; cf. XXXVI, n.).

1. 爰. 於. Mao. 於何. Tcheng. 唐. 菜名. Mao.

2. 汗. 衛邑. Mao.

5. 期 rendez-vous particulier : s'oppose à 會 assemblée régulière. A Sang-tchong : Parmi les mûriers. Cf. Wei 魏 fong, 5 ; Couv., p. 117. Thèmes de la cueillette des feuilles de mûriers et de l'invitation : note de Mao au vers 2. 男女無別, garçons et filles ne respectaient pas les règles de la séparation des sexes.

7. La K'i, rivière de Wei : sur ses bords venaient les jeunes gens des seigneuries traditionnellement associées de Pei, Yong et Wei ; cf. XLV et LXVI, 5, 6 ; voir encore : Pei fong, 14 ; Wei fong, 1 et surtout 9.

15. 葑. 蔓菁. Mao.
Thème du rendez-vous sur les rivières. Thème des cueillettes.
XLIV B. Wei fong, 9 ; Couv., p. 74 : *Le renard solitaire*.

* 1. 有狐綏綏.   Voici un renard solitaire
  2. 在彼淇梁.   Sur le barrage de la K'i.
  3. 心之憂矣.   Dans le cœur que j'ai de tristesse !
  4. 之子無裳.   Cet homme-là est demi-nu.

1. Souei souei, aux. desc. peint la marche solitaire 匹行. Cf. Ts'i fong, 6. Couv., 107.

4. Exactement : ce seigneur est sans jupes (vêtement inférieur, qui complète la robe, moitié du costume 所以配衣), c'est-à-dire : n'est pas marié, est sans moitié. Mao.

Comparez L, 3-4 et LI : passage des rivières, jupes troussées.
Thèmes du rendez-vous sur l'eau et de l'invitation.

Préface. 有狐. 刺時也. 衛之男女失時. 喪其妃耦焉. 古者. 國有凶荒. 則殺禮而多昏. 會男女之無夫家者. 所以育人民也. *Le renard solitaire :* blâme les mœurs du siècle. Les garçons et les filles de Wei manquaient l'époque du mariage, (ou) perdaient leurs compagnes ou compagnons. Dans l'ancien temps, quand une seigneurie était éprouvée par le Malheur, on diminuait (l'importance) des rites (et des présents rituels) (cf. LXIV, préf.) et ainsi les mariages étaient nombreux. On réunissait garçons et filles non mariés ; par ce moyen l'on assurait la subsistance du peuple. (Cf. Tcheou li 地官. v. 媒氏.)

XLV. — *Les tiges de bambou.* 竹竿 (Wei fong, 5 — C. 70 — L. 101).

  *1. 籊籊竹竿.   Les tiges de bambou si fines
   2. 以釣于淇.   c'est pour pêcher dedans la K'i !
   3. 豈不爾思.   A toi comment ne penserais-je ?
   4. 遠莫致之.   mais au loin on ne peut aller !

   5. 泉源在左.   La source Ts'iuan est à gauche,
   6. 淇水在右.   à droite la rivière K'i !
   7. 女子有行.   Pour se marier une fille
   8. 遠兄弟父母.   laisse au loin frères et parents !

   9. 淇水在右.   La rivière K'i est à droite,
 10. 泉源在左.   à gauche la source Ts'iuan !
 11. 巧笑之瑳.   Les dents se montrent dans le rire !...
 12. 佩玉之儺.   Les breloques tintent en marchant !...

*13. 淇水滺滺.   La rivière K'i coule ! coule !
 14. 檜楫松舟.   rames de cèdre !... barques en pin !...
 15. 駕言我游.   En char je sors et me promène,
 16. 以寫我憂.   c'est pour dissiper mon chagrin !...

XLV. — *Préf.* Fille de Wei pensant au mariage (qui doit lui faire quitter son pays).

1 et 2. Comparaison. Les tiges amincies peuvent servir à pêcher, de même la femme qui subit l'action des rites peut se marier.

4. 遠, éloignement territorial ; un des aspects de la règle exogamique. Cf. XVI, 4, 8.

5 et 6. Comparaison : La petite rivière s'unit à la grande et se perd en elle, emblème d'une femme qui se marie (Tcheng). Voir LII.

13. Iou iou, aux. desc.

15. Promenade en char ; cf. LVIII.

Cf. Pei fong, 14 ; Couv., p. 45.

Thèmes des promenades en char, au bord de l'eau, en barque, — de la pêche, de l'éloignement exogamique.

XLVI. — *La Han.* 漢 廣 (Tcheou nan, 9 —
C. 13 — L. 15).

1.	南 有 喬 木.	Vers le Midi sont de grands arbres ;
2.	不 可 休 息.	on ne peut sous eux reposer !
3.	漢 有 游 女.	Près de la Han sont promeneuses ;
4.	不 可 求 思.	on ne peut pas les demander !
5.	漢 之 廣 矣.	La Han est tant large rivière,
6.	不 可 泳 思.	on ne peut la passer à gué !
7.	江 之 永 矣.	Le Kiang est tant immense fleuve,
8.	不 可 方 思.	on ne peut en barque y voguer !
* 9.	翹 翹 錯 薪.	Tout au sommet de la broussaille,
10.	言 刈 其 楚.	j'en voudrais cueillir les rameaux !
12.	之 子 于 歸.	Cette fille qui se marie,
12.	言 秣 其 馬.	j'en voudrais nourrir les chevaux !
13.	漢…	La Han est…
*17.	翹 翹 錯 薪.	Tout au sommet de la broussaille,
18.	言 刈 其 蔞.	j'en voudrais cueillir les armoises !
19.	之 子 于 歸.	Cette fille qui se marie
20.	言 秣 其 駒.	j'en voudrais nourrir les poulains !
21.	漢…	La Han est…

XLVI. — *Préf.* 漢 廣. 德 廣 所 及 也. 文 王 之 道. 被 于 南 國. 美 化 行 乎 江 漢 之 域. 無 思 犯 禮. 求 而 不 得 也. *La Han :* (l'étendue de la Han) (montre) ce qu'atteint une Vertu étendue. Le pouvoir régulateur (Tao) du roi Wen (civilisateur) se faisait sentir dans les seigneuries du Sud. Sa bonne Influence civilisatrice agissait sur les pays de la Han et du (Yang tseu) Kiang. Nul ne pensait à violer les rites. Quand on demandait (sollicitait) une fille on ne l'obtenait pas. (Cf. le vers 9 de LVI : Demandons-la ! requête vaine ! 求 之 不 得.)

Tcheng explique que partout ailleurs l'Influence pernicieuse du dernier souverain Yin produisait des mœurs et des chansons débauchées. L'Influence du roi Wen se fit d'abord sentir dans le Sud.

Noter qu'en fait le Sud a mieux conservé que le Nord les anciennes coutumes sexuelles. Cf. *B.E.F.E.-O.*, VIII, 348, *in*. App. III.

1, 4. Mao. Comparaison. Tcheng explique que les grands arbres (ne donnant pas d'ombre) à cause de l'élévation de leur ramure, on ne va pas se reposer sous eux. De même, si les filles vertueuses sortent pour se promener sur les bords du courant 游流水之上, les hommes ne désirent pas, en les sollicitant, violer les rites. A plus forte raison sont-elles pures et chastes quand elles restent à la maison 處 (K'ong Ying-ta.)

Ces dernières réflexions proviennent du désir de ne pas trop croire à la réalité de la promenade. Le Li ki, Nei tsö, II, in f. Couv., I, p. 675 prescrivant aux filles de ne plus sortir après dix ans 女子十年不出, et de vivre dans un appartement retiré, soigneusement gardées, *id.*, p. 660 居內. 深宮固門. 閽寺守之, la promenade 出游 est difficile à comprendre dans un pays moralisé par le roi Wen. Quelques annotateurs prennent soin de distinguer les filles de nobles maisons 貴家之女 et les filles du peuple 庶人之女 : ces dernières sortent pour vaquer aux travaux féminins.

2. 息, se reposer ; cf. XXXVII, 8 ; XXX, 8, XXV, 8.

3. 游 ou 遊, promener ; cf. XLV, 16 ; XXVI, 10. Le Han che a conservé une tradition d'après laquelle les promeneuses seraient des ondines, des divinités du fleuve Han 漢神. Cf. HTKKSP, 1150, p. 11 v° sqq. et 778, p. 21 r°. On emploie pour ces ondines les termes 媿服 ou 妖服 lutins d'apparence enfantine. Cf. HTKKSP, 448, p. 40 r°.

4. 求, demander (solliciter une fille) ; cf. XXII, 11 ; LVI, 8, 9. Le Han che wai tchouan, chap. ɪ, explique la chanson par une aventure de Confucius voyageant dans le Sud.

5-8. Tcheng explique qu'à la largeur de la rivière on compare la chasteté des filles.

6. 泳. 潛行. Mao.

8. 方. 泭也. Mao.

9-10. Tcheng explique qu'on désire, par allusion à la chasteté des filles, couper les branches les plus hautes, les plus inaccessibles et partant les plus pures, et que n'osant pas directement faire une demande en mariage, on exprime simplement le souhait de fournir comme présent rituel la provende des chevaux de la pompe nuptiale 致禮餼.

9. 翹翹 K'iao kiao, aux. desc. peint l'aspect des rameaux (Mao) ; pour Tcheng, désigne ce qui est tout au sommet.

12. 秣. 養也. Mao.

20. 駒. 五尺以上曰駒.

L'armoise 蓷 (ou 蒿) a de nombreux usages rituels : Quand on la brûle son odeur est sensée attirer les Chen. (Cf. Siao ya, VI, 6, 5ᵉ str., gloses). La chambre où se retire une femme qui va faire ses couches porte le nom remarquable de 蓷室 chambre de l'armoise. (賈. 新書). LXVII B parle d'une autre espèce d'armoise.

Variantes d'écriture : 喬·橋；游·遊；泳·瀁；方·舫；刈·采；息 vers 4 est remplacé par 思 particule finale qui termine 2, 6, 8. Cf. HTKKSP, 1171, pp. 8 et 9.

Thèmes de la promenade près des rivières, — du passage, — du bosquet, — des récoltes de fagots, — de la pompe nuptiale, — de la timidité masculine.

Noter le refrain.

Puisque l'armoise entre dans la composition des fagots, on peut penser que ceux-ci servent à des feux ayant un objet rituel : feux de joie ? Cf. l'usage Lolo *in* Crabouillet, *Miss. cath.*, V, p. 106, v. App. III.

XLVII. — *Les berges de la Jou*. 汝墳 (Tcheou nan, 10 — C. 14 — L. 17).

1. 遵彼汝墳· Le long des berges de la Jou
2. 伐其條枚· je coupe rameaux et broussailles !
3. 末見君子· Tant que je n'ai vu mon seigneur,
4. 惄如調飢· mon angoisse est comme la faim du matin !

XLVII. — Pièce qui a peut-être un sens politique, mais qui a conservé l'allure et quelques thèmes des chansons inspirées par la rencontre auprès des rivières. Je n'ai traduit que le premier couplet.

Préf. 汝墳·道化行也·文王之化·行乎汝墳之國·婦人能閔其君子·猶勉之以正也· *Les berges de la Jou* (montrent) que s'exerce l'Influence civilisatrice du pouvoir régulateur. L'Influence civilisatrice du roi Wen s'exerçant sur les seigneuries des rivages de la Jou, les femmes savent s'affliger (de l'absence) de leurs seigneurs et aussi les exhorter à agir selon le droit.

1. 遵· 循也· Mao. Cf. XXXII, 1.

墳· 大防也· Mao.

4. 惄飢意也· 調朝也·

Tcheng (10, 11) suppose qu'on est encore sous le règne du tyran Tcheou (1154-1122 av. J.-C.), dernier souverain des Yin. Le mari exerçant sa charge par temps d'anarchie, sa femme imagine, par allégorie, qu'elle-même coupe du bois le long d'une rivière, ce qui n'est pas le travail d'une femme, dans un état bien gouverné.

Variantes d'écriture : 墳· 濆；惄·燸；調· 輖 et 周· HTKKSP, 1171, p. 9 v° 10 r°.

Thèmes de la promenade au bord de l'eau, — des fagots, — de la séparation, — de l'inquiétude amoureuse.

Noter la vivacité de l'image qui rend l'impression d'angoisse et de privation.

XLVIII. — *Le fleuve.* 河 廣 (Wei fong, 7 —
C. 72 — L. 104).

1. 誰 謂 河 廣. Qui dira que le Fleuve est large ?
2. 一 葦 杭 之. sur des roseaux je le passerais !
3. 誰 謂 宋 遠. Qui dira que Song est lointain ?
4. 跂 予 望 之. en me dressant je le verrais !

5. 誰 謂 河 廣. Qui dira que le Fleuve est large ?
6. 曾 不 容 刀. pas à contenir un bateau !
7. 誰 謂 宋 遠. Qui dira que Song est lointain ?
8. 曾 不 崇 朝. pas à plus d'une matinée !

XLVIII. — *Préf.* Interprétation historique sans intérêt.
Noter les correspondances 1-3 et 5-7 ; *qui* et 2-4 : 之.
Thèmes du passage de l'eau et de l'éloignement exogamique.

XLIX. — *Le vent de l'est.* 谷 風 (Pei fong, 10 —
C. 39 — L. 55).

33. 就 其 深 矣. On passe quand l'eau est profonde,
34. 方 之 舟 之. soit en radeau, soit en bateau !
35. 就 其 淺 矣. On passe l'eau quand elle est basse
36. 泳 之 游 之. soit par le gué, soit en nageant !

XLIX. — 33-36. Vers extraits d'une complainte de la mal-mariée, où
ils figurent à titre de rappel sentimental du temps des fêtes de fiançailles.
Cf. LXVI, vers 5, 35, 36, 53, 54.
Thème du passage de l'eau.

L. — *La courge.* 匏 有 苦 葉 (Pei fong, 9 —
C. 38 — L. 53).

1. 匏 有 苦 葉. La courge a des feuilles amères,
2. 濟 有 深 涉. le gué a de profondes eaux !

3. 深則厲.　　　Aux fortes eaux, troussez les jupes !
4. 淺則揭.　　　soulevez-les, aux basses eaux !

5. 有瀰濟盈.　　C'est la crue au gué où l'eau monte !
6. 有鷕雉鳴.　　c'est l'appel des perdrix criant !
7. 濟盈不濡軌.　L'eau monte et l'essieu ne s'y mouille !
8. 雉鳴求其牡.　perdrix crie, son mâle appelant !

* 9. 雝雝鳴鴈.　　L'appel s'entend des oies sauvages,
10. 旭日始旦.　　au point du jour, l'aube parue !
11. 士如歸妻.　　L'homme s'en va chercher sa femme,
12. 迨冰未泮.　　Quand la glace n'est pas fondue !

13. 招招舟子.　　Appelle ! appelle ! homme à la barque !
14. 人涉卬否.　　que d'autres passent !... Moi, nenni !...
15. 人涉卬否.　　que d'autres passent !... Moi, nenni !...
16. 卬須我友.　　moi, j'attendrai le mien ami !

L. — *Préf.* 匏有苦葉. 刺衛宣公也. 公與夫人. 並爲淫亂. *La courge :* Satire contre le duc Siuan de Wei (718-699; cf. SMT, IV, p. 194 sqq.). Le duc et la princesse (sa femme) vivaient tous deux dans la débauche et le désordre. (Il s'agit de la première femme de Siuan, Yi Kiang.)

1. La courge. Mao : Comparaison : On ne peut pas manger les feuilles amères, de même (glose de K'ong Ying-ta) on ne doit pas violer les rites.

D'après une tradition, on se servait de calebasses évidées pour traverser les rivières. Voir le rôle important de la citrouille dans le mythe lolo du déluge BEFEO, VIII, 551.

La calebasse figure au rituel nuptial ; séparée en deux moitiés, elle sert aux libations des deux conjoints. (Cf. Yi li : Mar. Glose de Tcheng.)

2. Les fortes eaux ; Mao : Comparaison signifiant d'après K'ong Ying-ta : On ne doit pas plus transgresser les rites que passer l'eau au moment des crues.

Pour Tcheng : indication de date : 謂八月之時. 陰陽交會. 始可以爲昏禮. 納采. 問名. Huitième mois (2ᵉ mois d'automne, équinoxe). Le Ying et le Yang s'unissent et se rencontrent. On commence à procéder aux rites du mariage : On annonce le choix, on demande le nom (personnel de la fiancée). Cf. Yi li : Mar. [Pour Tcheng : les derniers rites et la consommation du mariage (Pompe nuptiale et 成昏) se font à l'équinoxe de printemps].

3. 以衣涉水爲厲. 謂由帶以上. Mao.

4. 揭. 褰. Mao. Cf. LI.

3 et 4. Mao. Comparaison : De même que pour passer l'eau on se conforme à l'ordre naturel et on relève plus ou moins ses vêtements, de même aux réunions (matrimoniales) des deux sexes 男女之際 on se conforme aux rites.

Tcheng : On y obéit de même à l'ordre naturel en assortissant les unions, en ne mariant pas sages et dégénérés, vieux et jeunes ; 賢與不肖. 及長幼. C'est en se conformant aux convenances que chacun doit rechercher une moitié. 各順其人之宜. 爲之求妃耦.

5. 瀰. 深 ; 盈滿. Mao : Fortes eaux ; les traverser est dangereux.

6. La perdrix (ou faisan) avec ses chants : emblème de Yi Kiang, princesse aux désirs débauchés et déréglés, 淫泆之志, entrant en rapport avec les hommes dans un but voluptueux 授人以色, les décevant par ses paroles 假 sans réfléchir au Malheur qui attend ceux qui violent les rites et les règles 不顧禮義之難 (comme ceux qui passent les eaux débordées).

7. Mao. 濡. 漬 ; 由輈以上爲軓. Tcheng : Les essieux ne peuvent manquer d'être mouillés si l'eau est haute. On dit que l'eau ne mouille pas les essieux par allusion allégorique à la princesse qui viole les rites sans savoir (le Malheur qui l'attend). (Voir Couv., 39, un développement moderne de la même interprétation : L'eau déborde et on prétend la traverser sans même que les traces des roues de la voiture soient mouillées !) Cf. LXVI, 36.

8. 牡, mâle (habituellement se dit d'un quadrupède ; d'où les gloses.) La perdrix par ses chants désire appeler son mâle et appelle en fait un quadrupède, de même (Tcheng) ce que la princesse appelle (en fait, le Malheur) n'est pas ce qu'elle appelle (la Volupté) 喻夫人所求非所求也 : ou encore : le duc, son mari, n'est pas pour elle un conjoint assorti. 夫人與公非其耦 (gloses tirées du C⁣ de Tcheng à 3, 4).

Sur 牡 on notera que le caractère symétrique 牝 s'emploie parfois des oiseaux (Couv., Dict.) et que le vers 8 est le pendant du vers 16 : (其 (son) : 我 (le mien). — 牡 (mâle) : 友 (compagnon). La jeune fille appelle son ami en chantant : de même la perdrix en chantant appelle un mâle.

[Depuis que je me suis décidé à traduire 牡 : 雄, est paru un nouveau dicton : 新字典 Chang-Hai 1ᵉ a. de la Rép. — républicain et destiné à remplacer le K'ang-hi —, qui donne à 牡 et *précisément dans ce vers* le sens de mâle d'un oiseau.]

Comp. Siao ya, I, 5 求其友聲 en parlant d'un oiseau.

9. Yong yong, aux. desc. imitant le cri des oies sauvages se répondant de concert, 利. (Mao). La femelle est censée répondre au mâle. (Cf. XV, 4.) 雎 symbolise l'accord conjugal, la docilité de l'épouse ; joint à 肅 (modestie) forme un complexe classique pour désigner les vertus féminines de soumission. (Cf. V, 3.)

10. L'oie sauvage, présent rituel, sert particulièrement dans le rituel du mariage (Yi li : Mar.). Raisons symboliques tirées principalement du fait que l'oie sauvage est un oiseau migrateur qui se déplace selon la chaleur, c'est-à-dire en suivant le yang (mâle) ; la femme doit ainsi suivre

son mari. Tcheng. 隨陽而處. Cf. Glose de Tcheng au Yi li : Mar. De plus la femelle n'abandonne jamais le mâle et le suit un peu en arrière (fidélité, soumission et pudeur). 不乘 (Cf. Che king; Tcheng fong, 4 ; Couv., p. 88. Voir la note).

L'oie sauvage, à tous les premiers rites de mariage (Cf. note de Tcheng au vers 2), est offerte au crépuscule du matin; elle n'est offerte au crépuscule du soir qu'au dernier rite : pompe nuptiale. Cf. Yi li : Mar. — Cette remarque est importante pour fixer le sens de 11.

11. Tcheng : 歸妻. 使之來歸於己 : faire en sorte que la femme vienne chez soi; 歸 désigne normalement la pompe nuptiale (cf. IX, 3 et XLVI, 11); au vers 11, par l'emploi qui en est fait, ce mot désigne les rites préliminaires de la pompe (cf. note au vers 2) où l'oie est offerte au crépuscule du matin. Cf. 10 et note.

12. 迨. 及. Mao. *La glace fondue :* terme calendérique; les glaces fondent au 1er mois (cf. Yue ling). Les rites du mariage doivent précéder le 2e mois, sauf le dernier, la pompe nuptiale, qui a lieu au 2e mois, selon Tcheng. — Voir une interprétation contraire dans le Kia yu 本命解. — Le rite qui serait ici désigné est, selon Tcheng, l'avant-dernier : Prière de fixer la date 請期; il aurait lieu avant le milieu du 1er mois.

13. Tchao tchao, aux. desc. représentant les appels : Tchao signifie appeler. Selon Mao et Tcheng le batelier est un passeur.

On peut admettre cette interprétation bien qu'une autre, plus subtile, puisse être présentée. On pourrait soutenir que les jeunes gens, montés sur les bateaux, font le *rite d'appel*, savoir : le rappel du *houen* pour l'unir au *po* 招魂續魄 : voir la glose du Han che à LII.

Selon Mao, l'appel du passeur symbolise l'ordre de l'Entremetteur appariant d'autorité les garçons et filles non mariés, afin d'éviter les rendez-vous particuliers. Cf. XI, préf. et notes.

14. 卬. 我. Mao.

16. Tcheng : Tous répondent à l'appel du passeur; tous se marient selon l'ordre de l'Entremetteur. Moi, fille chaste, je ne passe pas l'eau, je ne me marie pas; car celui qui doit être mon compagnon 友, qui peut m'être apparié 匹 n'est pas venu; ce qui veut dire : quand rites et règles d'appariage (cf. 3, 4) ne sont pas observés, le mariage ne peut être valablement consommé. 昏姻不成.

Variantes d'écriture : 軌. 軓; 旭. 煦. 旴; 卬. 仰; 須. 鐼.

Variantes d'aux. desc. : 雝. 噰. 雍; 嗈. 邕. HTKKSP, 1171, pp. 29-30.

Thème du passage de la rivière. Thèmes de l'invitation, du chant des oiseaux. Rappel de différents usages nuptiaux.

LI. — *Jupes troussées.* 褰裳 (Tcheng fong, 13 — C. 96 — L. 140).

1. 子惠思我. Si tu as pour moi des pensées d'amour,
2. 褰裳涉溱. je trousse ma jupe et passe la Tchen !

3. 子不我思. Mais si tu n'as point de pensées pour moi,
4. 豈無他人. est-ce qu'il n'y a pas d'autres hommes ?
5 狂童之狂也且. O le plus fou des jeunes fous, vraiment !

6. 子惠思我. Si tu as pour moi des pensées d'amour,
7. 褰裳涉洧. je trousse ma jupe et passe la Wei !
8. 子不我思. Mais si tu n'as point de pensées pour moi,
9. 豈無他士. Est-ce qu'il n'y a pas d'autres garçons ?
10 狂童之狂也且. O le plus fou des jeunes fous, vraiment !

LI. — *Préf.* 褰裳. 思見正也. 狂童恣行. 國人思大國之
正己也. *Jupes troussées* : Désir qu'apparaisse un bon ministre. Un
jeune fou avait une conduite déréglée. Les gens du pays de (Tcheng)
désiraient qu'une grande seigneurie vînt leur donner un bon ministre.

(La pièce serait une allusion à l'anarchie qui régna à Tcheng par suite
des querelles du duc Tchao (696-695) et de son frère Tou. Voir SMT, IV,
p. 458 sqq.)

Tchou Hi : Paroles d'une fille débauchée s'adressant à son amant 淫
女語其所私者.

1. 惠. 愛. Mao.
Selon Tcheng, on s'adresse au ministre d'une grande seigneurie.

2. D'autres hommes ; selon Tcheng, on appelle d'abord les ministres
de Tsin, Ts'i, Song, Wei, puis ceux de K'ing et de Tch'ou.

5. Le plus fou des jeunes fous désigne le prince Tou. Le dernier vers
du couplet explique la raison de l'appel aux grandes puissances.
(Tcheng).

9. 士. 人. Tcheng.
La Tchen et la Wei, rivières de Tcheng; cf. LII.

Variantes d'écriture : 褰. 攐. 寋. 搴 ; 洧. 湆 ; 童. 僮. HTKKSP,
1172, p. 7.

Thèmes du passage de la rivière, de la jupe troussée. Thème de l'invitation ironique.

Jeune fou : Cf. XXX et XXXI.

LII. — *La Tchen.* 溱洧 (Tcheng fong, 21 —
C. 101 — L. 148).

1. 溱與洧. La Tchen avec la Wei
* 2. 方渙渙兮. viennent à déborder !
3. 士與女. Les gars avec les filles
4. 方秉蕳兮. viennent aux orchidées !

5. 女曰觀乎.　Les filles les invitent :
— là-bas si nous allions ?

6. 士曰既且.　et les gars de répondre :
— déjà nous en venons ?

7. 且往觀乎.　— Voire donc mais encore
là-bas si nous allions,

8. 洧之外.　car, la Wei traversée,

9. 洵訏且樂.　s'étend un beau gazon !

10. 維士與女.　Lors les gars et les filles

11. 伊其相謔.　ensemble font leurs jeux ;

12. 贈之以勺藥.　et puis elles reçoivent
le gage d'une fleur !

13. 溱與洧.　La Tchen avec la Wei

14. 瀏其清矣.　d'eaux claires sont gonflées !

15. 士與女.　Les gars avec les filles

16. 殷其盈矣.　nombreux sont assemblés !

17. 女曰…　Les filles les…

LII. — *Préf.* 溱與洧刺亂也. 兵革不息. 男女相棄. 淫風大行. 莫之能救. Satire de l'anarchie (pour Tcheng, du désordre sexuel). Les guerres ne cessaient pas ; garçons et filles étaient infidèles les uns aux autres ; les mauvaises mœurs allaient grand train ; il n'y avait pas d'espoir de pouvoir les faire cesser. (Cf. LI, Préface.)

Tchou Hi : Chanson où les débauchés expriment leurs propres sentiments. 此詩淫奔者自敘之詞.

2. 渙渙. Yuan Yuan, aux. desc. peint les eaux débordées. Tcheng : terme calendérique ; deuxième mois de printemps ; dégel.

4. 蕳. 蘭. Mao. Cf. LV, 8.

3 et 4. Tcheng : Les garçons et les filles se débauchent l'un l'autre, aucun n'ayant de moitié 匹偶, émus par le printemps 春氣, ils sortaient ensemble, cueillaient des fleurs odorantes et se livraient à la débauche 淫泆.

5. 觀, aller voir une fête.

6. Tcheng : Les garçons refusent de suivre les filles sous prétexte qu'ils ont déjà été voir la fête.

9. 訏. 大. Mao. 洵. 信. Tcheng. On peut comprendre ou que la fête est vraiment belle, ou que l'emplacement est tout à fait riant ; le deuxième sens est celui de Tcheng.

11. 伊．因；謔．戲．Tcheng.

12. 勺藥：plante odorante. Mao.

Tcheng : Ils font acte de mari et de femme 行夫婦之事, puis, quand ils se séparent, les garçons donnent aux filles la plante odorante 勺藥 pour lier leur amitié 結恩情．

13. 瀏．深貌．Mao.

16. 殷．衆．Mao.

23. 將．大．Tcheng.

Variantes d'écriture : 蕑．蘭．菅；訓．旰；洵．詢；勺．芍；瀏．瀏．

Variantes d'aux. desc. : 渙．汍．洹．HTKKSP, 1172, pp. 12 v°, 13, 14 2°.

蕑．Dict. de K'ang-hi : Dans la sous-préfecture de Tou-hang 都梁 est une montagne ; au bas de la montagne est une eau très pure ; au milieu poussent des orchidées : on les appelle parfums de Tou leang, d'après le nom de la montagne ; leur essence 其物 peut détruire les venins 蠱毒 et éliminer les maléfices 不祥. C'est pourquoi les gens de Tcheng, dès le printemps, au troisième mois, allaient sur les bords de la Tchen et de la Wei ; les garçons et les filles s'aidaient à 相與 cueillir l'orchidée 蕑 et faisaient une purification 祓除．

On a conservé, sous diverses formes (cf. HTKKSP, 1153, 17 r° sqq.) une glose importante du Han che. On y voit ceci : La crue des rivières est celle du temps où le pêcher fleurit et où l'eau de pluie tombe au troisième mois 三月桃花水下之時．C'est alors qu'on cueille l'orchidée. Une foule venait cueillir l'orchidée pour chasser les mauvaises influences 祓除邪惡．Dans les usages du pays de Tcheng, au terme marqué par le premier jour Sseu du 3ᵉ mois sur (ou sur les bords de) ces deux rivières (Tchen et Wei) on appelait les houen pour les unir au po et l'on faisait une purification pour chasser les maléfices 三月上巳之辰．于此兩水之上．招魂續魄祓除不祥．(D'après le T'ai ping Yu lan.)

Variantes : Sur ces deux rivières Tchen et Wei on appelait les houen pour les unir au po et tenant en main des orchidées, on faisait une purification pour chasser les maléfices. (Song chou).— On chassait par une purification les impuretés de l'air 祓除氣穢 — ou de la saison (année) 歲穢．

Sur l'orchidée, voir Calendrier des Hia, 5ᵉ mois : « Cueillette des orchidées » ; la glose explique 爲沐浴 : « pour les lustrations ». Voir encore Tsin Chou, chap. LXXX (éd. de Chang-hai, p. 2 r° sqq.) dans la biographie de 王羲之 le rôle des 蘭亭 aux rites de purification du printemps 春禊．Cf. Tcheou li 春官 v° 女巫 : Les sorcières ont charge des purifications et lustrations annuelles et saisonnières. Cf. la glose de Tcheng.

Sur la plante donnée en gage, l'orthographe 芍 peut donner à croire que c'est une espèce de pivoine odorante. J'incline à penser que le vers 12 ne fait que nommer d'une autre façon l'orchidée, le parfum de Tou-leang. Les érudits chinois rapprochent 勺 de 約 (lier, convention). Cf. HTKKSP ch. 423, p. 32 v° sqq. ; (comp. encore 妁 entremetteur) : il faut donc entendre : la fleur qu'on utilise comme gage.

藥 indique une plante efficace, à usage magico-pharmaceutique : Voir Tsin chou, chap. XCIV (éd. de Chang-hai, p. 2 v°. Biographie de 夏統), la mention d'une foire aux drogues 藥 à l'occasion d'une fête sur les bords de l'eau, le premier jour Sseu du 3ᵉ mois.

Noter les correspondances établies par 與 *avec* vers 1 et 3 et vers 13 et 15; par 方 *viennent*, vers 2 et 4 et enfin aux 14ᵉ et 16ᵉ vers par 其 (celle-ci faiblement rendue dans la traduction par *sont*).

J'ai dû, pour traduire, dédoubler plusieurs vers du refrain dont le sens est très riche.

Thème du passage de la rivière. Indication de chants alternés. Thème calendérique des crues printanières. Thème de l'invitation des filles et du demi-refus des garçons, — Thèmes des cueillettes, — des gages d'amour (fleur).

Noter le rôle de l'orchidée dans le mythe Lolo du déluge. BEFEO, VIII, p. 551. Cf. Vial, Lolos, p. 9.

LIII. — *La belle armoise.* 菁菁者莪 (Siao ya III, 2 — C. 199 — L. 279).

* 1.	菁菁者莪.	O la belle, la belle armoise,
2.	在彼中阿.	qui est au milieu du coteau !
3.	旣見君子.	Sitôt que je vois mon seigneur,
4.	樂且有儀.	quelle joie donc et quel respect !
* 5.	菁菁者莪.	O la belle, la belle armoise,
6.	在彼中沚.	qui est au milieu de l'îlot !
7.	旣見君子.	Sitôt que je vois mon seigneur,
8.	我心則喜.	mon cœur alors a la gaîté !
* 9.	菁菁者莪.	O la belle, la belle armoise,
10.	在彼中陵.	qui est au milieu de la berge !
11.	旣見君子.	Sitôt que je vois mon seigneur,
12.	錫我百朋.	il me donne cent coquillages !
*13.	汎汎楊舟.	La barque en peuplier vogue ! vogue !
14.	載沉載浮.	plongeant tantôt, flottant tantôt !
15.	旣見君子.	Sitôt que je vois mon seigneur,
16.	我心則休.	mon cœur alors a le repos !

LIII. — *Préf.* Éloge des princes qui attirent et utilisent les talents.
1. Tsing tsing, aux. desc.
Thème de la promenade au bord de l'eau et en barque.

LIV. — *Les roseaux*. 蒹葭 (Ts'in fong, 4 — C. 137 — L. 195).

* 1. 蒹葭蒼蒼. Les roseaux et les joncs verdoient ;
  2. 白露爲霜. la rosée se transforme en givre.
  3. 所謂伊人. Cette personne à qui je pense
  4. 在水一方. dans l'eau se trouve en quelque endroit !...
  5. 遡洄從之. Contre le courant je vais à elle :
  6. 道阻且長. le chemin est rude et fort long !
  7. 遡游從之. Suivant le courant je vais à elle :
  8. 宛在水中央. la voici, dans l'eau, au milieu !

* 9. 蒹葭淒淒. Les roseaux et les joncs verdoient ;
  10. 白露未晞. la rosée n'est pas dissipée.
  11. 所謂伊人. Cette personne à qui je pense
  12. 在水之湄. dans l'eau se trouve, vers les bords !...
  13. 遡洄從之. Contre le courant je vais à elle :
  14. 道阻且躋. le chemin est rude et montant !
  15. 遡游從之. Suivant le courant je vais à elle :
  16. 宛在水中坻. la voici, dans l'eau, sur l'écueil !

*17. 蒹葭采采. Les roseaux et les joncs verdoient ;
  18. 白露未已. la rosée n'est pas disparue.
  19. 所謂伊人. Cette personne à qui je pense,
  20. 在水之涘. dans l'eau se trouve, vers la digue !..
  21. 遡洄從之. Contre le courant je vais à elle :
  22. 道阻且右. le chemin est rude et ardu !
  23. 遡游從之. Suivant le courant je vais à elle :
  24. 宛在水之沚. la voici, dans l'eau, sur un roc !

LIV. — *Préf.* Interprétation historique sans intérêt.
1. Ts'ang ts'ang, aux. desc.
2. Transformation de la rosée en givre, terme calendérique indiquant

la fin des travaux. Cf. XII, 2, 3. Cf. Li ki, Yue ling, 2ᵉ mois d'automne ;
Couv., I, p. 386.

7. Cf. App. III, les usages du Nan Tchao. Sou hing et ses femmes
descendaient le courant avant la bataille de fleurs.

Thème de la recherche de l'ami sur les bords de l'eau et dans l'eau.
Comp. T'ang fong, 3 ; Couv., p. 123. (LIVB).

LIVB ·   Dans la rivière tranquille
                    ce rocher blanc, qu'il est haut !
                    Habit blanc à collet rouge,
                    je te suis jusques à Kiu !   (cf. LXVI, 5).
                    Sitôt que je vois mon seigneur,
                    allons ! ne suis-je pas en joie !

                    Dans la rivière tranquille,
                    ce rocher blanc, quel éclat !
                    Habit blanc à collet rouge,
                    je te suis jusqu'à Kao !
                    Sitôt que je vois mon seigneur,
                    allons ! comment serais-je triste !

                    Dans la rivière tranquille,
                    ce rocher blanc qu'il est clair !
                    J'apprends qu'il y a un ordre
                    et n'ose informer quelqu'un.

Transposition du thème de LIV en utilisant des allusions géographiques (*kiu, kao*).

LV. — *La digue.* 澤 陂 (Tch'en fong, 10 — C. 151 — L. 213).

1.	彼澤之陂.	Sur la digue de cet étang
2.	有蒲與荷.	croissent joncs avec nénuphars !
3.	有美一人.	Il est une belle personne !...
4.	傷如之何.	comment ferai-je en ma douleur ?
5.	寤寐無爲.	De jour, de nuit, ne puis rien faire...
6.	涕泗滂沱.	des yeux, du nez coulent mes pleurs !...
7.	彼澤之陂.	Sur la digue de cet étang
8.	有蒲與蕑.	croissent joncs avec orchidées !
9.	有美一人.	Il est une belle personne :
10.	碩大且卷.	haute taille et noble maintien !
11.	寤寐無爲.	De jour, de nuit, ne puis rien faire...
*12.	中心悁悁.	en mon cœur que j'ai de chagrin !...

13. 彼澤之陂.   Sur la digue de cet étang
14. 有蒲菡萏.   croissent joncs, nénuphars en fleurs !
15. 有美一人.   Il est une belle personne :
16. 碩大且儼.   haute taille et maintien altier !
17. 寤寐無爲.   De jour, de nuit, ne puis rien faire...
18. 輾載伏枕.   de-ci, de-là je me tourne sur l'oreiller...

LV. — *Préf.* Allusion à un fait historique ; cf. SMT, IV, 233-235, dont le héros est un ancêtre de Confucius qui témoigne de mœurs débauchées. Le résultat de l'événement est que les garçons et les filles s'amusaient ensemble 男女相說悅.
  5. Cf. LIV, 8.
  8. 蕳. Cf. LII, 4.
Thèmes des rencontres sur l'eau et des cueillettes de plantes aquatiques. Thèmes de l'angoisse et de l'insomnie amoureuses.

LVI. — *Les mouettes.* 關雎 (Tcheou nan, 1 — C. 5 —
L. 1).

* 1. 關關雎鳩.   A l'unisson crient les mouettes
   2. 在河之洲.   dans la rivière sur les rocs !
   3. 窈窕淑女.   La fille pure fait retraite,
   4. 君子好逑.   compagne assortie du Seigneur !

   5. 參差荇菜.   Haute ou basse, la canillée :
   6. 左右流之.   à gauche, à droite, cherchons-la !
   7. 窕窈淑女.   La fille pure fait retraite :
   8. 寤寐求之.   De jour, de nuit, demandons-la !
   9. 求之不得.   Demandons-la !... Requête vaine !...
  10. 寤寐思服.   de jour, de nuit, nous y pensons !...
  11. 悠哉悠哉.   Ah ! quelle peine !... Ah ! quelle peine !...
  12. 輾轉反側.   De-ci, de-là, nous nous tournons !...

  13. 參差荇菜.   Haute ou basse, la canillée :
  14. 左右采之.   à gauche, à droite, prenons-la !
  15. 窈窕淑女.   La fille pure fait retraite :
  16. 琴瑟友之.   guitares, luths, accueillez-la !

17. 參差荇菜.   Haute ou basse, la canillée :
18. 左右芼之.   à gauche, à droite, cueillons-la !
19. 窈窕淑女.   La fille pure fait retraite :
20. 鐘鼓樂之.   cloches et tambours, fêtez-la !

LVI. — 關睢. 后妃之德也 … 是以關睢樂得淑女以配君子. 憂在進賢. 不淫其色. 哀窈窕. 思賢而無傷善之心焉. 是關睢之義也. (Tcheng : 哀 caractère mis par erreur pour 衷.) *Les mouettes* (montrent) la Vertu de la Reine… Dans cette pièce, (la reine) se réjouit d'avoir trouvé une fille pure pour l'apparier à son (propre) seigneur. Elle s'afflige d'avoir à envoyer auprès (du prince) (cette fille) pleine de vertus (au lieu d'y aller elle-même). (Mais) elle ne veut pas se servir avec des intentions débauchées de sa (propre) beauté. Elle s'afflige de la retraite (où elle est réduite), elle pense (avec envie) à (la fille) pleine de vertus et de talents (qui la remplace) mais elle n'a pas l'intention de porter tort à ce qui est bon (savoir, cette fille). Tel est le sens des mouettes.

(Autrement dit : chanson de gynécée, chanson d'une épouse vertueuse, délaissée mais non jalouse. Noter que tandis que la fille pure est supposée la rivale, c'est la reine qui cependant est dite faire retraite.)

1 et 2. Mao. Comparaison. 關關 Kouan kouan, aux. desc. représente les cris alternés des mouettes mâle et femelle qui *se répondent*. 和聲. Ces animaux, bien que leurs désirs sexuels soient violents au plus haut point, respectent les règles de la séparation des sexes 鳥摯而有別 (Tcheng, glose : 摯 est pour 至. 雌雄情意至然而有別) cela se voit à ce qu'ils cachent leurs amours sur les écueils au milieu de l'eau. (Glose de K'ong Ying-ta : ils ne volent pas côte à côte mais se suivent (la femelle suit le mâle) 不乘匹而相隨也.) De même la reine qui aime la Vertu du seigneur répond en tout (à sa volonté) et ne faisant pas un usage débauché de sa beauté, respecte les règles de la vie retirée (du gynécée) de la même façon que les mouettes les respectent (sur les îlots.) 后妃說樂君子之德. 無不和諧. 又不淫其色. 慎固幽深若關睢之有別焉. De cette façon elle peut exercer son action moralisatrice sur l'univers : Quand maris et femmes respectent la séparation des sexes, pères et fils observent les devoirs de parenté ; quand père et fils observent les devoirs de parenté, seigneurs et vassaux observent le respect dû à l'autorité. Quand seigneurs et vassaux observent le respect dû à l'autorité, les audiences de la cour se tiennent régulièrement. Quand celles-ci se tiennent régulièrement, l'Influence moralisatrice du roi est à son apogée. 然後可以風化天下. 夫婦有別. 則父子親. 父子親則君臣敬. 君臣敬. 則朝廷正. 朝廷正. 則王化成.

3 et 4. 窈窕. 幽閒也. 淑善. 逑匹也. (Mao).

Mao : On veut dire que la reine ayant la Vertu des mouettes qui crient à l'unisson, les filles vertueuses qui vivent dans la retraite (du gynécée) avec une entière chasteté, deviennent comme il convient, des compagnes assorties du seigneur : 言后妃有關雎之德．是幽閒貞專之 善女．宜爲君子之好匹, c'est-à-dire, ajoute Tcheng, que toutes les épouses de second rang qui sont délaissées, du fait qu'elles subissent l'influence moralisatrice de la reine, ne sont pas jalouses (et par suite n'empêchent pas celles d'entre elles qui en ont le talent, d'approcher du seigneur.)

Noter que les explications compliquées de Mao et de Tcheng ont pour but de faire comprendre pourquoi l'épouse et la fille pure n'étant pas la même personne, et l'épouse, puisqu'elle a la Vertu des mouettes, devant vivre dans la retraite, c'est cependant de la fille pure qu'on dit (3) qu'elle fait retraite : elle imite les vertus de la reine, comme toutes les autres épouses.

5 et 6. 荇．接余也．流求也. (Mao). 參差然．不齊 (K'ong Ying-ta). Mao : La reine, parce qu'elle a la Vertu des mouettes qui se répondent, est capable de ramasser la canillée et de préparer tous les objets né-cessaires au service du temple ancestral.

Tcheng : 左右．助也. A gauche, à droite : (indique qu'on) s'aide à l'envi. On veut dire que les trois femmes de second rang (夫人), les neuf femmes de troisième rang (九嬪) et toutes les autres sont toutes heureuses de servir la reine.

Noter que la cueillette faite avec grande émulation est censée avoir une fin rituelle. Canillée : plante d'eau, aimée des canards et des mouettes.

7 et 8. 寤覺．寐寢也. (Mao).

Tcheng : On veut dire que la reine, veillant ou dormant, ne cesse pas de chercher cette fille vertueuse à l'aide de qui elle désire remplir les devoirs de sa charge. 言后妃覺寢．則常求此賢女．欲與之共己職 也．

8 et 9. 求之 demandons-la : valeur du mot, fixé par la comparaison avec XLVI, 4 et XXII, 3, *solliciter une fille, essayer d'en faire la conquête*.

10. 服．思之也. Mao.

Tcheng : La reine n'ayant pas encore trouvé la jeune fille qui l'aidera, songe à remplir les devoirs de sa charge (en la trouvant).

11. 悠思也. (Mao). 思之哉．思之哉. Tcheng.

12. 臥而不周曰輾. Cf. LV, 18. Peint l'agitation de l'insomnie.

16. 友之 « accueillez-la », traduction insuffisante ; exactement : faites-la nous *amie*. 同志曰友 avoir même sentiment se dit être *ami* (Tcheng). La musique fait partager à tous les mêmes sentiments.

18. 芼．擇也. (Mao).

19. Mao : La Vertu étant à son apogée, il doit y avoir musique de tam-bours et de cloches. 德盛者．宜有鐘鼓樂.

On peut résumer ainsi l'interprétation classique : T'ai Sseu, femme vertueuse du roi civilisateur (Wen wang) sait ne pas être jalouse ; elle peut se résigner à vivre dans la retraite et est capable d'envoyer auprès du roi à sa place les filles vertueuses du gynécée. Dans le gynécée, qui reflète ses vertus, nulle n'est jalouse et toutes vivent dans la retraite, occupées à rechercher la meilleure compagne pour le seigneur commun et à remplir avec une parfaite communion de sentiments le service du roi et du temple.

On trouve au HTKKSP ch. 1423, p. 17 v° sqq. une interprétation très différente. La pièce est rapprochée de LIX et LXVII B (et aussi du n° 4 du Chao nan). Ces pièces se rapporteraient à la cérémonie de l'offrande végétale faite au 3ᵉ mois après le mariage. D'après une théorie, le mariage ne serait consommé qu'après ces trois mois de stage écoulé. D'où les vers 3, 7, 8, 9. La cérémonie (où l'on fait de la musique) marquerait la levée de l'interdit post-nuptial ; d'où le 3ᵉ couplet. Cette tradition, très intéressante, permet de voir le passage des usages populaires aux usages nobles : l'interdit des fiançailles et les chansons qui s'y rapportent correspondant à l'interdit post-nuptial auquel les chansons auraient été rapportées par la suite. (Cf. Comment lire un classique, n° 15) ; (cf. Granet, *Cout. matrim.*, app. *in* T'oung pao, XIII, p. 553 sqq.).

Un texte du 韓詩外傳 (début du chap. v) donne dans un dialogue entre Confucius et Tseu Hia les raisons qui firent placer les mouettes en tête du Che king, elles sont analogues à celles indiquées par Mao (1, 2) mais formulées en termes métaphysiques. Les vertus conjugales sont à la base de l'ordre social et de l'ordre naturel : les soutiens du ciel et de la terre, dit Tseu Hia 天地之基也.

Le 韓詩外傳 interprète comme Mao la comparaison de 1 et 2. C'est quand le seigneur s'est retiré de la cour pour rentrer dans ses appartements privés que la reine va le retrouver. 故人君退朝入於私宮. 后妃御見. Cf. Han che (*in* HTKKSP, ch. 1150, p. 2 v°). Le même texte indique que la pièce pouvait en conséquence servir de satire contre les grands trop enclins aux voluptés. Cf. Heou Han chou, Ann. de l'empereur 明 Ming, 8ᵉ a., éd. de Chang-hai, ch. II, p. 5 v° 昔應門失守. 關雎刺時. Autrefois la porte Ying (c'est-à-dire le prince qui traitait près de cette porte les affaires publiques) ayant manqué à ses devoirs (en matière sexuelle), *les Mouettes* blâmèrent les mœurs du siècle.

Variantes d'écriture : 逑 : 仇 et 求. 荇 : 莕 et 菩. 輾 et 展. 芼: 覒. Vers 20 : Cloches et tambours fêtez-la ; écrit : Tambours et cloches... Cf. HTKKSP, 1171, pp. 1 à 2.

Thème de la rencontre près des eaux, — du concours de cueillettes, — des appréhensions, — de la séparation et de la retraite de la fille, — de l'insomnie, — de l'accord et de la musique. — Noter les reprises de vers et les enchaînements qui donnent quasiment à la pièce une allure de pantoum. V. Skeat, *Malay Magic*, p. 483.

LVII. — *Le faucon.* 晨風 (Ts'in fong, 7 — C. 141 — L. 200).

1. 鴥彼晨風.   Rapide le faucon s'envole !
2. 鬱彼北林.   épaisse est la forêt du nord !
3. 未見君子.   Tant que je n'ai vu mon seigneur,

* 4. 憂心欽欽. mon cœur inquiet, qu'il se tourmente!
6. 如何如何. Ah! comment faire! ah! comment faire!...
7. 忘我實多. il m'oublie vraiment beaucoup trop...

8. 山有苞櫟. Le mont a des massifs de chênes,
9. 隰有六駁. le val des ormes tachetés!
10. 駁見君子. Tant que je n'ai vu mon seigneur,
11. 憂心靡樂. mon cœur inquiet n'a point de joie!
12. 如何... Ah! comment...

14. 山有苞棣. Le mont a des bois de pruniers,
15. 隰有樹檖. Le val de grands poiriers sauvages!
16. 未見君子. tant que je n'ai vu mon seigneur,
17. 憂心如醉. mon cœur inquiet est comme ivre!
18. 如何... Ah! comment...

LVII. — *Préf.* Satire contre un prince qui abandonne de sages ministres.
4. K'in k'in, aux. desc.
Thème des séparations, — des monts et vallons boisés.

LVIII. — *La bardane.* 卷耳 (Tcheou nan, 3 — C. 8 — L. 8).

* 1. 采采卷耳. Je cueille, cueille la bardane!
2. 不盈頃筐. je n'en emplis pas un panier,
3. 嗟我懷人. — Hélas! je rêve de cet homme! —
4. 寘彼周行. et le laisse sur le sentier!

5. 陟彼崔嵬. Je gravis ce mont plein de roches:
6. 我馬虺隤. mes chevaux en sont éreintés!...
7 我姑酌彼金罍. Je me verse à boire de ce vase d'or
8. 維以不永懷. afin de ne plus rêver sans trève!...

9. 陟彼高岡. Je gravis cette haute colline:
10. 我馬玄黃. mes chevaux en perdent leur lustre!...

11. 我姑酌彼兕觥. Je me verse à boire dans la corne de rhi-
[nocéros

12. 維以不永懷. afin de ne plus souffrir sans trêve !...

13. 陟彼砠矣. Je gravis ce mont plein de sables :
14. 我馬瘏矣. mes chevaux en sont tout fourbus !...
15. 我僕痡矣. Mon conducteur en est malade !...
16. 云何吁矣. Hélas ! hélas ! que je gémis !

LVIII. — *Préf.* 卷耳. 后妃之志也. 又當輔佐君子. 求賢
審官. 知臣下之勤勞. 內有進賢之志. 而無險詖私謁之
心. 朝夕思念. 至於憂勤也. *La bardane* montre les sentiments
de la reine, en plus (de ses autres désirs exprimés par Tcheou nan, 1 et 2)
elle veut seconder le seigneur, et en recherchant les sages, et contrô-
lant les (nominations) aux offices, veiller à ce que les vassaux donnent
tous leurs efforts (au service du prince). Dans le gynécée, elle a le désir
de faire approcher du prince les femmes qui le méritent et (de même,
hors du gynécée) elle n'a point le désir de faire contrairement à l'intérêt
et au droit des demandes intéressées (en faveur de parents ou d'alliés).
Matin et soir ce sont là ses pensées, au point qu'elle en a fatigue et
chagrin.
1 et 2. Comparaison pour indiquer la tristesse. (Mao).
卷耳. 苓耳也. Mao.
3 et 4. 寘. 置. Selon Mao et Tcheng : allégorie signifiant mettre en
place 列位 les sages selon leurs mérites.
5. 陟升. Mao.
6. 虺隤. 病也. Mao.
7. 姑. 且也. Mao. Les vases d'or sont réservés au prince.
8. 永. 長也. Mao.
15. 痡. 憂也. Mao.
Variantes d'écriture : 頎. 傾. 虺隤. 瘦預 et 虺癀. 姑. 孕. 罍.
鑸. 岡. 崗. 兕. 觅. 砠. 礇 et 岨. 瘏. 屠. 痡. 鋪. HTKKSP, ch. 1171,
pp. 4-5.
Thèmes de la poursuite sur les monts, — des cueillettes, — des appréhensions, — des beuveries. — Noter la corne de rhinocéros. Cf. Pin
fong, 1 in-f°.
Peut-être indice de course de chevaux.
Dans l'interprétation symbolique, la poursuite de l'amant est apparue
comme la recherche d'un sage. La pièce étant classée dans le Tcheou nan
qui passe pour faire l'éloge de T'ai Sseu on a continué d'admettre que
c'était une femme qui chantait.

LIX. — *Sauterelles des prés.* 草 蟲 (Chao nan, 3 — C. 18 — L. 23).

* 1. 喓喓草蟲. La sauterelle des prés crie
* 2. 趯趯阜螽. et celle des coteaux sautille !
  3. 未見君子. Tant que je n'ai vu mon seigneur,
* 4. 憂心忡忡. mon cœur inquiet, oh ! qu'il s'agite !
  5. 亦既見止. Mais sitôt que je le verrai,
  6. 亦既覯止. sitôt qu'à lui je m'unirai,
  7. 我心則降. mon cœur alors aura la paix !

  8. 陟彼南山. Je gravis ce mont du midi
  9. 言采其蕨. et vais y cueillir la fougère !
10. 未見君子. Tant que je n'ai vu mon seigneur,
*11. 憂心惙惙. mon cœur inquiet, qu'il se tourmente !
12. 亦既見止. Mais sitôt que je le verrai,
13. 亦既覯止. sitôt qu'à lui je m'unirai,
14. 我心則悅. mon cœur alors deviendra gai !

15. 陟彼南山. Je gravis ce mont du midi
16. 言采其薇. et vais y cueillir la fougère !
17. 未見君子. Tant que je n'ai vu mon seigneur,
18. 我心傷悲. mon cœur, qu'il se peine et chagrine !
19. 亦既見止. Mais sitôt que je le verrai,
20. 亦既覯止. sitôt qu'à lui je m'unirai,
21. 我心則夷. mon cœur alors sera calmé !

LIX. — *Préf.* 草蟲. 大夫妻能以禮自防也. *Les Sauterelles des prés* (montrent) une femme de grand officier qui est capable d'endiguer ses passions conformément aux rites.

1. 喓喓. Yao Yao, aux. desc. imitant le cri (Mao).

2. 趯趯. T'i t'i, aux. desc. peignant des sautillements (Mao).

Mao : Comparaison qui montre une femme de grand officier suivant son mari pour accomplir les rites.

Tcheng : La sauterelle des prés crie, celle des bois sautille pour la rejoindre 從之. Elles sont de même espèce et de variétés différentes : ainsi garçons et filles aux temps des fêtes obéissant aux rites se recherchent et s'appellent. 異種同類. 猶男女嘉時以禮相求呼. On remarquera cette allusion à la règle d'exogamie. Noter aussi l'emploi du terme 求 (cf. XXII, 2 ; XLVI, 4 ; LVI, 8, 9).

Sur les sauterelles et l'idée de rapports sexuels voir VI.

4. 忡忡. Tch'ong tch'ong, aux. desc. rapproché par Mao de 衝衝 Tch'ong tch'ong. 忡 a par lui-même le sens de tourment. Cf. LXVII, 8.

Mao : Bien que mariée la femme a la pensée de sa famille de retour 歸宗 (sa famille natale, abandonnée et où elle reviendra soit en visite, soit répudiée ou veuve sans enfant).

Tcheng : « Tant que je n'ai vu mon seigneur » indique qu'elle est au moment du voyage (pompe nuptiale), elle est triste à la pensée de ne pas convenir à son seigneur et de n'avoir pas à (faire la visite pour) tranquilliser 寧 (techniquement 歸寧. Cf. Chao nan, 2 ; Couv., p. 7, vers 1, 18). (Que fait une femme mariée) c'est pourquoi son cœur est triste, car elle ne rompt pas d'elle-même avec ses sentiments de famille 不自絕於其族之情.

6. 覯遇 (Mao.) Tcheng donne d'après le Yi king (男女覯精. 萬物化生) le sens d'union sexuelle. Cf. LX, 24, 29 et X, 5 var. Tcheng : Sitôt que je le verrai = Quand sera fait le repas communiel du soir du mariage 同牢. Sitôt qu'à lui je m'unirai = Quand le mariage 昏 sera consommé. Au début elle s'attristait à l'idée de ne pas convenir (à son mari), maintenant que son seigneur l'a traitée selon les rites elle espère pouvoir aller faire la visite qui tranquillisera ses parents. Aussi son cœur se détend-il.

9. 蕨：鱉. 也. Mao. Cf. Yong fong 10 st. 3. Coûv. 62.

Tcheng : Au cours de la pompe nuptiale elle voit des gens qui cueillent la fougère ; ceux qui font cette récolte trouvent ce qu'ils désirent trouver ; de même elle qui est en route désire trouver (à l'arrivée) (un mari qui accomplisse) les rites.

11. 惙惙. Tchouo tchouo, aux. desc. peignant la tristesse (Mao) (sens ordinaire de Tchouo.)

14. 說. 服也. Mao.

16. 薇. 菜也. Mao.

18. Se termine par deux mots peignant la tristesse et non par une expression redoublée comme 4 et 11.

Mao cite en manière d'explication une formule prêtée à Confucius par le Tseng tseu wen in Li ki, Couv., p. 429. « Dans la maison d'une fille qui se marie on n'éteint pas les flambeaux pendant trois jours, on pense à la séparation. » (On notera que dans ce même texte du Li ki se trouve l'indication du sacrifice offert par l'épouse au 3e mois.)

21. 夷. 平也. Mao.

Les vers 1-7 sont repris dans le n° 8 de Siao ya, I (Couv., p. 189), vers 33-38.

Une école rapproche cette pièce de LIV, LXVII B et Chao nan, 4. (Cf. HTKKSP, p. 12 v° sqq.) Elle se rapporterait au sacrifice végétal du

3° mois après les noces, à partir duquel seulement le mariage est consommé. La cueillette est celle des plantes à offrandes : la femme arrivée
depuis trois mois n'a pas encore vu son mari, ne s'est pas encore unie
à lui. Cette école, au contraire de Tcheng, ne croit pas que les vers se
rapportent à la pompe nuptiale ; cela oblige à expliquer les cueillettes
avec trop de subtilité. Comme Tcheng elle explique la tristesse par
l'usage de la visite aux parents : cette visite est conçue comme le rite
symétrique de la délivrance de la fille 致女 fait au 3° mois. (Cf. Tsouo
tchouan Tcheng, 9° a. Legge, p. 369). (Comp. la visite du mari aux beaux-
parents, faite le 3° mois, dans certains cas. Mémoire du chap. du Mariage au Yi li.)

Cette tradition est importante pour une explication du passage des
usages populaires aux règles suivies par les nobles.

On remarquera que Tcheng voit dans les réunions des sauterelles un
emblème des fêtes sexuelles. D'autre part, il croit à la règle des mariages
au printemps. Or lui-même indique que le cri des sauterelles marque la
fin de l'automne. Glose au Che king, Siao ya, I, 8, vers 36-38 où est repris le premier couplet de LIX. 草蟲鳴. 晚秋之時也. Mais rien
ne prouve que Tcheng n'ait pas connu l'existence des fêtes sexuelles
d'automne. Voir sa glose à L, 1 et 2.

Variantes d'écriture : 阜. 螽. 覯. 遄. 夷. 燠.

Variantes d'aux. desc. : 忡. 沖 et 燬.

Thèmes de la promenade sur les monts, — des amours des bêtes, —
des cueillettes, — de l'inquiétude amoureuse, — de l'apaisement.

Noter aux vers 7, 14, 21, le 則 qui marque le brusque passage de sentiments.

LX. — *Les essieux du char*. 車 舝 (Siao ya VII, 4 — C. 293 — L. 391).

1 閒關車之舝兮. A grands coups j'ai fixé les essieux de
[mon char :

2 思孌委女逝兮. je vais chercher la belle jeune fille de mes
[rêves !

3. 匪飢匪渴. Qu'importe la faim ! Qu'importe la soif !

4. 德音來括. Avec son prestige elle s'en vient vers moi !

5. 雖無好友. Bien que je n'aie pas de bons amis,

6. 式燕且喜. Or ça ! banquetons et faisons fête !

7. 依彼平林. Dans cette épaisse forêt de la plaine,

8. 有集維鷮. Voilà que les faisans se réunissent !

9. 辰彼碩女.　A l'époque voulue, cette noble fille
10. 令德來敎.　Avec sa grande Vertu vient m'aider !
11. 式燕且譽.　Or ça ! banquetons, chantons ses louanges !
12. 好爾無射.　Je t'aimerai sans me lasser !

13. 雖無旨酒.　Bien que je n'aie pas de liqueurs exquises,
14. 式飲庶幾.　Or ça ! buvons, je t'y invite !
15. 雖無嘉殽.　Bien que je n'aie pas de mets délectables,
16. 式食庶幾.　Or ça ! mangeons, je t'y invite !
17. 雖無德與女.　Bien qu'en Vertu je ne te vaille pas,
18. 式歌且舞.　Or ça ! chantons et puis dansons !

19. 陟彼高岡.　Je suis monté sur la haute colline
20. 折其柞薪.　Et j'y ai coupé des fagots de chêne !
21. 折其柞薪.　Et j'y ai coupé des fagots de chêne !
22. 其葉湑兮.　Comme le feuillage en est verdoyant !
23. 鮮我覯爾.　Quel bonheur pour moi ! Je m'unis à toi !
24. 我心寫兮.　Ah ! comme mon cœur en est soulagé !

25. 高山仰止.　On peut admirer les hautes montagnes !
26. 景行行止.　On peut cheminer sur les grands chemins !
*27. 四牡騑騑.　Mes quatre chevaux, oh ! qu'ils sont dociles !
28. 六轡如琴.　A voir leurs six rênes on dirait un luth !
29. 覯爾新昏.　Je m'unis à toi, nouvelle épousée,
30. 以慰我心.　Et je mets ainsi la paix dans mon cœur !

LX. — *Préf.* Satire contre le roi Yeou et sa favorite Pao Sseu. Cf. SMT *in* Chav., I, 280 sqq. Pao Sseu était jalouse et sans vertu 道. Le peuple de Tcheou désirait trouver une fille sage pour l'unir au seigneur, c'est pourquoi il fit ce chant. 周人思得賢女以配君子. 故作是詩也.

4. 德音, prestige.

9. 辰. 時也.

23 et 29. 覯 union sexuelle. Cf. LIX et les gloses.

Thèmes du char, du prestige, du repas communiel, des oiseaux, des temps des fêtes, des chants et danses, de l'ascension, des fagots, de l'union conjugale.

LXI. — *Les fagots.* 綢繆 (T'ang fong, 5 — C. 124 — L. 179).

1. 綢繆束薪. En fagots j'ai lié les branches !
2. 三星在天. les trois étoiles sont au ciel !
3. 今夕何夕. Ah! quelle soirée que ce soir
4. 見此良人. où voilà que je vois ma femme !
5. 子兮子兮. Hélas de toi ! Hélas de toi !
6. 如此良人何. avec ma femme, comment faire !

LXI. — *Préf.* Satire des temps d'anarchie. L'anarchie où se trouvait le peuple empêchait les mariages de se faire en temps voulu 國亂故婚姻不得其時.

1. Thème du fagot lié : symbole de l'effet des rites sur les hommes et les femmes (Mao).

2. Les trois étoiles = étoiles de la constellation du Scorpion. De leur visibilité au crépuscule les commentateurs tirent une date qui prouve que les mariages ne se faisaient pas en temps voulu. Tcheng : fin du 3ᵉ mois-milieu du 4ᵉ mois.

3 et 4. 良人.美室也. Tcheng : A voir la nuit on constate qu'on est à un mois où les mariages ne peuvent se faire.

8. Tcheng : Position des étoiles indiquant la fin du 4ᵉ et le milieu du 5ᵉ mois.

10. 邂逅 : rencontre, femme rencontrée aux fêtes. Cf. X, 5.

14. Tcheng : Position des étoiles indiquant la fin du 5ᵉ et le début du 6ᵉ mois. — Mao : Le milieu du 1ᵉʳ mois.

16. 粲, expression indiquant un groupe de trois femmes épousées à la fois. Mao : Un grand officier a une épouse et deux femmes secondaires. Cf. Kouo yu, Tcheou yu, II et SMT *in* Chav., I, 265 et 266, nᵒ 2.

Thèmes des fagots, de l'appréhension nuptiale, des rencontres.

LXII. — *Le tertre Yuan.* 宛丘 (Tch'en fong, 1 — C. 145 — L. 205).

1. 子之湯兮. O vous qui allez vous ébattre
2. 宛丘之上. au sommet du tertre Yuan,
3. 洵有情兮. Quelle animation est la vôtre !
4. 而無望兮. ce n'est pas un spectacle à voir !

 5. 坎 其 擊 鼓. Au son des tambours que l'on frappe
 6. 宛 丘 之 下. au-dessous du tertre Yuan,
 7. 無 冬 無 夏. Qu'importe, hiver! été, qu'importe!
 8. 值 其 鷺 羽. vous tenez des plumes d'aigrette!

 9. 坎 其 擊 缶. Au son des tambourins d'argile,
10. 宛 丘 之 道. sur le chemin du tertre Yuan,
11. 無 冬 無 夏. Qu'importe, hiver! été, qu'importe!
12. 值 其 鷺 翿. vous tenez l'éventail d'aigrette!

LXII. — *Préf.* Satire contre le duc Yeou (854-832) de Tch'en. 淫 荒 昏
亂. 游 蕩 無 度 焉. Licences excessives, mariages irréguliers; on se
promenait et s'amusait sans mesure.

1. Mao : Il s'agit de grands officiers 子 大 夫 也.

3. 洵 : 信. Les seigneurs dont il est question ayant des sentiments
débauchés, leurs manières ne sont pas belles à voir (Tcheng).

Cf. Tcheou li, Biot. I, 266-269.

Thème des hauteurs, des promenades, des danses mimiques.

LXIII. — *Les ormeaux.* 東 門 之 枌 (Tch'en fong, 2 —
C. 145 — L. 206).

 1. 東 門 之 枌. Porte de l'Est, les ormeaux,
 2. 宛 丘 之 栩. sur le tertre Yuan, les chênes :
 3. 子 仲 之 子. C'est la fille de Tseu Tchong
 4. 娑 婆 其 下. qui danse, danse à leur ombre!

 5. 穀 旦 于 差. Un beau matin l'on se cherche
 6. 南 方 之 原. dans la plaine du midi !
 7. 不 績 其 麻. Qu'on ne file plus son chanvre!
 8. 市 也 婆 娑. au marché, va ! danse, danse !

 9. 穀 旦 于 逝. Un beau matin l'on promène
10. 越 以 鬷 邁. et l'on s'en va tous en bande !
11. 視 爾 如 荍. — A mes yeux tu es la mauve !
12. 貽 我 握 椒. — Donne-moi ces aromates !

LXIII. — *Préf*. Pièce où l'on déteste l'anarchie. Les débauches et désordres du duc Yeou furent le principe du changement des mœurs. 男女棄其舊業亟會於道路·歌舞於市井爾. Garçons et filles délaissaient leurs occupations traditionnelles, faisaient de grandes réunions sur les routes et chemins, dansaient et chantaient au marché et vers les puits.

1. 枌: 榆. Mao : Lieu de réunion du pays, endroit où s'assemblaient les filles et les garçons 國之交會·男女之所聚.

2. 子中 : Tseu Tchong : nom (氏) d'un grand officier de Tch'eu (Mao). Tcheng : Il s'agit d'un garçon 男子也.— Pour les modernes : Filles de bonne famille 貴族之女.

5. 穀善. Mao.

5. 于差. Cf. 9. 于逝. Interprétation moderne savante *in* HTKKSP, 428, p. 42°. Cri pour faire pleuvoir, employé au sacrifice 雩.

6. 原 Mao : Yuan, nom de grand officier. Tcheng : La fille de la famille Yuan qui habite au midi 南方原氏之女. — Pour les modernes, Yuan a son sens commun de plaine.

7. Fin du travail de filage, tissage.

9. 逝. 往.

10. 談. 數. 邁. 行.

11. 荍: 芘芣. Rapprocher le plantain. Cf. XIX.

11 et 12. Tcheng : Les garçons et les filles se réunissent et se parlent, le don de la plante aromatique sert à lier l'amitié 交情好. Cf. LII, 12. 11° vers dit par le garçon ; 12° vers dit par la fille.

12. Sur les graines aromatiques et leur emploi voir Couvreur, Che king, pp. 420 et 124. Cf. HTKKSP, 428, 5 v° ; les sorciers s'en servaient pour le service des divinités 以事神.

12. Exactement : Donne-moi une poignée d'aromates.

Thème des promenades sur les hauteurs boisées, de la recherche, de la fin des travaux, de la danse, des cadeaux de fleurs. Indication des chants alternés.

LXIV. — *La biche morte*. 野有死麕 (Chao nan, 12 —
C. 26 — L. 34).

1. 野有死麕.　Dans la plaine est la biche morte ;
2. 白茅包之.　d'herbe blanche enveloppez-la !
3. 有女懷春.　Elle rêve au printemps, la fille ;
4. 吉士誘之.　bon jeune homme, demandez-la !

5. 林有樸樕.　Dans la forêt sont les arbustes !
6. 野有死鹿.　et dans la plaine est le faon mort !

7. 白茅純束. Enveloppez-le d'herbe blanche !
8. 有女如玉. la fille est telle un diamant !

*9. 舒而脫脫. Tout doux, tout doux, point ne me presse !
10. 無感我帨兮. Ma ceinture, n'y touche pas !
11. 無使尨也吠. Ne t'en va pas faire de sorte,
Surtout, que mon lévrier aboie !

LXIV. — *Préf.* 野有死麕. 惡無禮也. 天下大亂. 彊暴相陵. 遂成淫風. 被文王之化. 雖當亂世. 猶惡無禮也. *La biche morte* (montre qu') on déteste le manque de rites. Le royaume était dans une grande anarchie (à la fin des Yin). Les violents se brutalisaient mutuellement ; par suite s'établissaient des mœurs débauchées. Quand se fit sentir l'influence civilisatrice du roi Wen, bien qu'on fût encore en un siècle d'anarchie, on détesta cependant le manque de rites.

Tcheng : Manquer aux rites : ne pas se servir d'entremetteur, ne pas fournir les prestations rituelles (oies sauvages et pièces de soie), user de violence pour consommer les mariages 成昏.

1 et 2. 包. 裹. Mao. 麕 cerf timide, biche.

Par temps de misère on diminue la valeur des cadeaux rituels (禮). La fille désire (qu'au lieu de la peau de cerf qui est due) (Yi li, Mar.) on envoie au moins enveloppée dans du chiendent de la viande d'un cerf tué que les chasseurs se sont partagé. (Mao et Tcheng). (Tcheou li, Biot. I, 208).

Les présents consistant en viande doivent être présentés sur lit d'herbes 苴 (Li ki Kue li, Couv., I, 45). On utilise le chiendent, herbe blanche, à cause de sa pureté : 取潔清 (Mao.) Cf. Yi king, 藉用白茅.

3. 懷. 思. Mao. 誘道. Mao. Cf. 求 XXII, 3 et LVI, 8, 9.

3 et 4. Mao : La jeune fille pense avec envie au printemps parce qu'il ne lui est pas loisible d'attendre l'automne. [Mao suppose que la fille a atteint 20 ans, âge limite 極 du mariage.] Elle ne peut attendre l'automne-hiver (époque régulière, selon Mao, du mariage ; elle pense avec envie au printemps, époque des mariages sommaires 奔 où les rites (et les présents rituels) ne sont pas indispensables.

Tcheng croit que le second mois de printemps est l'époque privilégiée de la consommation des mariages. La fille pense à l'époque où selon les rites elle pourrait s'unir au garçon : 思仲春以禮與男會. Il faut qu'auparavant le garçon envoie un entremetteur faire la demande (vers 4) ; car pour Tcheng les premiers rites de fiançailles se font à l'automne. Cf. L, 1 et 2.

5. 樸樕. 小木也. Mao.
6. 束. 包. Mao.

5 et 6. Tcheng : Comme la viande du cerf, un fagot, enveloppé lui aussi d'herbe blanche, servira de présent rituel (même théorie de la diminution de la valeur des cadeaux par temps de troubles).

7. 玉·德如玉. Mao : Le jade par sa blancheur et sa solidité est un symbole de la vertu de la fille. J'ai rendu par un équivalent.

9. 舒·徐. Mao.

脫脫. Touei touei, aux. desc. peint une attitude sans violence.

10. 感·動. Mao.

帨·佩巾. Mao : Serviette suspendue à la ceinture. J'ai rendu par un équivalent. Cette serviette est une partie importante du costume féminin. A la naissance d'une fille, on en suspend une à la porte. Li ki Nei tso, Couv., I, 663. La mère l'attache à la ceinture de la fille au départ de la pompe nuptiale (Che king, Pin fong, 4 ; Couv., 167), au moment où elle lui donne ses dernières instructions (Yi li, Mariage, Mémoire). Pendant la nuit nuptiale, la gouvernante de la femme la lui rend après qu'elle s'est dévêtue (Yi li, Mariage). Elle lui sert à se purifier (Tcheng, glose au Yi li, Mar.). Toucher à la serviette signifie la consommation du mariage 成昏.

11. 尨·狗. Mao : Plus spécialement grand chien courant dans les herbes.

Mao : Les chiens aboient quand, sans respecter les rites, on fait violence.

Comp. sur ce détail Hak ka, n° XII in App. III.

Variantes d'écriture : 包·苞·樕·萩·純·屯·感撼.

Thème de l'invitation et du demi-refus. — Thèmes des fagots, — de la chasse.

LXV. — *Le manche de hache*. 伐柯 (Pin fong, 5 — C. 170 — L. 240).

1. 伐柯如何.   Comment faire un manche de hache ?
2. 匪斧不克.   sans hache, on n'y réussit pas !
3. 取妻如何.   Comment faire pour prendre femme ?
4. 匪媒不得.   sans marieur, on ne peut pas !

LXV montre la vertu du duc de Tcheou, — assez efficace pour rendre les hommes vertueux, — à l'aide du raisonnement : par le semblable on obtient le semblable : Tcheng, 1 et 2 以類求其類.

1. 柯斧·柄. Mao.

2. 克能. Tcheng.

3 et 4. Mao : L'entremetteur est ce par quoi on pratique les rites 媒所以用禮.

Tcheng : L'entremetteur peut transmettre à chacune des deux familles (qui s'unissent par mariage), les paroles de l'autre. 媒者·能通二姓之言.

Je donne ce premier couplet du n° 5 du Pin fong pour montrer la liaison traditionnelle entre les idées d'entremetteur et de hache servant à couper les fagots.

Comp. Ts'i fong, 6 ; Couv., 107, vers 13-15 et 19-22, LXV B.

13. 藝麻如之何.　　Comment cultive-t'on le chanvre ?　　[N. au S.)
14. 衡從其畝.　　On fait se croiser les sillons ! (de l'E. à l'O. et du
15. 取妻如之何.　　Comment fait-on pour prendre femme ?
16. 必告父母　.　　On doit avertir les parents !
19. 析薪如之何.　　Comment coupe-t-on les branchages ?
20. 匪斧不克.　　Sans hache, on n'y réussit pas !
21. 取妻如之何.　　Comment fait-on pour prendre femme ?
22. 匪媒不得.　　Sans marieur on ne peut pas !

16. 告, avertir. Tcheng : On consulte les vivants, on tire les sorts près des morts (par la tortue) 議於生者·卜於死者·

Liaison d'idée explicable si la récolte des fagots joue un plus grand rôle à l'automne, époque de l'entrée en ménage et des négociations entre familles (Cf. LX, 20, 21 ; LXI ; LXVI. 7, 10 ainsi que XXII et LXVI, 4). LXIV, 5 indique que les fagots sont une des prestations rituelles. Comp. XLVI, 9-12 et 17-20.

J'imagine que croiser les sillons dirigés N.-S. et E.-O. symbolise le croisement de deux 姓 familles différentes (exogamie). Comp. l'image tirée du confluent de deux rivières. LII et XLV.

LXVI. — *Le paysan.* 氓 (Wei fong, 4 — C. 67 — L. 97).

*1. 氓之蚩蚩·　Paysan, qui semblais tout simple,
 2. 抱布貿絲·　troquant tes toiles pour du fil,
 3. 匪來貿絲·　Tu ne venais pas prendre du fil :
 4. 來卽我謀·　Tu venais vers moi pour m'enjôler !
 5. 送子涉淇·　Je te suivis et passai la K'i !
 6. 至于頓丘·　Et j'allai jusqu'au tertre Touen...
 7. 匪我愆期·　« —Je ne veux pas, moi, passer le terme ;
 8. 子無良媒·　Toi, tu viens sans marieur honorable. »
 9. 將子無怒·　« — Je t'en prie, ne te fâche pas !
10. 秋以爲期·　Que l'automne soit notre terme ! »

11. 乘彼垝垣·　Je montai sur ce mur croulant
12. 以望復關·　Pour regarder vers Fou Kouan !...

13. 不 見 復 關.   Je ne vis rien vers Fou Kouan...
14. 涕 泗 漣 漣.   Et je pleurai toutes mes larmes !...
15. 旣 見 復 關.   Quand je te vis vers Fou Kouan
16. 載 笑 載 言.   Alors de rire ! et de parler !
17. 爾 卜 爾 筮.   « — Ni la tortue, ni l'achillée,
18. 體 無 咎 言.   Ne m'ont rien prédit de mauvais ! »
19. 以 爾 車 來.   « — Viens-t'en donc avec ta voiture
20. 以 我 賄 遷.   Qu'on y emporte mon trousseau ! »

21. 桑 之 未 落.   Quand le mûrier garde ses feuilles,
22. 其 葉 沃 若.   Elles sont douces au toucher !...
23. 于 嗟 鳩 兮.   Hélas ! hélas ! ô tourterelle,
24. 無 食 桑 葚.   Ne t'en va pas manger les mûres !
25. 于 嗟 女 兮.   Hélas ! hélas ! ô jeune fille,
26. 無 與 士 耽.   Des garçons ne prends point plaisir !
27. 士 之 耽 兮.   Qu'un garçon prenne du plaisir,
28. 猶 可 說 也.   Encore s'en peut-il parler !
29. 女 之 耽 兮.   Qu'une fille prenne du plaisir,
30. 不 可 說 也.   Pour sûr il ne s'en peut parler !

31. 桑 之 落 兮.   Lorsque le mûrier perd ses feuilles,
32. 其 黃 而 隕.   Elles tombent, déjà jaunies...
33. 自 我 徂 爾.   Depuis que je m'en fus chez toi,
34. 三 歲 食 貧.   Trois ans j'ai vécu de misère...
35. 淇 水 湯 湯.   Comme la K'i s'en venait haute,
36. 漸 車 帷 裳.   Mouillant les tentures du char !...
37. 女 也 不 爽.   La fille, vrai, n'a pas menti !
38. 士 其 貳 行.   Le garçon eut double conduite !
39. 士 也 罔 極.   Le garçon, vrai, fut sans droiture
40. 二 三 其 德.   Et changea deux, trois fois de cœur !

41. 三 歲 爲 婦.   Ta femme, pendant trois années,
42. 靡 室 勞 矣.   Du ménage jamais lassée,
43. 夙 興 夜 寐.   Matin levée et tard couchée,
44. 靡 有 朝 矣.   Je n'eus jamais ma matinée...

45. 言 旣 遂 矣·   Et, autant que cela dura,
46. 至 于 暴 矣·   Cruellement tu m'as traitée...
47、兄 弟 不 知·   Mes frères ne le sauront pas !
48. 咥 其 笑 矣·   Ils s'en riraient et moqueraient...
49. 靜 言 思 之·   J'y veux songer dans ma retraite,
50. 躬 自 悼 矣·   Gardant tout mon chagrin pour moi...

51. 及 爾 偕 老·   Avec toi je voulais vieillir,
52. 老 使 我 怨·   Et, vieille, tu m'as fait souffrir...
53. 淇 則 有 岸·   Et pourtant la K'i a des berges !...
54. 隰 則 有 泮·   Et pourtant le val a des digues !...
55. 總 角 之 宴·   Coiffée en fille, tu me fêtais !...
*56. 言 笑 晏 晏·   Ta voix, ton rire me fêtaient !
*57. 信 誓 旦 旦·   Ton serment fut clair, telle l'aurore !
58. 不 思 其 反·   Je ne pensais pas que tu changerais !...
59. 反 是 不 思·   Que tu changerais !...Je n'y pensais pas...
60. 亦 已 焉 哉·   Maintenant, c'est fini !... hélas !...

LXVI. — *Préf.* Satire contre le siècle ; au temps du duc Siuan (718-700 av. J.-C.) les rites et le droit déclinaient ; 淫風大行·男女無別· 遂相奔誘·華落色衰·復相棄背·或乃困而自悔·喪其 妃耦故序其事以風焉·美反正·剌淫泆也· Les mœurs débauchées allaient grand train ; garçons et filles (n'observaient pas la règle de) séparation, mais allaient ensemble dans les champs et se demandaient leurs faveurs. Fleur tombée et beauté passée, ils s'abandonnaient et se tournaient le dos. Il y en avait qui en ressentaient de l'angoisse, se repentaient d'eux-mêmes et ayant perdu leur compagnon, exposaient leur cas afin d'agir sur les mœurs du pays. On admire ce retour vers le droit chemin et l'on blâme les errements débauchés.

1. 氓 : 民·
Tch'en tch'en, aux. desc.
2. Tcheng : A la fin du printemps on commence l'élevage des vers à soie ; au début de l'été on vend le fil de soie. Comp. LXIII, 7.
4. 謀, discuter, spécialement de mariage, comp. 媒 entremetteur.
7 et 8. Paroles de la fille. 良 : 善·
9 et 10. Paroles du garçon. 將 : 請·
17 et 18. Paroles du garçon.
19 et 20. Paroles de la fille. 賄 : 財, biens meubles.
21. Tcheng : milieu de l'automne.
24. De crainte d'ivresse 醉·

25. Noter 于嗟 : hélas ! Cf. LXIII, 5.

26. 耽 : 樂.

29. La femme, dit Tcheng, n'a point d'affaire qui l'attire hors du gynécée 內, elle n'a d'autre principe de morale que le devoir d'une chasteté absolue.

31. Tcheng : dernier mois d'automne.

35. Chang chang, aux. desc.

36. Tentures particulières aux voitures de femmes. Cf. LV, 7.

40. 德 dispositions intimes, caractère.

41. Ta femme, exactement bru chez tes parents, 婦.

55. Les cheveux liés : coiffure des filles qui n'ont pas reçu l'épingle de tête, des mineures. Cf. Li ki Nei tsö, Couv., I, 624.

55 et 56. Ien ien, aux. desc. Ien a le même sens que l'auxiliaire dont il fait partie.

57. Tan tan, aux. desc. Tan signifle aurore.

Chanson de la mal mariée. Comp. Pei fong, 10 : Couv., 39.

Thèmes des marchés, des rencontres, des promenades sur les hauteurs et près des eaux, vers alternés, thèmes de l'entremetteur, des ascensions automnales, usages divinatoires, thème du char, usage du trousseau féminin, thème du passage des eaux et de la cour des fiancés.

Qui n'a pas la Vertu d'un souverain légitime doit garder trop longtemps les hommes sous les drapeaux : ménages désunis, célibataires en surnombre, voilà les effets du service à long terme et les causes de la débauche : « La licence devenait excessive: les mariages irréguliers ; on allait se promener et s'amuser sans aucune mesure[1]. » En toutes saisons — qu'importe hiver ! été, qu'importe[2] ! — filles et garçons chantaient et dansaient dans les champs ; sans règle, dès qu'ils le pouvaient, ils prenaient du plaisir. — Mais aux âges heureux de la *Grande Paix*[3], n'y avait-il point de temps pour se promener, point de fêtes où il fût permis de se réjouir ?

Je croirais volontiers, sur la foi des chansons, qu'à des

---

1. LXII, préf.

2. LXII, 7.

3. 太平. Cf. *in Han wei tsong chou* dans le *Han che wai Ichouan* 韓詩外傳 un long et significatif développement sur les temps de la *Grande Paix* et les bonnes mœurs de cet âge d'or.

temps réglés, en des lieux consacrés, l'usage voulait qu'il se tînt de grandes réunions champêtres.

C'était au bord de l'eau ou sur les montagnes : tantôt une mare ou un lac, tantôt un gué ou une source, parfois le confluent de deux rivières ou bien encore une haute colline, un tertre boisé, un fond de vallon attiraient les visiteurs. Pour quelques pays, nous pouvons voir où se tenaient les assemblées. Dans les seigneuries du Sud[1], les jeunes filles se promenaient sous les grands arbres des bords de la Han, près de son embouchure, dans le (Yang-tseu) Kiang. A Tcheng, c'était sur les beaux gazons d'au delà de la Wei, là où elle s'unit à la rivière Tchen, que les filles retrouvaient les jeunes fous du pays[2]. On allait, à Tch'en[3], s'ébattre sous les chênes du tertre Yuan, à l'est de la ville. Dans les pays de Wei, la belle Mong Kiang et la belle Mong Yi et la belle Mong Yong[4] et cette femme aussi que séduisit un rustre[5], accompagnaient leurs amants sur les bords de la K'i : là était un tournant où poussaient de superbes bambous[6] ; tout à côté se trouvait le tertre Touen ; on y allait en même temps[7]. Apparemment, puisque les chansons, souvent, parlent tout ensemble des eaux et des monts, l'on devait d'ordinaire se réunir auprès de quelque hauteur dominant la rivière ou bien auprès d'une pièce d'eau ou d'une source placées sur les flancs d'un coteau ; et il y a grand'chance que ce fut toujours sur de riches prairies basses ou sous de beaux massifs d'arbres, en des lieux, enfin, où la végétation était belle.

---

1. XLVI, 1-2, notes et C· et App. III, références au B. E. F. E. O, VIII, 348.

2. LI, LII.

3. LXII, LXIII.

4. XLIV.

5. LXVI.

6. Couv., p. 63 ; voir encore p. 74. Dans les seigneuries de Wei, Pei, Yong on semble avoir pris pour lieu unique de promenade ce point de de la Wei. Ces seigneuries formaient une unité ancienne. Cf. SMT, IV, 8, n. 2.
Voir Ts'ien Han chou monog. géog. édit. de Changhai. chap. 28 b. p. 15 v°.

7. LXVI, 6.

Quand y allait-on ? Seuls les thèmes champêtres peuvent indiquer la date ; il ne faut pas la vouloir aussi précise que la donnent les glossateurs en rapportant ces thèmes aux calendriers rustiques qu'ils servirent à former ; il est vraisemblable, aussi bien, que, selon les pays, la date variait. On a l'impression que les mois propices étaient ceux de l'automne et du printemps : c'est alors que les sources sont fortes et que les rivières grossissent. Entre les froids durs et secs de l'hiver et la chaleur humide de l'été, il y a, dans l'année chinoise, deux moments merveilleux : dans les vastes plaines de l'Asie orientale, le changement des saisons se fait d'un coup. La terre, en hiver, semble morte : nulle tache de verdure dans l'étendue jaune et poussiéreuse, nul cri de bête, nul bruissement d'eau, nul travail possible. Viennent le vent d'est et les jours plus longs : subitement les neiges disparaissent, la glace fond, les sources se réveillent, l'herbe pousse ses pointes entre les mottes plus friables, la vie animale s'émeut, les premières pluies tombent ; la saison des travaux rustiques est ouverte[1]. En hâte, de la terre inépuisable et trop étroite on tire autant de récoltes qu'on peut. Puis le vent d'ouest se fait sentir ; au ciel lourd et bas de l'été succède un ciel léger, variable et charmant ; les dernières pluies tombent qui permettent les derniers travaux et font, encore une fois, venir fortes les sources et les rivières. Enfin, brusquement, toute vie se retire des champs, végétale, animale ou humaine. Frondaisons, floraisons soudaines, rapide chute des feuilles, arrivées et départs d'oiseaux migrateurs, éveil, disparition des insectes, amours des bêtes, coups de tonnerre, arc-en-ciel, rosée et givre, toutes choses qui ouvrent et ferment la saison humide, qui ouvrent et ferment l'année agricole, voilà ce dont parlent les thèmes cham-

---

1. Voir les termes calendériques du Yue ling. Comp. *Cantique des Cantiques*, II, 10 sqq. : « Car, voici, l'hiver est passé, la pluie est passée et s'en est allée, — les fleurs paraissent sur terre, le temps des chansons est venu, et la voix de la tourterelle a déjà été ouïe dans notre contrée. »

pêtres des chansons : et voilà pourquoi l'on peut croire que les réunions dans les champs se tenaient préférablement au début et à la fin de la trêve hivernale. « Au deuxième mois de printemps, dit le calendrier des Hia, se réjouissaient en grand nombre les garçons et les filles [1]. » La fête, dans le calendrier qu'a conservé Kouan-tseu, est placée à la fin du printemps : elle y prend trois périodes de douze jours ; à l'automne, trente-six jours encore sont consacrés à une fête symétrique [2]. Dans ses notes au Che king, Tcheng K'ang-tch'eng parle à plusieurs reprises de fêtes où filles et garçons, obéissant aux rites, se cherchaient et se rencontraient : émus par le printemps, dit-il, ils sortaient ensemble. Tcheng appartient à l'école qui croit à une règle ancienne des mariages au printemps ; le *Tcheou-li*, recueil de textes précieux arrangés en forme d'utopie par des feudistes archéologues, lui fournissait une autorité [4]. Il y est question d'un fonctionnaire chargé de régler les réunions matrimoniales du second mois de l'année. D'autres auteurs [5] font commencer la saison des mariages à la tombée du givre du deuxième mois d'automne ; mais ils admettent qu'on se marie encore au moment du dégel. Tcheng, inversement, place à l'automne les cérémonies secondaires de fiançailles [6]. Les di-

---

1. 二月綏多男女.

2. 合男女. Termes 卯.

3. 嘉時. C⋅ de LIX et LXIV 男女嘉時以禮相求呼 et 有貞女思仲春之月以禮相會 et encore : C⋅ de LII 感春氣並出.

4. Tcheou-li 地官 v° 媒氏 : Biot. I, 307, 仲春之月令會男女.

5. Par ex. le Kia yu et les C⋅⋅ de Wang sou (chap. 本命解) 霜降而婦功成. 嫁娶者行焉. 冰泮而農桑起. 昏禮始殺於此. Quand se dépose la gelée blanche, les travaux des femmes sont achevés et les mariages peuvent se faire ; Quand les glaces fondent commencent les travaux des champs et la cueillette des feuilles de mûriers : c'est alors que les rites nuptiaux touchent à leur fin...

6. Cf. Glose à L.

vergences de ces théories archéologiques s'expliquent suffisamment par le fait que tel ou tel des rites complexes du mariage a pu être considéré comme l'essentiel : tantôt, par exemple, les accordailles, tantôt la pompe nuptiale. Toutes supposent que le printemps et l'automne étaient propices aux réunions sexuelles. La philosophie, au reste, l'expliquait[1] : les filles (qui sont yin), émues par le printemps (qui est yang), songent alors aux garçons (qui, eux aussi, sont yang) ; inversement, à l'automne (yin), les garçons (yang) subissent l'attrait des filles (yin). Les chansons, enfin, sont formelles : on y voit que les réunions se faisaient à des époques consacrées 辰 [2].

> « L'homme s'en va chercher sa femme,
> Quand la glace n'est pas fondue[3] ! »

dit l'une ; une autre fait voir une jeune fille qui « rêve au printemps[4] » ; *le paysan* enfin montre deux jeunes gens qui se rencontrent au printemps et, l'automne venu, entrent en ménage[5].

A ces fêtes printanières. et automnales des eaux et des monts que se passait-il ? On y venait des différents villages et hameaux ; il ne semble guère qu'il y eût pour une seigneurie plus d'un lieu de réunion[6]. Les jeunes gens allaient se chercher et partaient en bande[7] ; les uns offraient leur char ; les autres se faisaient inviter[8]. En arrivant au terrain de fête on trouvait une grande animation[9] ; sans doute il y

---

1. Gloses de XXI. 春女感陽氣思男. 秋男感陰氣思女.
2. 辰. Cf. LX, 9.
3. L, 11-12.
4. LXIV, 3.
5. LXVI, 1ᵉʳ et 2ᵉ couplets.
6. Dans les pays de Yong, Pei et Wei qui constituaient une unité régionale ancienne, il ne semble pas y avoir eu d'autre lieu de réunion que les bords de la Wei.
7. LXIII, 5 et 9.
8. XLV, 15 ; XXXV, XXXVI et XII, 16.
9. LXII, 3.

avait des installations provisoires, des marchands ambulants[1], une foule de voitures et de barques, des passeurs d'eau qui appelaient la clientèle[2]. Les promeneurs se répandaient tout au long de la rivière ou du coteau, joyeux, riant à belles dents[3], admirant le spectacle, beauté des arbres, grandeur de la montagne[3], luxe des barques de cèdre... Alors venaient les jeux : le passage de l'eau, l'ascension du mont.

On traversait le gué en soulevant les jupes ou en les troussant[4] ; parfois on allait à la nage, s'aidant peut-être de calebasses évidées[6] ; quand l'eau était trop haute, la rivière trop puissante, ceux qui avaient une voiture[7] s'en servaient, un peu inquiets, si l'eau arrivait aux essieux ou aux tentures ; ou bien on frétait une barque et l'on avait l'émotion de la voir tantôt plonger et tantôt flotter[8]. On se poursuivait le long des berges, des digues, des barrages, ou bien dans le courant même, au beau milieu de l'eau, jusque sur les bancs de sable et les écueils[9]. On s'amusait à pêcher[10], mais surtout l'on cueillait les fleurs qui poussent dans les coins humides ou les plantes d'eau, joncs, nénuphars, orchidées, armoises, lentilles d'eau, mauves, herbes aromatiques[11].

On gravissait les coteaux, en char souvent, à la course, au point d'en rendre fourbus ses chevaux[12] ; dans les bois et les pâturages on cueillait aussi des fleurs[13] ; peut-être chassait-on[14] ; surtout l'on faisait des fagots, coupant à la hache les

---

1. LXIII, 8 et LXVI, 2-3.
2. L, 13 ; XLV, 14.
3. XLV.
4. LX, 25, 11, 12, 14.
5. L, 3, 4 ; LI, 2.
6. XLIX et L, 1-2.
7. L, 7 et LXVI, 35-36.
8. LIII, 13-16.
9. LIV, LV, LIV B.
10. XLV ; cf. XX.
11. XLVI, LII, LIII, LV, LVI, LVIII, LXIII.
12. LX, 1, 19 et 25-27; LIX, 8 ; LVIII. Comp. Ts'i fong 2. Couv. 104 et T'ang fong 2. Couv. 123.
13. Cf. XLII.
14. Noter dans les chansons les thèmes de la chasse et de la pêche.

branches de chênes[1], ramassant les broussailles et la fougère[2].

On sent qu'il devait y avoir dans tous ces exercices une grande émulation et que le passage, l'ascension, les poursuites, les cueillettes étaient tout autant d'occasions à luttes et à joutes ; on se lançait des invitations, des défis[3]. Or, assurément, l'agitation joyeuse de cette jeunesse réunie ne se faisait pas dans le désordre ; ce n'étaient point des bousculades que ces luttes ; ce n'étaient point des cris confus que ces défis ; les mouvements et la voix se réglaient sur le son des instruments, on battait le tambour, on faisait résonner le tambourin d'argile[4] et, sur le rythme qu'ils donnaient, au fil de l'eau, au penchant des collines se déroulaient en chantant des danses processionnelles[5].

Pour des fêtes aussi vénérables que l'instrument antique dont on y jouait, aux époques solennelles où l'on met en train les travaux des champs, où l'on engrange les récoltes, en de beaux endroits que la tradition avait consacrés, les jeunes gens, les jeunes filles, d'ordinaire séparés[6], se rencontraient avec ceux des villages voisins[7] : en ces occasions uniques, les filles voyaient d'autres hommes que ceux de leur parenté, les garçons, d'autres filles que leurs sœurs ou cousines, ceux-ci voyaient celles que dans les environs ils pouvaient prendre pour épouses, celles-là ceux pour qui elles délaisseraient leurs frères et leurs parents[8]. Alors, et sans doute

---

1. LX, 19-21 ; LIX, 9.
2. LXI, comp. LXV et LXV B.
3. Défi nettement marqué dans LII-LI et L.
4. LXII.
5. Voir p. 159.
6. Revoir XLIII et XXXVIII.
7. Cf. LXVI et XL. Les différents villages 里 d'un pays 國 étaient des enceintes où se réunissaient l'hiver les membres d'une parenté 兄 弟.
8. 遠. Cf. XVI et XLV ; voir aussi XXIII, 3. Ce terme 遠 indique l'aspect territorial de la règle exogamique. Comp. Complainte de la mariée Lolo. App. III, p. 295.

parmi d'autres concours et d'autres luttes [1], il y avait, entre les bandes de garçons et de filles, des joutes de danses et de chants, d'où la poésie naissait avec l'amour.

Tandis qu'au son des tambourins, en processions dansantes, on passait l'eau ou gravissait les monts, d'une bande à l'autre on s'envoyait des défis rythmés et des chants de provocation. En vers ou en chants alternés [2] se livrait un duel d'improvisation poétique : il devait souvent commencer par des moqueries ; ainsi s'explique le tour railleur de bien des chansons. Valaient-ils qu'on se mette en peine d'eux ces jeunes fous, ces garçons astucieux du voisinage [3] ? Le choix ne manquait pas ; n'avait-on pas le temps d'attendre un ami digne de soi [4] ? Les filles montraient plus de hauteur et de décision, tandis que les galants, émus par leur prestige, n'osaient guère les entreprendre et parlaient humblement [5]. Lorsque du défi l'on passait aux invitations, c'étaient elles qui prenaient l'initiative et eux n'osaient pas, tout de suite, leur obéir [6]. Tout en improvisant, rapprochés l'un de l'autre par leur tournois poétique, les étrangers de tantôt, encore ironiques tout à l'heure, se sentaient liés d'amitié, ils s'appariaient [7] et des déclarations galantes, des cadeaux de fleurs terminaient courtoisement la joute [8].

Mais, aux couples qui s'étaient formés, ni cette déclaration d'amour, ni ce bouquet d'accordailles ne suffisaient pour satisfaire le besoin d'union que, maintenant, ils ressentaient : comme les oiseaux aquatiques qui s'en vont par couples se cacher sur les îlots du fleuve [9], comme les oiseaux des

---

1. Voir p. 203.
2. Témoignage de XV. Exemples *in* XLII et surtout LII, LXIII, 11 et 12 ; LXVI, 7-10 et 17-20 et XI. Cf. App. I.
3. LI, comp. XXXI et XXX.
4. L, comp. XXXV.
5. LXIV, comp. XV et XXII.
6. LII.
7. LII.
8. LII, LXIII, 11 et 12.
9. LVI.

bois qui se réfugient par paires au plus profond de la forêt [1], eux aussi s'isolaient et allaient s'unir sur le gazon des prairies basses ou sous les grands arbres et les hautes fougères des monts [2]. Les serments, les gages d'amour, fleurs cueillies, bijoux achetés sans doute à la foire voisine, beuveries, repas en commun, complétaient la communion où s'affirmait leur amour nouveau [3]. Une orgie terminait la fête, où l'on faisait usage de l'antique corne de rhinocéros : car ces solennités avaient un caractère auguste [4].

Telles apparaissent, d'après les chansons, les fêtes des monts et des eaux ; tel en est, dû moins, le type moyen. J'ai l'impression que le passage des eaux et la cueillette des fleurs jouaient un plus grand rôle aux fêtes printanières et qu'à l'automne c'était l'ascension et la récolte des fagots ; pourtant ces rites devaient se retrouver aux différentes fêtes, car les thèmes qui y correspondent apparaissent pêle-mêle dans les chansons. Une différence plus sensible est que le printemps semble être l'époque des accordailles et l'automne celle de l'entrée en ménage : c'est au temps où les perdrix en chantant appellent un mâle que les jeunes filles se choisissaient un compagnon dans la joute de danses et de chants [5]. Les amoureux se donnaient alors rendez-vous pour l'automne [6] et, quand les fêtes en étaient passées, allaient habiter ensemble comme mari et femme. Fêtes printanières et fêtes automnales ne semblent pas d'ailleurs avoir eu la même importance, le printemps était assurément l'époque des principales réjouissances.

---

1. LX, 8.
2. LIX, 6 ; LX, 23 覩 et LII, 10-11, glose de Tcheng 行夫婦之事.
3. LII, 12 ; XXXIX, 9-12. — Comp. XLII, 13-18 ; XXVII, 12 ; XXVIII, LXIII, 11-12.
4. LXII et surtout LVIII, 10.
5. L, 6, 8, 16 ; cf. LXII, 7-10.
6. 期. Cf. LXII, couplets 1 et 2.

Au cours de fêtes saisonnières qui marquent un moment décisif de la vie paysanne, en des joutes qui mettaient aux prises villageois et villageoises des hameaux voisins, l'amour naissait, au milieu de réunions champêtres, parmi les danses et les chants. Dans ceux-ci et celles-là il ne faut pas voir une mimique imaginée pour traduire les émotions par le geste et par la voix. Le sentiment et son expression arrivaient tout ensemble, jaillissaient tout à la fois : aussi trouvons-nous dans les chansons des sentiments bruts et le minimum d'artifice.

Elles laissent assez bien voir de quoi, en leur temps, l'amour était fait. Il se faisait d'abord sentir dans les cœurs par une sorte d'angoisse presque douloureuse ; rarement se marque l'allégresse d'aimer ; c'est le mal d'amour que l'on peint, c'est une sorte de besoin anxieux et brutal[1], une espèce de constriction du cœur que l'on compare à la fringale, à la faim du matin[2], et qui est un tourment véritable, l'impuissance d'agir, l'insomnie, les crises de larmes, voilà ce que produit l'inquiétude d'aimer, qu'on voulait chasser en se promenant[3]. Mais quand, dans les fêtes champêtres, les couples s'étaient formés, quand les amants s'étaient unis, ils ressentaient au cœur une paix soudaine, un soulagement qui les rendait à la joie[4]. Les commentateurs expliquent en philosophes l'angoisse amoureuse. Au printemps, disent-ils, quand le yang croît en force, les filles éprouvent son influence qui est contraire à leur propre nature ; de même, à l'automne, les garçons subissent l'influence adverse du yin[5]. Ainsi l'at-

---

1. LV, 5-6, 11-12, 17-18 ; LVI, 8-12 ; LVII, 4-7 ; LVIII, 12 ; LIX, 3-4 ; XXI, 21, etc. Les mots ordinairement employés sont 思, 傷 悲. Comp. XVII, 16.

2. XLVII, 4.

3. XLV, 16. Cf. LV, 5-6, 11-12, 17-18 et LVI, 9-12.

4. LIX et LX, 23-24, 29-30.

5. Cf. Gloses de XXI, 21, Tcheng. Au printemps les filles subissent l'influence du Yang et rêvent des garçons ; à l'automne les garçons subissent l'influence du Yin et rêvent des filles. Leur substance subissant une modification (sous l'influence du principe adverse), ils sont dans l'angoisse

trait que ressentent alternativement les sexes l'un pour l'autre est fait d'un sentiment de défaite et de privation, du chagrin de sentir sa nature incomplète. Quand, aux saisons intermédiaires, le yin et le yang s'unissent dans le monde, filles et garçons en s'unissant aussi, atteignent au développement total de leur essence. Il n'y a qu'à transposer en termes concrets cette théorie : s'il débute par de l'angoisse, s'il procure un sentiment de paix et de plénitude, c'est que l'amour est une communion. Il rapproche deux êtres qui sont étrangers l'un à l'autre par leur sexe, leur famille, leur pays, il commence par une espèce de duel où les adversaires sont pleins d'appréhensions ; cette étrangère qu'on prendra chez soi, cet étranger chez qui l'on ira, quel inconnu ! Face à face, dans une joute, ils s'éprouvent l'un l'autre ; ils sentent leur Vertu différente et subissent mutuellement leur prestige ; l'antagonisme de leurs qualités respectives les émeut et ils sentent confusément qu'on peut le transformer en amitié ; leurs personnalités s'opposent et ils éprouvent le besoin de s'unir. Pour comprendre combien ces émotions complexes devaient agir puissamment, il suffit de se représenter la vie des paysans de la Chine féodale : ils étaient fortement attachés à leur terroir [1] ; ils travaillaient entre parents le champ domestique ; les hommes et les femmes avaient des occupations différentes, une vie à part ; l'opposition des groupes familiaux, l'opposition des sexes étaient à la base de l'organisation sociale [2] ; elles ne s'atténuaient qu'à ces moments augustes où les gens de tout le pays se réunissaient dans une fête commune : alors, et dans l'orgie où, pour un moment, oubliant tous ensemble les règles de leur vie frugale et solitaire, ils prenaient conscience de leurs affinités, ac-

---

是 其 物 化 所 以 悲 也. Au temps des réunions, au temps des fêtes, le yin et le yang s'unissent, de même les garçons et les filles (fêtes équinoxiales). Cf. Tcheng, glose à LXIV, 3 ; comp. gloses LIX, 12.

1. Tcheou song, III, 5 : Couv., 439.
2. Principe 男 女 之 別.

cordailles et mariages se concluaient et cette espèce de terreur sacrée des amoureux, brusquement, se changeait en une paix profonde ; forte comme elle était, elle exigeait une réaction puissante : ce n'était point assez qu'un amour déclaré ou un bouquet offert pour lier les cœurs ; il leur fallait pour les satisfaire une communion complète et par laquelle ils prissent, pour jamais, possession l'un de l'autre. Qu'on ne soit pas surpris si, dans les mêmes chansons où les interprètes chinois découvrent des mœurs débauchées, des étrangers ont retrouvé les traces d'une vieille morale, préférable à l'actuelle : c'est qu'ils ont cru reconnaître la preuve d'une ancienne monogamie dans les serments de fidélité que les amants se prodiguaient. Ceux-ci, en effet, dès qu'ils s'étaient unis dans la fête où se manifestait la concorde générale, sentaient que leur union était indissoluble : aux appréhensions, à l'angoisse, succédaient la confiance et la paix du cœur.

Comme les sentiments de l'amour, les procédés de la poésie amoureuse s'expliquent par les rites des fêtes saisonnières. Née de l'improvisation poétique dans les joutes de danses et de chants, la chanson, même pour chanter l'amour au village ou l'amour conjugal, conserva la forme qui convient à des chœurs alternés, un rythme qui suppose la danse, des descriptions vocales qui exigent l'accompagnement d'une mimique, des thèmes champêtres enfin évoquant directement les sentiments. Je n'insisterai que sur ce dernier point, qui est important. Il y a dans le Che king des poésies plus savantes que celles dont j'ai donné la traduction : chose remarquable, on y retrouve tels quels des vers de chansons d'amour. Une pièce[1] qui raconte les travaux d'un général,

---

1. Cf. Couvreur, p. 189.

La sauterelle des prés crie,
Et celle des coteaux sautille !
Tant que je n'ai vu mon seigneur,
Mon cœur inquiet, oh ! qu'il s'agite,
Cf. LIX, 1-6 :
Mais sitôt que je le verrai,
Mon cœur alors aura la paix.

veut-elle faire sentir l'abnégation dont il fait preuve à vivre loin de sa femme ? elle intercale dans le développement, sans les annoncer et sans y rien changer, deux thèmes connus, successivement. Comment cela peut-il s'expliquer sinon par le fait que les thèmes sont d'exacts substituts des sentiments qui, dès l'origine, y furent associés ? La poésie chinoise a vécu sur la matière poétique qu'élabora l'improvisation primitive. On peut voir, dans le Che king, comment un génie original pouvait l'utiliser à sa manière. J'ai donné la traduction d'une longue complainte qui s'intitule : *le Paysan*[2], c'est la plainte douloureuse d'une femme mal mariée, c'est une épouse délaissée qui, en six laisses de dix vers, dit son histoire pitoyable ; l'aventure est banale, les héros sont quelconques ; pourtant il y a un accent personnel dans cette longue narration dont le ton peu à peu s'anime et s'élève ; on sent, à la fin, la passion. Or de quoi est faite cette chanson touchante ? de thèmes connus, de dictons ; mais cela suffit, car, immédiatement, ces thèmes et ces dictons évoquent l'état sentimental auquel ils sont liés d'une parenté natu relle ; pour rappeler, en guise de reproches, les temps heureux de l'ancien amour, des formules toutes faites suffisent

> « Comme la K'i s'en venait haute
> Mouillant les tentures du char ! »

ou encore :

> « Et pourtant la K'i a des berges,
> Et pourtant le val a des digues !

A peine sent-on un effort pour adapter au cas présent la

Cf. XXI, 19-20 :
Qu'il est redoutable Nan Tchong,
Il vient de battre les Si-fong !
*Quand les jours du printemps tiédissent,
Et que les plantes poussent drues,
Le loriol lance son chant,
Et l'on cueille l'armoise en bande !*

1. LXVI.

matière poétique : les feuilles tendres, les feuilles flétries évoquent la première rencontre au printemps, la réunion à l'automne ; l'association, aussi, est faite d'avance entre les feuilles naissantes du mûrier et la tourterelle[1], mais il y a, peut-être, un rapprochement personnel, une invention, dans la comparaison que voici et qu'indique, seul encore, le rythme :

> Hélas ! hélas ! ô tourterelle,
> Ne t'en va pas manger les mûres !
> Hélas ! hélas ! ô jeune fille,
> Des garçons ne prends point plaisir !

On saisit dans ces vers, me semble-t-il, le procédé par lequel l'invention poétique s'approprie de façon personnelle la matière que la tradition lui impose. Mais il existe un procédé d'invention qui est tout l'inverse du précédent et qui consiste à disposer une matière poétique nouvelle dans les cadres traditionnels des chansons, de façon à créer artificiellement des *correspondances*. Un exemple le fera saisir. Voici une pièce où l'on a voulu exprimer poétiquement la différence de condition qu'il y a entre une princesse qui va, seule, et en grande pompe, rejoindre son seigneur, et les autres femmes qui s'y rendent aux heures crépusculaires, furtivement, portant leurs literies, et parce qu'elles couchent à deux avec lui, des rideaux.

LXVII. — *Les petites étoiles.*　星 (Chao nan, 10 — C. 25 — L. 31).

1. 嘒彼小星.　O humbles petites étoiles !
2. 三五在東.　Sin et Lieou se montrent à l'Est !...
*3. 肅肅宵征.　Nous, modestes, passant dans l'ombre,

---

1. Cf. XXI, XV et Tsao fong, 3 ; Couv., 157, et Yue ling, 3ᵉ mois Li Ki ; Couv., 350.

4. 夙 夜 在 公.   Matin, soir, allons au palais !...
5. 寔 命 不 同.   Car les rangs ne sont point pareils !...

6. 嘒 彼 小 星.   O humbles petites étoiles !
7. 維 參 與 昴.   Seul se voit Chen avec Mao !...
8. 肅 肅 宵 征.   Nous, modestes, passant dans l'ombre,
9. 抱 衾 與 裯.   Emportons draps avec rideaux !...
10. 寔 命 不 猶.   Car les rangs ne sont pas égaux !..

LXVII. — *Préf.* 小星. 惠及下也. 夫人無妒忌之行. 惠及 賤妾. 進御於君. 知其命有貴賤. 能盡其心矣. *Les petites étoiles* (montrent) la bienfaisance (seigneuriale) atteignant les humbles. La princesse n'ayant point de jalousie dans sa conduite, sa bienfaisance atteignait les moins nobles des femmes de second rang et elle les faisait approcher de la couche du seigneur. Celles-ci reconnaissaient (alors) la différence de noblesse de leur rang (nombre d'insignes brodés sur les vêtements) et étaient capables de s'employer de tout cœur (au service de la princesse).

Tcheng : jalousie 妒忌. La jalousie qu'inspire la beauté se dit plus spécialement 妒, celle qu'inspirent les actes 忌.

Tcheng : De même que de nombreuses étoiles sans nom viennent à la suite de Sin 心 (constellation de 3 étoiles 三) (Scorpion) et de Lieou (constellation de 5 étoiles 五) (Hydre) dans le ciel ; de même toutes les femmes de second rang obéissent à la princesse en se conformant à l'ordre fixé pour approcher du seigneur. 猶諸妾隨夫人以次序 進於君也. [Par l'effet de la vertu de la princesse elles ne sont pas non plus jalouses et se contentent de leur part d'amour.] Cf. LXI, 2.

3. 肅 肅 Siu siu, aux. desc. peint une attitude soumise. Le mot Siu indique par lui-même la soumission : qualificatif rituel des femmes. Cf. V, 3.

4. 宵 : 夜. 征 : 行. Mao.

5. 寔 : 是. Mao. 命. 命之數. Tcheng.

3, 4, 5. Tcheng : Les femmes de second rang, avec une attitude modeste vont, aux heures nocturnes, tantôt de grand matin, tantôt le soir venu, au lieu où se tient le seigneur... En règle générale, les femmes de second rang couchant avec le seigneur n'osent pas prendre (toute) la nuit 當夕. (Cette expression se retrouve au Li ki, Nei tsö ; Couv., I, p. 661 avec un emploi différent.)

7. Chen, Orion. — Mao, Pléiades.

9. 衾. 被. 裯. 襌被. Mao. 裯. 牀帳. Tcheng.

8, 9, 10. Tcheng : Les femmes de second rang, quand c'est leur tour de coucher avec leur seigneur, emportent leur literie et des rideaux. — Une glose explique que les rideaux sont nécessaires parce qu'elles couchent à deux avec lui 所施帳者. 爲二人共侍於君.

Variantes d'écriture : 蔂. 實. 襦. 𢣐. 猶. 獸. HTKKSP, 1171, pp. 18 19-20.
Chanson de palais. Correspondances astronomiques. Cf. SMT, III, 348.
Comp. LXVII B.

LXVII B. — *L'armoise.* 采蘩. (Chao-nan, 4 — C, p. 17 L. p).

1.	于以采蘩.	Je m'en vais cueillir l'armoise
2.	于沼于沚.	Sur l'étang et sur l'écueil !
3.	于以用之.	Je m'en vais en faire usage
4.	公侯之事.	Au service du seigneur !
5.	于以采蘩.	Je m'en vais cueillir l'armoise
6.	于澗之中.	Au milieu de la vallée !
7.	于以用之.	Je m'en vais en faire usage
8.	公侯之宮.	Dans le palais du seigneur !
9.	被之僮僮.	Que ma coiffure est modeste
10.	夙夜在宮.	Matin et soir au palais !
11.	被之祁祁.	Que ma coiffure est superbe
12.	薄言還歸.	Quand voilà que je m'en vais !

LXVII B. — 采蘩. 夫人不失職也. 夫人可以奉祭祀. 則 不失職. *L'armoise* (montre que) la princesse ne manque pas à ses devoirs. La princesse peut (puisqu'elle va cueillir l'armoise) offrir les sacrifices et ainsi ne pas manquer à ses devoirs.

Tcheng interprète ne pas manquer à ses devoirs par le vers 10 : « matin et soir au palais ».

1. 蘩皤蒿. 也 (Mao).

2. 沼. 池. 沚. 渚也. Mao : Les femmes de seigneurs prennent de l'armoise pour aider au sacrifice. K'ong Ying-ta rapproche cette cueillette de celle des lentilles *in* LVI.

4. Mao : Au service du seigneur = dans le service du temple seigneurial.

6. 澗. 山夾日澗. Mao.

8. Mao : palais = temple.

9. 被：首飾也. Parure de cérémonie des cheveux.

僮僮 T'ong t'ong, aux. desc. peint une attitude modeste et respectueuse. Pour Tcheng : Matin et soir au palais indique qu'à toute heure de nuit et de jour la princesse surveille les préparatifs du sacrifice.

11. 祁祁 K'i k'i, aux. desc. peint une attitude tranquille et digne. Cf. (Pin fong, I), XXI, v. 20. Le même aux. desc. est dit peindre la foule : 衆多 dans un vers où il est précisément question de la cueillette des

armoises. 采蘩. Cf. Siao ya, III, 7, st. 4 (indice de la vanité des gloses sur les aux. desc.).

12. Revenir, selon Tcheng, du temple vers sa chambre.

Variantes d'aux. desc : 僮. 童. HTKKSP, 1171, p. 12 v°.

La chanson est une des quatre utilisées *in* HTKKSP, 1423 (p. 17 v°) pour défendre la théorie que le mariage n'était consommé qu'au 3ᵉ mois après le sacrifice végétal aux ancêtres. Cf. LVI et LIX (et Chao nan, 4).

Le thème de la cueillette sur l'eau, 2, 5 (cf. LVI, 5, 6) le rapprochement avec XXI, 20 d'une part, et d'autre part le vers 10 identique à LXVII, 4, suggèrent que cette chanson de palais se rapporte à la fois aux sacrifices féminins du culte seigneurial et aux rapports sexuels entre époux — et qu'elle dérive des chansons de cueillette, chantées aux joutes printanières. On notera la description de la toilette : Comp. Li ki, Nei tsö (Couv., I, 661) la description de la toilette de nuit d'une femme.

Pièce importante pour montrer le passage des usages et de la poésie populaires aux usages et à la poésie de cour. Cf. 西京雜記, chap. III.

Chanson de cour. Thèmes des cueillettes sur l'eau.

Ni l'art personnel de l'auteur du *paysan* ni l'art raffiné de celui des *petites étoiles* ne pouraient se comprendre si l'on ne connaissait l'art naturel des chansons d'amour. Si l'on étudiait la poésie chinoise, on montrerait facilement l'importance des deux procédés de composition dont je viens de parler. L'art des *sentences symétriques* constitue un procédé d'école qui correspond à la démarche spontanée de l'improvisation primitive[1]. Les *allusions littéraires* ne sont pas autre chose que la reprise d'un thème ancien; leur emploi est mieux qu'un procédé pédantesque : rappeler un thème, c'est évoquer un sentiment dans sa force originelle et sa richesse traditionnelle. Les sentences symétriques, où le rythme, sans laisser voir l'auteur, établit la correspondance des choses et des mots, les allusions littéraires où, sous la profondeur des émotions anciennes, se dérobe le sentiment indi-

---

1. Ces correspondances artificielles consistent dans une remarque personnelle liant un fait naturel à un fait moral: cette association, qui est essentiellement d'ordre artistique, se fait par un jeu d'imagination analogue à celui qui crée, chez nous, comparaisons et métaphores. Mais l'existence même de listes traditionnelles de termes accouplables prouve que la liberté d'invention métaphorique est restée très limitée en Chine.

viduel, contribuent à donner à l'art des poètes chinois cet air d'impersonnalité qui semble une de ses caractéristiques, et qui, dans l'art primitif, résultait des conditions même de l'improvisation poétique. Mais ce n'est point notre sujet de suivre dans sa fortune un genre littéraire dont nous venons d'apercevoir les débuts ; il aura suffi de faire sentir combien ces commencements eurent d'influence sur son histoire.

Voici terminées ces recherches sur les chansons d'amour du Che king : études de textes et où j'ai voulu ne rien devoir qu'aux textes. De telles études, faites d'inductions, suppo sent une part d'hypothèse que j'ai désiré mettre en évidence ; mais la comparaison permet d'en confirmer les conclusions.

Les joutes de chants d'amour sont d'un usage général dans la plupart des populations aborigènes du Sud-Ouest chinois et du Tonkin ; on les retrouve au Tibet, elles ont existé dans l'ancien Japon. Tout ce qu'on en sait confirme mes inductions.

1° *Les chansons tirent leur origine de chœurs alternés où s'opposent les filles et les garçons.*

Il existe chez les *Hak-ka* des chants qu'Eitel nomme *responsorium* ; « une strophe est chantée par un homme, la réplique doit être donnée par une femme [1]. Les *Man* du Tonkin forment des chœurs de jeunes filles et de garçons qui alternent entre eux « pour chanter des quatrains [2] ». « Les *Laqua* sont fort amateurs de chants toujours dialogués entre filles et garçons [3]. » Chez les *T'ou jen* du *Kouang-si* les jeunes gens et jeunes filles aiment à se promener par couples

---

1. App. III, p. 300.
2. Bonifacy, *id.*, p. 292.
3. Bonifacy, *id.*, p. 293.

en chantant des chansons[1]. « Ils se réunissent pour chanter des chansons à couplets alternés. » « Les jeunes gens et les jeunes filles (chez les *Miao*), se tenant par la main sur deux rangées qui se font vis-à-vis, dansent au son d'un petit tambour et du *lou-sen*; après s'être provoqués, les couples qui se sont choisis, se donnent mutuellement la réplique en improvisant des chants poétiques[2]. » « Les jeunes gens (*Lolo*) des deux sexes... s'alignent de front et coupent la fougère en chantant des chansons improvisées[3]. » Au *Tibet* « on affectionne les doubles chœurs d'hommes et de femmes rangés face à face et se répondant vers par vers, en avançant ou en reculant doucement en cadence[4]. » Dans l'ancien *Japon* existait la coutume de l'*Uta-gaki*, haies de chansons, ou *Kagai*, chants alternés. Deux groupes réunis sur la place publique et se faisant face chantaient alternativement... les jeunes gens employaient ce procédé pour faire leur déclaration à celles qu'ils avaient choisies; elles leur répondaient à leur tour en chantant[5]...

2° *Les chœurs sont coupés d'impromptus par lesquels les jeunes gens et les jeunes filles se lancent des défis ou se font des déclarations d'amour.*

On a vu qu'il en était ainsi chez les *Miao*. De même dans l'ancien *Japon* : « un individu d'un groupe se détachait et improvisait un chant auquel répondait également à l'impromptu un individu d'un groupe opposé[6]. » Au *Tibet*, les mariages se terminent « par des chants mêlés exécutés alternativement par les jeunes filles et les jeunes hommes ; celui qui reste court quand son tour est venu d'improviser son distique ou son quatrain est puni d'une amende[7]. » « En chantant

---

1. Beauvais, *id.*, p. 291.
2. Deblenne, *id.*, p. 283.
3. Crabouillet, *id.*, p. 282.
4. Grenard, *id.*, p. 280.
5. Florenz, *id.*, p. 278.
6. *Ibid.* Cf. Kojiki, traduction Chamberlain, *ibid.*, p. 279.
7. Grenard, *id.*, p. 281.

des chansons à couplets alternés, le jeune homme et la jeune fille (*T'ou-jen*) qui se font vis-à-vis se déclarent mutuellement leur amour... C'est là une espèce de concours[1]. » Chez les *Tchong-kia-tseu* du *Kouei-tcheou* existent aussi « les réunions des deux sexes sur la montagne où il y a combat d'éloquence et de poésie[2]. » « Quand un couple (*Mo-so*) a chanté avec harmonie, il va s'unir dans les vallées des montagnes ou dans les profondeurs des bois[3]. »

3° *Les joutes de chants d'amour ont lieu à l'occasion de fêtes saisonnières, où l'assistance est nombreuse, et parmi d'autres concours ; ces fêtes, mêlées de rites sexuels, sont considérées comme des fêtes de fiançailles ou de mariage.*

Les *Tibétains* se livrent au printemps à des exercices de chant « qui sont en général entourés d'une certaine solennité : le temps en est fixé d'avance ; ceux et celles qui y prennent part doivent avoir fait leurs ablutions et revêtu des habits propres, comme pour une cérémonie religieuse. Il serait peu décent de danser au hasard et sans règle, uniquement pour l'amusement[4] ». C'est à l'occasion du nouvel an que les *Lo-lo* du *Yun-nan* se réunissent pour aller sur la montagne couper du bois ou des herbes sèches destinés à un feu de joie[5]. La fête, chez ceux du *Tonkin* s'appelle « *con-ci*[6] ». « Le premier mois tout entier est consacré aux amours. » « Chez les *Thos*[7] de la région de *Cao-bang* il existe... une fête de la jeunesse que l'on célèbre quelques jours après le nouvel an. Ce jour-là, les jeunes filles et les jeunes garçons, parés de leurs plus beaux atours, se réunissent au milieu d'une vaste plaine et presque toujours près d'une pagode, sous la protection de laquelle ils vont prendre

---

1. Beauvais, *id.*, p. 292.
2. Roux *in* Vial, *ibid.*, p. 295.
3. Barbares soumis du Yunnan, *id.*, p. 290.
4. Grenard, *ibid.*, p. 280.
5. Crabouillet, *ibid.*, p. 282.
6. Bonifacy, *ibid.*, p. 293.
7. Billet, *ibid.*, p. 286.

leurs ébats. Tout à l'entour s'installent des marchands de victuailles, de fruits, de gâteaux, de confiseries... Pour la région de *Cao-bang*, la fête se passe dans la grande presqu'île de *Phò-yen*, auprès d'une pagode qui renferme les statues d'un grand nombre de divinités, fort bien conservées; elle y attire chaque année un concours immense de jeunes gens et de curieux qui viennent d'un grand nombre de villages des alentours depuis *Cao-bang* jusqu'à *Buoc-Hai* et *Mo-Xat* et même des massifs de *Luc-khu* et de *Tap-Na*... Bientôt les jeunes gens ont choisi leurs compagnes... les divers couples se dispersent dans la campagne à l'ombre des bambous, des pamplemoussiers et des banyans. Chaque garçon le dos tourné contre le dos de sa partenaire... entonne une série de véritables complaintes... Vers le milieu de la journée les couples se réunissent et cette fois se font vis-à-vis à cinquante pas environ, sur deux rangées... Chaque garçon tient à la main une balle, attachée à une longue corde, qu'il lance en l'air vers la jeune fille qu'il a choisie. Si cette dernière reçoit la balle ou la ramasse, c'est que le garçon qui la lui a envoyée est agréé par elle et dès lors elle devient « sa conquête » pour le reste de la fête. Si la belle lui renvoie la balle, c'est qu'au contraire il ne l'a pas tout à fait charmée. Le soupirant reprend alors sa sérénade et le jeu de balle continue jusqu'à ce que la jeune fille se déclare satisfaite, ce qui, en général, ne tarde pas à se manifester. Dans la plupart des villages, cette fête serait véritablement une fête des fiançailles, mais dans certaines localités elle servirait de prétexte à des sortes de saturnales auxquelles la réhabilitation par le mariage ferait absolument défaut. » Chez les *Miao-tseu* du *Kouang-si*, la fête porte le nom de *Hoi-gnam* dont le sens, dit Colquhoun[1], est obscène : au premier jour de l'année, hommes et femmes s'assemblent dans une vallée étroite; les hommes se tiennent d'un côté,

---

1. Colquhoun, *ibid.*, p. 288.

les femmes de l'autre. On chante : quand un garçon a séduit une fille avec ses chants, elle lui lance une balle colorée. A côté se tient une foire où les galants achètent force cadeaux à leurs belles. La fête a lieu au premier mois du printemps chez les *Miao-tseu* du *Yun-nan*. « Ils se livrent, dit un observateur chinois [1], à la danse au clair de la lune... et chantent en chœur... Ils se livrent à des pantomimes... Ils font encore des balles en soie de couleur, choisissent celle qui leur plaît et s'amusent à la (lui) lancer. Ils se réunissent le soir pour rivaliser d'adresse et d'entrain et ne se séparent que le matin. Ensuite viennent les délibérations au sujet des conditions et de l'époque de leur mariage. Ils battent leur tambour de bronze, jouent de la trompette, font des sacrifices d'actions de grâce et dressent les contrats. « Aux environs du nouvel an les jeunes gens et jeunes filles (*Miao*)... vêtus de leurs plus beaux habits... se rendent à un endroit convenu... c'est souvent une fête des fiançailles [2]. » Dans le *Kouang-si* [3] « chaque année, durant la troisième ou quatrième lune, les jeunes garçons et les jeunes filles (*T'ou-jen*) des différents villages se réunissent... les gens des villages voisins viennent en apportant des provisions assister à ces sortes de concours ; chaque rassemblement ne comprend pas moins d'un millier de personnes toutes âgées d'une vingtaine d'années environ. Les indigènes prétendent que si ces réunions étaient empêchées ou interdites pour une cause quelconque, les moissons ne pourraient arriver à maturité et de nombreuses maladies épidémiques s'appesantiraient sur les populations. » « Ces cérémonies sont souvent prétextes à accordailles... souvent les couples qui se sont découvert un penchant mutuel s'égarent dans les buissons voisins et dans les herbes de la jungle pour y prendre les arrhes du futur mariage. » *Sou-hing*, roi de *Nan Tchao* (*Yun-nan*) (de

1. *In* Sainson, *ibid.*, p. 289.
2. Deblenne, *ibid.*, p. 283.
3. Beauvais, *ibid.*, p. 291.

1041 à 1044 ap. J.-C.), « pendant les mois de printemps se rendait aux bains appuyé sur des courtisanes ; il allait ainsi en descendant le courant depuis les trois sources *Yu-Ngan* jusqu'au bassin *Kieou-kiu-lieou* ; les hommes et les femmes s'asseyaient, se battaient avec les fleurs, en piquaient dans leurs cheveux et jour et nuit se livraient au plaisir[1]. » Dans le même pays « au printemps, les cours d'eau sont tièdes, partout jaillissent les sources ;... partout on vend du vin, partout on aperçoit des épingles de tête et des bracelets ; on cherche la fleur odorante et on lutte dans le pavillon de repos remis à neuf ; au pied des jujubiers les chansons se succèdent et l'on compose de belles pièces de vers... (au troisième mois) les chants s'élèvent et se répondent[2]. »

4° *Les duels de chansons ont lieu entre des jeunes gens et des jeunes filles de villages différents.*

Chez les *La-qua*[3] « les jeunes gens non mariés... chantent sur la montagne, mais les garçons ne doivent pas appartenir au même village que les filles. » Ce qui, selon le colonel Bonifacy, est une survivance de l'exogamie primitive. De fait, dans leurs chansons, les jeunes filles *La-qua* considèrent leur partenaire comme un étranger.

> En ce pays on n'a jamais vu un étranger ;
> Cet étranger, d'où vient-il ?
> Cet étranger charmant est venu,
> En son honneur il faut chanter.
> D'où vient donc ce bel étranger ?
> Vient-il ou non par la rivière ?
> Combien a-t-il vu de rivières et de pays ?
> Comment a-t-il traversé ces eaux profondes ?
> Comme il est bon d'avoir parcouru mille lieux !

---

1. Sainson, *ibid.*, p. 288.
2. *Id.*, p. 290.
3. Bonifacy, *ibid.*, p. 293.

La même règle existe chez les *Lolo* du *Tonkin*[1], mais non dans toutes les tribus; elle est aussi supposée par leurs chansons.

Le garçon : « — De quel pays venez-vous, Mademoiselle ?
        Où demeurez-vous, Mademoiselle ?
        A vous, ici, je pense ;
        Je ne vous ai point encore vue.

La fille : « — Vous parlez avec esprit,
        Vous vous exprimez raisonnablement.
        Si vous voulez être mon mari
        Venez que je vous examine. »

Nous pouvons maintenant conclure. Confirmées par la comparaison[2], nos analyses des chansons du Che king nous ont permis de voir la poésie naître dans l'émotion sacrée des fêtes saisonnières; elle exprimait l'amour qui naissait avec elle; l'amour, en d'autres occasions, s'exprima encore par les procédés qui étaient naturels à l'antique improvisation des chœurs de danse: ainsi naquirent de nombreuses chansons qu'on recueillit. Ces chansons, marquées par leur origine rituelle, conservaient un air de choses sacrées ; on les chanta dans les cérémonies des cours, elles voisinèrent, dans les recueils, avec les chants dynastiques et rituels. Vénérables par leur antiquité, gardant dans leurs thèmes champêtres les traces de règles saisonnières, elles servirent de matière aux exercices de la rhétorique morale ; recueillies, étudiées par des conseillers d'Etat, ils en tirèrent parti quand ils édifiè-

-----

1. *Ibid.*, 293.
2. J'ai réuni ici les textes les plus nets, mais on verra, en lisant tout au long l'Appendice III, que de nombreuses observations, moins précises ou moins détaillées, les confirment et les enrichissent.

rent la théorie du Prince responsable de l'ordre naturel et moral et quand ils voulurent nourrir de précédents leurs harangues politiques et leurs dissertations historiques. Associées à des anecdotes édifiantes, utilisées à titre de symboles et d'allégories, elles semblèrent dignes d'un emploi pédagogique et, savamment, moralement expliquées, apparurent comme des œuvres d'une inspiration morale et savante. Arrangées en classique, ces chansons, témoins d'antiques mœurs, servirent à propager les règles de vie élaborées par le corps de leurs interprètes et à assurer ainsi le succès du conformisme social. De leur caractère sacré originel dérivait l'efficacité du symbolisme qui les déforma.

Restituées par une étude critique dans leur valeur originale, elles paraissent un document important pour la connaissance de l'art primitif. Elles montrent que la voix et le geste s'associaient pour traduire les sentiments ; elles montrent que les émotions ne naissaient point avant l'expression mimique et vocale où elles s'inscrivaient, mais que l'amour, les danses et les chants surgissaient en même temps des fêtes dont ils constituaient les divers aspects rituels. Par là elles font connaître un état de la pensée où elle est concrète et directe, où la syntaxe ne se distingue pas du rythme, où les associations métaphoriques n'ont pas remplacé les liaisons toutes faites, les correspondances naturelles.

Enfin elles font découvrir de vieux usages cachés par l'orthodoxie classique. Elles révèlent l'existence de fêtes saisonnières et champêtres qui mettaient un rythme dans la vie des paysans chinois et dans les rapports des sexes. Elles font connaître à l'état brut les sentiments qui animaient les cœurs au cours de ces assemblées périodiques et pendant les temps de séparation ; elles font ainsi sentir, de façon concrète, de quelles émotions était fait le sentiment de l'amour et permettent de voir leurs rapports avec des pratiques sociales et une organisation définies. Par là elles méritent de fournir plus que l'occasion d'une étude d'histoire littéraire.

ces chansons donneront en effet les moyens de déterminer la signification que pouvaient avoir les fêtes agraires, la fonction que pouvait remplir un rituel saisonnier et, ce faisant, de saisir les réalités sociales qui favorisèrent leur propre éclosion.

II

LES FÊTES ANCIENNES

Les chansons d'amour du Che king m'ont permis d'établir le type moyen des fêtes saisonnières des monts et des eaux ; j'étudierai maintenant quelques fêtes locales.

FÊTES LOCALES

Les fêtes printanières de Tcheng (Ho-nan). — Dans la seigneurie de Tcheng, les jeunes gens et les jeunes filles se réunissaient en grand nombre près du confluent des rivières Tchen et Wei ; ils y venaient en bande cueillir des orchidées, se provoquaient en chants alternés, puis, jupes troussées passaient la Wei, et, quand les couples s'étaient unis, les nouveaux amants, en se séparant, se donnaient une fleur comme gage d'amour et signe d'accordailles [1].

La fête se tenait quand la Tchen et la We étaient grosses, c'est-à-dire, affirme-t-on, au moment de la crue printanière que produit le dégel [2]. C'est au premier mois de printemps

---

1. Cf. Tcheng fong, LI et LII.
2. LII, 1-2.

que le vent d'est amène le dégel[1] ; cependant une autre tradition place la fête au moment où le pêcher fleurit et où tombent les premières pluies[2], termes agricoles que les calendriers rapportent au deuxième mois[3], ce qui n'empêche pas qu'on ne donne encore comme date[4] le premier jour 巳 *Sseu* du troisième mois. Il est clair que la fête, d'abord liée aux premières manifestations de l'éveil printanier, fut ensuite assignée à un terme fixe, à un jour déterminé du calendrier.

Sur le lieu de la fête nous avons un témoignage complémentaire[5] : L'assemblée se tenait au pied d'une montagne de la sous-préfecture de Tou-leang ; il en sortait une source très pure ; il y poussait des orchidées qu'on appelait parfois « parfums de Tou-leang ». Les réjouissances où venaient les jeunes gens de cet étroit pays de montagnes qu'était Tcheng se tenaient donc au bord de l'eau et au pied des monts[6].

La cueillette des orchidées est celle des parties de la fête sur laquelle nous avons le plus de renseignements. C'était, nous dit-on[7], un moyen de se préserver des mauvaises influences, de se prémunir contre les venins 蟲毒, c'était un rite de purification 祓除. C'était sur l'eau, dit-on encore, que, tenant en mains ces orchidées, tous les jeunes gens, toutes les jeunes filles de Tcheng chassaient les influences malignes 邪惡, les maléfices 不祥, les impuretés de l'air 氣穢 ou de la saison 歲穢 ; du même coup ils évoquaient les âmes, ou, pour traduire plus exactement, ils 招魂 appelaient les âmes supérieures (*houen* = âme-souffle) pour les 續魄 réunir aux âmes inférieures (*po* = âme corporelle, âme du cadavre, âme-sang).

Propitiations, lustrations diverses, cueillettes de fleurs,

---

1. Yue ling, 1ᵉʳ mois ; Couv., I, 332. 東風解凍.
2. Notes du Han che.
3. Yue ling, 2ᵉ mois ; Couv., I, 340. 始雨水·桃始花·
4. Han che.
5. Note du K'ang Hi à 蘭.
6. Cf. Monographie géographique du T'sien Han chou. Ed. de Changhaï K. 28 b. p. 12 recto.
7. Voir ces traditions du Han che aux notes de LII.

passage de l'eau, joutes de chants, rites sexuels, accordailles, voilà ce dont, à notre connaissance, se composait à Tcheng la fête printanière des eaux et des monts.

Les fêtes printanières de Lou (Chan-tong). — Un jour qu'il s'entretenait avec quatre de ses disciples assis auprès de lui, Confucius [1] s'enquit de leurs désirs : à quoi voudraient-ils employer leur mérite, si quelque prince, d'aventure, le reconnaissait ? L'un désirait rendre fort et prospère un état affaibli par la famine et les ennemis, l'autre voulait enseigner la musique et les rites, le troisième aider aux cérémonies du temple ou du palais ; mais, le dernier, déposant la harpe dont il jouait, répondit (si j'en crois les interprètes chinois et les traducteurs européens) qu'il préférait, pour lui, « au troisième mois de printemps, dans le costume complet qui convient à cette saison, et en compagnie de cinq ou six hommes faits et de six ou sept jeunes garçons, aller se baigner dans la rivière Yi, jouir de la brise au pied de l'autel de la pluie et après avoir chanté (ou bien, en chantant) s'en revenir. » Et Confucius l'approuva.

Cette approbation étonne : le Sage en était-il venu à préférer les charmes d'une partie de campagne aux plus hauts desseins de la politique ? S'était-il décidé, converti par Laotseu, à ne plus se mêler de conduire les hommes ? ou bien la réponse qu'il approuva contenait-elle une flatterie délicate, qui lui fut sensible ? On le croirait à lire le glossateur ; selon lui, le disciple bien inspiré voulait exprimer qu'il ne formait point d'autres vœux, dès qu'il aurait goûté quelques plaisirs printaniers et chanté, comme il convient, la vertu des anciens rois, que de s'en revenir bien vite auprès du Maître [2]. Inno-

---

1. Cf. Louen yu Legge, XI, 15. Voir une discussion assez confuse de ce texte, mais très complète *in* 論語正義, HTKKSP, 1064 inf. 莫春者·春服既成·冠者五六人·童子六七人·浴乎沂· 風乎舞雩·詠而歸·

2. 歌詠先王之道而歸夫子之門·

cents plaisirs ! Touchant attachement ! Cette explication dou-
cereuse ne satisfait guère : car, enfin, pourquoi était-ce jus-
tement avec des habits de printemps, en compagnie d'un
nombre réglé de jeunes gens et d'hommes faits, et tout exprès
au pied des autels de la pluie, que l'on désirait aller se di-
vertir, pour un moment ?

Il y a grand' chance, pour qui ne fait que lire le texte, que
les vœux auxquels Confucius donna la préférence n'aient pas
été tout différents des autres ; sans doute, celui qui les émit
voulait, à sa manière, être utile à l'État. Or, la pluie est affaire d'État. Il appartient à un bon gouvernement de la faire
tomber en son temps ; mieux encore qu'au progrès matériel, à
l'ordonnance des rites, au cérémonial, le mérite se voit si
l'on obtient la pluie de saison. Que Confucius ait ainsi pensé,
c'est fort possible ; en tout cas, c'est bien ainsi que jadis, en
Chine, on interpréta ce passage de ses *Entretiens*. Témoin
Wang Tch'ong qui, dans son *Louen heng* [1], y voit une description des fêtes printanières de la pluie, telles qu'elles
avaient lieu à Lou, patrie du Sage.

Wang Tch'ong a conservé diverses gloses de ce texte et
une variante. Le mot 歸 que l'on a traduit par *revenir* et qui
fournit à l'interprète classique une si plaisante remarque,
est l'homophone d'un terme 饋 qui signifie *repas* et peut très

---

1. Louen heng 15, chap. 變動. Les gens de Lou, selon lui, faisaient le
sacrifice 雩 pour la pluie sur la rivière Yi au 4ᵉ mois de l'année, c'est-
à-dire 2ᵉ mois de printemps, moment où sont achevés les habits de printemps ; les personnages énumérés au Louen yu, hommes faits et mineurs,
sont des musiciens 樂 du sacrifice. 浴 est pour 涉 passer à gué : ils
représentaient le dragon sortant du milieu du courant de la Yi : 象龍
之從水中出也. 風 est pour 歌 chanter.

Il faut lire 饋 et non 歸 : banquet communiel du sacrifice.

Si l'on suit ces explications il faut traduire : Une soirée au (deuxième
mois de) printemps, quand sont terminés les habits de printemps (et
qu'on les revêt), je voudrais aller avec cinq ou six hommes faits (étant
moi-même le 6ᵉ ou le 7ᵉ) et six ou sept jeunes garçons (un nombre égal
de jeunes garçons) traverser à gué la Yi (en imitant le dragon à sa sortie
de l'eau), chanter sur les autels de la pluie et après avoir dit des vers,
prendre part au banquet du sacrifice.

bien désigner le festin qui suit un sacrifice. Wang Tch'ong donne cette orthographe et explique qu'après avoir chanté dans la cérémonie, on festoyait.

Les autres notes ne manquent pas d'intérêt. On conteste que la date soit le troisième mois ; c'est au deuxième mois que les habits de printemps étant achevés 成, on les revêtait pour accomplir la cérémonie. Les participants étaient des danseurs et des musiciens, spécialement chargés des rites de la pluie 雩. Ils se composaient de deux groupes égaux : six ou sept jeunes garçons, autant d'hommes faits, car, avec ceux-ci compte le disciple de Confucius qui veut prendre part à la fête et la diriger. Tous ensemble, ils passaient à gué 涉 la rivière Yi et chantaient 風 sur le tertre consacré aux 舞雩 danses et aux chants qui font venir la pluie. On ne croit pas qu'ils se soient baignés 浴 ni qu'ils aient fait sécher leur corps au vent 風乾身 : au deuxième mois de printemps, il fait encore trop froid. On explique qu'au lieu d'entendre « jouir de la brise au pied des autels de la pluie », ou « se sécher le corps au vent sur ces autels », il faut lire : « chanter sur les autels de la pluie ». On donne pour cela au mot 風 dont le sens normal est *vent*, le sens de *chant* ou *chanson* qu'il a, par exemple, dans le titre de la première partie du Che king. Enfin, et ceci est fort instructif, on voit dans le passage à gué de la rivière Yi, une espèce de danse processionnelle où était imité le dragon sortant de l'eau.

Il y avait donc à Lou, au printemps et à une date qui, peut-être varia, qui correspond en tout cas à la fin du tissage des habits de la saison chaude[1], une fête sur les bords de l'eau, dont on attendait la pluie : deux groupes différents d'acteurs y prenaient part qui dansaient et chantaient, un sacrifice et un festin complétaient la cérémonie ; une partie essentielle en était le passage de la rivière.

------

1. Cf. Che king, 7ᵉ mois ; Couv., p. 162, le tissage du chanvre est le travail d'hiver.

Le rapprochement s'impose avec les fêtes de Tcheng qui ont lieu sensiblement à la même époque et où un rite essentiel est aussi le passage de l'eau. Qu'à Tcheng, en passant la Wei, on imitât le dragon, il y a des raisons de le croire : En 523 avant J.-C. « il y eut (dans cet état) de fortes pluies : des dragons combattirent dans les marais de la Wei; le peuple voulut leur faire des sacrifices. » Le ministre du pays, qui était philosophe, s'y opposa ; mais s'il ne croyait plus à la nécessité de s'occuper des dragons, maîtres de la pluie, les gens du commun y croyaient encore et il est permis de penser que, lorsqu'elles passaient la Wei, les bandes de jeunes garçons et de jeunes filles, imitaient les dragons sortant de la rivière : ainsi les obligeaient-ils à faire pleuvoir.

N'y avait-il, à Lou, ni cueillette de fleurs ni rites sexuels ? Pour ces derniers, on peut croire que non, puisque n'assistaient à la cérémonie que quelques couples de fonctionnaires et d'adolescents[2]. Les Tcheou, disent leurs rites, employaient pour faire pleuvoir, sorcières et sorciers[3] ; à Lou tout se passait entre hommes : à cette fête officielle de la pluie, Confucius n'avait rien à redire.

Les fêtes de Tch'en (Ho-nan). — La fortune de Tch'en lui vint de T'ai Ki, dit le *Kouo yu*[4], tandis que les glossateurs du Che king rendent T'ai Ki responsable des mauvaises mœurs du pays. T'ai Ki était une princesse du sang de la

---

1. Tsouo tchouan, Tchao, 19· a. Legge, p. 675 鄭大水龍鬬於時門之外洧淵. 國人請爲禜. Tseu Tch'an (disciple de Confucius et ministre de Tcheng) s'y opposa sous prétexte que les dragons ne se mêlant pas aux batailles humaines, les hommes n'avaient point à se mêler aux querelles de dragons. Selon lui, il n'y avait qu'à les laisser tranquilles, chez eux 室, dans les marais de la Wei.

2. On notera l'ordonnance antithétique qui oppose un nombre de jeunes garçons à autant d'hommes faits.

3. Tcheou li, v· Sseu wou, Nan wou, Niu wou. Biot. II, p. 102. Le chef des sorciers, en cas de grande sécheresse se met à la tête des sorciers et il appelle la pluie en exécutant des danses. P. 104, les sorcières participent à ces danses.

4. Kouo yu. Tcheou yu, 1·· disc. 陳由大姬.

Chine, venue de la capitale des Tcheou, pour épouser le prince de Tch'en. Elle n'avait point eu d'enfants et s'était plu aux danses des sorciers et des sorcières. Voilà pourquoi, longtemps après, les gens de Tch'en chantaient et dansaient sans mesure sous les chênes du tertre Yuan [1].

C'était une première raison de scandale de danser ainsi hors de propos [2]; mais la principale est que, dans ces réunions dansantes, les sexes se mêlaient : même les enfants des grandes familles paraissaient en des lieux où n'était guère leur place. Qu'à Tch'en l'on dansât trop et hors de saison, il est possible : « qu'importe hiver ! été qu'importe [3] ! » dit, peut-être avec une nuance de blâme, une chanson. Qu'il y eût mélange des sexes, c'est bien certain : on chantait des chants alternés, on se faisait des déclarations galantes, on se donnait des fleurs [4]. Mais que les meilleures familles se soient alors déshonorées, ce sont les glossateurs qui le veulent : ils ont confié à l'histoire le nom de deux maisons compromises, celle de Tseu Tchong, celle de Yuan.

Pour Tseu Tchong, la chanson nomme son enfant [5], qui dansait sur la place publique ; il était, dit-on, grand officier : on n'eut sans doute pas grand'peine à retrouver dans les annales de Tch'en un nom aussi commun. Le mérite fut plus grand pour Yuan : c'est dans le texte qu'on le retrouva. Il y figure (ou plutôt sa fille) dans les vers que j'ai ainsi traduits :

> « Un beau matin l'on se cherche
> Dans la plaine du Midi. »

Le sens que j'ai suivi, simple et clair, est celui des modernes pour qui *Yuan* a ici sa valeur commune de *plaine*.

---

1. Tch'en fong, Gloses de la préface. 大姬無子. 好巫覡. 禱祈鬼神. 歌舞之樂. 民俗化而爲之. Cf. T'sien Han chou. Monog. géogr., édit. de Changhaï K. 28 b. p. 12 v°.

2. Voir LXII, LXIII et gloses.

3. LXII.

4. LXIII.

5. J'en fais une fille, comme le veulent les glossateurs modernes.

Les anciens qui eurent le bonheur de découvrir à Tch'en une famille *Yuan,* comprenaient ingénieusement :

> « Un beau matin l'on va chercher
> (la fille de la famille) Yuan (qui habite) au Midi. »

Et comme c'était assurément une fille qu'on découvrait ainsi entre les vers, il était clair qu'elle avait été séduite par l'enfant de Tseu Tchong et, partant, que celui-ci était un garçon.

Tant d'ingéniosité ne mérite pas l'oubli : l'obstination des interprètes à retrouver dans cette pièce des noms de fonctionnaires est instructive. Pour les glossateurs, la chanson raconte une fête de la pluie, fête officielle, naturellement. Le fils de Tseu Tchong, qui y figure, est un chef de pantomimes : c'est donc sa fonction d'aller danser sous les ormeaux. Pourquoi crie-t-on au scandale ? C'est que le fils de Tseu Tchong mène avec lui des danseuses. Mais le *Tcheou li* ne nous dit-il pas que les chefs des sorciers conduisent la danse des sorcières[1] ? La vérité est qu'il ne peut ici être question de danseuses professionnelles : il est clair qu'on parle de jeunes filles dont le tissage était l'occupation ordinaire[2] ; de telles jeunes filles, en effet, l'exhibition est un scandale. On le voit : l'interprétation classique est pleine d'inconséquences ; les glossateurs ne sortent point d'embarras parce qu'ils veulent voir dans la fête populaire que décrit la chanson, une cérémonie officielle analogue à celle de Lou.

La fête de Tch'en avait lieu au moment où sont finis les travaux de tissage[3] (c'est alors qu'on peut revêtir les habits légers en toile de chanvre). On y jouait d'antiques instruments[4] ; on chantait en agitant éventails et plumes d'ai-

---

1. Cf. p. 160, note 3.
2. LXIII, 7.
3. Ils durent autant que la saison froide. Cf. combinés, LXIII, 7 ; Couv., p. 162 et Kia yu déjà cité p. 132. Ajouter LXVI, 2-3.
4. LXII, 5, 9. Cf. Tcheou li, v° Yo Tchang, Biot. II, 66 ; De même à la

grette [1] ; du bas en haut du tertre Yuan, les chœurs de danse demandaient la pluie : passaient-ils pour cela quelque rivière ? Imitaient-ils l'ascension du dragon ? Les commentateurs, de toutes façons, sont si bien assurés qu'il s'agit d'une fête de la pluie que certains entendent les deux derniers caractères des 5ᵉ et 9ᵉ vers des *Ormeaux* comme s'ils figuraient les cris consacrés pour faire pleuvoir [2].

Chanteurs et danseurs n'étaient pas tous du même sexe ; il y avait sur le tertre Yuan, comme à Tcheng près de la **Wei**, des filles et des garçons qui s'interpellaient en vers et, s'offrant des fleurs, se déclaraient leur amour. Des rites sexuels se mêlaient à la fête : pour l'avoir mise en vogue, c'en fut fait de la réputation de T'ai Ki.

T'ai Ki n'avait point d'enfants et elle aimait ces fêtes. Désirait-elle seulement faire tomber la pluie ? Et suffisait-il à ceux et à celles qui s'offraient des graines aromatiques que la pluie vint rendre la terre féconde ? De fait, ces graines sont un des emblèmes de la fécondité [3] ; c'était un gage de fécondité et non pas seulement un gage d'amour qu'on recevait avec une poignée d'aromates. Leur parfum, nous dit-on, était capable de faire descendre les puissances sacrées :

---

fête Tcha de la fin de l'année (voir p. 181), on frappe le tambour de terre pour engager au repos les vieillards. De même à la fête où l'on demande une bonne année.

1. LXII, 8, 12. Cf. Che king, Pei fong, 13 ; Couv., p. 44 et surtout Wang fong, 3 ; Couv., p. 78.

> Mon seigneur, oh ! quel bonheur,
> De la main gauche il tient la flûte ;
> De la droite, il m'appelle hors de la maison !
> Allons ! quelle n'est pas ma joie !
>
> Mon seigneur, oh ! quel plaisir !
> De la main gauche il tient l'éventail d'aigrette
> De la droite il m'appelle au spectacle,
> Allons ! quelle n'est pas ma joie !

Comp. Tcheou li, Biot. II, 65.

2. HTKKSP, 428, p. 4 rᵒ.

3. Rapprocher 荂 dont l'autre nom est 薏苡 du plantain 芣苢 qui donne les grossesses. Cf. XIX.

ainsi sur la Wei, les âmes étaient évoquées par les parfums de Tou-leang. A la fête du printemps de Tch'en, après T'ai Ki, les filles du pays demandaient des enfants ; ainsi faisaient sans doute les filles de Tcheng qui cueillaient l'orchidée. N'était-il point comte de Tcheng ce seigneur que sa mère conçut miraculeusement en recevant une orchidée[1] ?

Fête de la pluie, des naissances, des accordailles, avec joute de chants et de danses, cueillette de fleurs et rites sexuels, telles étaient les fêtes du tertre Yuan.

La fête royale du printemps. — Ce n'est ni au bord d'une rivière, ni au pied d'une montagne, c'est dans la banlieue Sud de la Capitale, que, le jour de l'équinoxe de printemps (c'est le jour officiel du retour des hirondelles) « on sacrifiait un bœuf, un bélier et un porc au Suprême Entremetteur 高禖 (*Kao Mei*). Le fils du ciel allait (à la cérémonie) ; la reine y menait les neuf femmes de second rang et toutes les femmes-servantes du roi : On offrait un présent rituel (une coupe de liqueur) à celles qui avaient couché avec lui ; on apportait des étuis à arcs et l'on donnait des arcs et des flèches (à ces femmes) devant Kao Mei[2]. »

A première vue, cette cérémonie est toute claire : les arcs et les flèches présagent des enfants mâles[3] ; il semble donc qu'on veuille obtenir des fils de Kao Mei. Mais quelle est cette divinité et comment se fait-il — fait unique dans le rituel classique — qu'une fête réunisse en pleine campagne des hommes et des femmes ?

Souvent les divinités chinoises sont conçues comme la personne divinisée d'un fonctionnaire des temps passés. Il existait un fonctionnaire qu'on appelait 媒氏 l'Entremetteur ; il

---

1. Tsouo Tchouan, Siuan, 4ᵉ a. Legge, p. 294. — Voir le texte analysé pp. 200-2.

2. Li ki, Yue ling, 2ᵉ mois ; Couv., p. 341.

3. Li ki, Nei tsö ; Couv., p. 662. Cᵉ de Tcheng au Yue ling 求男子之祥也.

avait charge, dit le Tcheou li [1], d'ordonner au deuxième mois
(celui de l'équinoxe du printemps) la réunion des filles et des
garçons ; son origine datait de l'institution même du mariage,
il était chargé d'accomplir aux cérémonies matrimoniales
certains rites de purification 祓除 [2].

A la cérémonie royale du retour des hirondelles, il n'est
point du tout question de mariage. Qu'y vient faire l'Entremetteur Suprême ? Il est du reste notable qu'on ne l'identifie
pas avec un Entremetteur défunt ; mais avec un empereur :
Kao Mei, dit-on, c'est l'empereur *Kao* Sin [3], dont la race des
Tcheou voulait descendre tout comme celle des Yin qui
l'avait précédé dans la dignité royale. D'autres remarquent
qu'on écrit parfois 郊禖 (*Kiao Mei*) le Sacrifice à l'entremetteur dans la *banlieue (Kiao)* et non le sacrifice à l'Entremetteur *Suprême (Kao)*. Ainsi tout ce qu'on peut dire de ce
dieu mal défini qu'on fêtait au milieu du printemps, c'est
qu'il semble en rapport avec certaines lustrations nuptiales
et qu'on allait lui demander des enfants dans la campagne.

Les Yin et les Tcheou descendent de Kao Sin : c'est-à-dire
qu'ils descendent de deux femmes de cet Empereur qui conçurent miraculeusement leurs enfants héroïques.

La mère de la race des Tcheou fut Kiang Yuan [4] ; elle obtint un fils en faisant un sacrifice 禋 *Yin*, c'est-à-dire avec
une intention pure ou pour se purifier : « elle écarta par là
le malheur d'être sans enfant » 以弗無子 ou, comme dit la
glose, « elle élimina ainsi l'impureté d'être inféconde » 以祓
除其無子之疾. Comment se fit cette lustration ? Tout ce

---

1. Tcheou li, Biot. I, 306.
2. Lie niu tchouan, 6 (biog. de 走津女娟) : 祝祓以爲夫人
3. 高辛 tradition rapportée par Tcheng K'ang-tch'eng. 高辛之世.
玄鳥遺卵有娀簡狄吞之而生契. 後王以爲媒官嘉祥.
而立其祠.
4. Che king, Ta ya, II ; Couv., p. 347 et Lou song, 4 ; Couv., p. 452.
Ta ya, II, 克禋克祀. 以弗無子.

que nous savons c'est que Kiang Yuan mit le pied [1] sur l'empreinte d'un pouce et fut grosse [2] : était-ce la trace d'un géant, celle de l'Empereur d'en haut, ou bien celle de l'empereur Kao Sin, son mari, qu'elle suivait ? c'est là une question controversée. Le miracle, dit-on généralement, eut lieu à la fête de Kao Mei et dans la banlieue Sud. Sseu-ma Ts'ien raconte simplement que Kiang Yuan se promenait dans la campagne.

Kien Ti [3], mère des Yin, conçut en se baignant : « Comme elle allait se baigner avec deux autres femmes (ses suivantes), elle vit un oiseau noir (l'hirondelle) qui laissa tomber un œuf, elle le prit, l'avala et fut grosse. » Ce récit de Sseu-ma Ts'ien est complété par celui de l'annotateur des Annales écrites sur bambou [4] : « Kien Ti, à l'équinoxe de printemps, le jour de l'arrivée des hirondelles, alla, à la suite de l'empereur (Kao Sin, son mari), faire le sacrifice à l'Entremetteur dans la banlieue (Kiao Mei) ; en compagnie de sa sœur cadette ; elle se baigna dans la rivière du tertre Yuan 元邱 : voici qu'une hirondelle qui tenait en son bec un œuf, le laissa choir ; il avait cinq couleurs [5] et était très beau. Les deux femmes luttèrent 競 [6] pour s'en emparer et le mettre à l'abri

---

1. *Ibid.*, 履帝武敏.

2. SMT, I, 209 出野. 見巨人跡. 心忻然說欲踐之. 踐之而身動如孕者 (Kiang Yuan) sortit dans la campagne, elle y vit les traces de pas d'un géant ; son cœur s'en émut et elle fut prise du désir de les fouler. Quand elle les eut foulés, son corps frémit comme celui d'une femme qui devient enceinte.

3. Cf. Chang song, 3 ; Couv., p. 462 天命玄鳥降而生商. Le ciel ordonna à une hirondelle de descendre et de faire naître les Chang.

4. SMT, I, 173 爲帝嚳次妃. 三人行浴. 玄鳥墮其卵. 簡狄取. 吞之. 因孕生契. (Kien Ti) était femme de second rang de l'empereur K'ou ; comme elle allait se baigner avec deux (autres) femmes, (ses suivantes), elle vit un oiseau noir qui laissa tomber un œuf ; elle le prit, l'avala et fut grosse.

5. 以春分元鳥至之日. 從帝祀郊禖. 與其妹浴于元邱之水. 有元鳥銜卵而墜之. 五色甚好. 二人競取覆以玉筐. 簡狄得而吞之. 遂孕.

6. Comp. Cal. de K'ing Tch'ou, 2· mois, voir p. 204.

dans une corbeille de jade. Kien Ti fut la première à l'avoir ; elle l'avala et se trouva enceinte. »

Fête printanière des eaux et des monts, avec lustrations, baignades et luttes, fête propice aux grossesses, telle était dans ses prototypes la fête royale du retour des hirondelles, réduite, dans le rituel classique, à une simple fête de la fécondité.

FAITS ET INTERPRÉTATIONS

Voilà rassemblés assez de documents pour rendre possible l'étude de quatre fêtes locales. Il est clair que toutes quatre appartiennent à un même type : le peu de remarques que j'ai mêlées à leur description a pu faire sentir leur parenté. Là où elles semblent différer, c'est moins affaire de variantes locales que de l'état ou de la nature des textes.

Trois étaient célébrées dans des seigneuries, une à la cour ; deux sont connues sous leur forme officielle, l'une par un rituel, l'autre par un texte littéraire ; deux sont connues sous leur formule populaire et par des documents qui en donnent une vue directe. Il suffit de les comparer pour se faire une idée de la façon dont le rituel officiel est sorti du rituel populaire.

Le passage de l'un à l'autre s'est fait en laissant tomber nombre d'éléments anciens. La cérémonie royale du retour des hirondelles se passe en un jour : ce jour est bien défini et marqué dans le calendrier solaire[1]. La durée de la fête offi

---

1. Équinoxe de printemps : noter pourtant qu'elle est en rapport avec un dicton de calendrier, le retour des hirondelles qui sert d'emblème à cet équinoxe.

cielle de Lou 'ne semble pas plus grande : pourtant les hésitations qu'on montre sur sa date, laissent croire que le jour de sa célébration n'est que le point critique — et variable — de toute une période propice. Encore moins nettement située est la fête de Tch'en : si bien qu'avec le relâchement des mœurs, les réjouissances qui y correspondent peuvent s'étendre sans mesure. Pour celle de Tcheng, le cas est frappant : elle se place au moment de la fonte des neiges, des crues printanières, des premières pluies et des floraisons, longue période qui s'étend sur les trois mois du printemps ; quand on ne la connaît que par les chansons, il ne semble pas qu'elle se réduise à un seul jour ; elle y est réduite à un jour d'après les textes postérieurs [1] ; notons que ce jour n'est pas une date solaire, c'est un jour du cycle, sans rapport fixe avec l'année astronomique.

L'emplacement, lui aussi, est de mieux en mieux défini. Les jeunes gens de Tcheng s'ébattent dans un vaste paysage, confluent de rivières, prairies et montagnes. A Tch'en, les danses se déroulent tout au long du tertre Yuan. L'essentiel de la fête se passe à Lou dans un espace religieusement défini, sur un autel ; encore est-il auprès d'une rivière qui joue son rôle. La cérémonie royale a lieu tout simplement au sud de la capitale, à une place que marque uniquement l'autel de Kao Mei ; jadis elle avait lieu auprès de la source qui jaillissait d'un tertre [2]. Comme la durée de la fête, son emplacement se réduit et tend à se fixer en un point choisi arbitrairement.

Les acteurs sont de moins en moins nombreux. Tous les jeunes gens, toutes les jeunes filles de Tcheng et Tch'en chantent, dansent et prennent part aux joutes. Dans la banlieue sud ne figure que la famille royale ; dans un des prototypes de la fête, seules deux femmes du roi semblent participer à la joute sur l'eau. Encore à la cérémonie des hiron-

---

1. Le premier jour Sseu du 3ᵉ mois.
2. Légende de Kien Ti.

delles les acteurs sont-ils pris dans les deux sexes ; il n'en est plus de même à Lou ; tout s'y passe entre hommes ; ils sont divisés en deux bandes égales — voilà tout ce qui reste de l'ancienne joute de danses et de chants — et ce sont des fonctionnaires qualifiés tout exprès qui tiennent les rôles. Aux fêtes officielles, tout le monde ne participe pas ; il y a des règles pour choisir les acteurs et les principes de leur recrutement ne sont pas partout les mêmes.

Si l'on passe au contenu rituel des fêtes, l'appauvrissement, la spécialisation sont encore mieux marqués. Ce n'est qu'à Tcheng et Tch'en qu'on trouve tout ensemble, joutes, accordailles, rites sexuels, cueillettes, etc. A Lou, tout se borne, semble-t-il, à des rites mimétiques qui appellent la pluie ; et qu'y a t-il de plus dans la fête royale, à son dernier état, qu'un charme pour obtenir des enfants mâles ? Ainsi les fêtes sont allées en se simplifiant : quand elles ont pris place dans le rituel officiel, elles paraissent réduites à une pratique unique adaptée à une fin spéciale.

Le procédé d'appauvrissement et de spécialisation qui a fait passer d'un culte populaire à un culte organisé, ne vaut pas seulement d'être connu pour lui-même : à qui le connaît, une question se pose. Les fêtes que j'ai décrites semblent plus aisées à comprendre dans leur état le plus récent ; les anciennes sont les plus complexes ; on est tenté de les interpréter par ce qu'on connaît des plus simples et des plus claires : est-ce prudent ?

Apparemment la fête de Lou et celle de Kao Mei sont des fêtes de la pluie et des naissances ; elles dérivent de prototypes analogues aux fêtes de Tch'en et Tcheng. Peut-on affirmer que celles-ci furent instituées pour assurer tout ensemble la fécondité aux femmes et la pluie aux champs ? A un autre plan se pose un problème analogue : quand on retrouve, dans le rituel populaire, une pratique, qui, dans les cérémonies officielles, est dite efficace pour une fin déterminée, faut-il croire qu'elle fut à l'origine imaginée à cette fin ?

Quand on sait par quel développement arbitraire les cérémonies du culte officiel sont sorties des fêtes populaires, on
hésite à expliquer les ensembles primitifs, à partir des coutumes récentes, si claires puissent-elles paraître. Que vaut,
au reste, leur clarté ? Elle paraît douteuse dès qu'on ne les
envisage plus isolément. C'est un fait singulier, en effet ; on
se croirait plus sûr de comprendre les fêtes officielles si on
les connaissait toutes seules. Qui n'aurait lu que la description classique de la cérémonie des hirondelles, dirait avec
confiance : On veut y commémorer le fondateur légendaire de
la dynastie. Il en est le protecteur ; il est naturel qu'on le
remercie des grossesses qui sont l'espoir de la race, et qu'on
lui demande des fils, qui la perpétueront au pouvoir. On les
lui demande de la manière la plus claire : l'arc et les flèches,
que l'on suspend à la porte de la maison quand naît un mâle,
sont l'emblème de l'état viril ; en donner, devant Kao Mei,
aux femmes royales, c'est leur conférer, en son nom, un gage
qui les assure d'enfanter des fils. La fête a lieu au printemps : c'est la saison de l'universelle fécondité. — A Lou,
on désire la pluie : quoi de plus naturel qu'on fasse dans
l'eau, avec de l'eau, un charme pour obtenir de l'eau ? Ne
sait-on pas que les dragons sont les maîtres de la pluie ? Ils
se cachent dans les gouffres pendant la saison sèche, puis
montent au ciel d'où ils font pleuvoir ; on a donc imaginé
qu'en imitant, au printemps, le dragon à sa sortie de l'eau,
on l'invitait, on l'obligeait à sortir en temps voulu de sa retraite et de son inaction.

Tout cela est naturel, en effet, et semblerait sans doute
décisif, si, l'attention une fois éveillée par ce qu'on sait des
fêtes anciennes et complexes, on ne retrouvait dans les plus
simples des éléments dont ne peut rendre compte l'interprétation qui, tout d'abord, s'imposait. Pourquoi était-il nécessaire, pour obtenir de Kao Mei des enfants, d'aller les lui
demander dans la campagne ? Pourquoi, dans les prototypes
de la fête, voit-on des princesses se baigner et se purifier en

pleins champs[1] ? Pourquoi le dieu de la fécondité porte-t-il le nom d'un fonctionnaire préposé aux lustrations nuptiales, cependant qu'il passe, d'autre part, pour l'ancêtre de deux dynasties ? — Pourquoi les rites mimétiques dont on espérait la pluie s'accompagnaient-ils de chants, de sacrifices et de festins ? Pourquoi était-ce deux bandes adverses que l'on chargeait d'inviter le dragon à sortir de la rivière Yi ? Pourquoi fallait-il qu'à chaque homme fait on opposât un jeune garçon ? Pourquoi enfin revêtir des habits de printemps ?

On pourrait dire : ce sont là de simples survivances. Réponse facile et dont il faut voir où elle engage. Elle suppose que les fêtes complexes du rituel populaire étaient un ensemble de pratiques juxtaposées, chacune ayant sa fin propre. De même la fête récente, réduite à un seul objet, comprendrait, essentiellement, un rite approprié, le reste étant accessoire et ne s'étant maintenu que par la force de la tradition. Ce surcroît, l'interprétation qu'on présente ne l'explique sans doute pas : elle n'est point pour cela fausse ou même incomplète ; elle rend compte du fonds de la fête. — En est-on sûr ? Nous devons exiger des preuves décisives, car nous avons des raisons de croire que la spécialisation des cérémonies ne s'est point faite sans arbitraire. Arbitraire, l'interprétation proposée l'est assurément au cas où l'on peut en trouver une autre qui ne soit pas moins satisfaisante, une autre qui, elle aussi, ait eu ses partisans.

Les danseurs de Lou revêtent des habits qui correspondent à la saison nouvelle : ne pouvait-on dire que ce changement de costume est un rite pour changer de saison ? Du coup, toute la fête prend un autre sens ; il faut y voir une cérémonie de purification[2]. De ce point de vue, la baignade se

---

1. Ce rôle des femmes est certainement la raison pour laquelle les critiques chinois, en vertu de l'orthodoxie morale, ont une tendance à nier l'authenticité de ces belles histoires.

2. Rites 禊. D'après les traditions du Tcheng tseu t'ong il y aurait eu deux séries de rites Hi, l'une au printemps : rites de la rivière Yi (à

comprend tout aussi bien : Quoi de plus naturel que de se servir d'eau pour se purifier ? Ne nous a-t-on point dit que les jeunes gens de Tcheng se débarrassaient dans la Wei des impuretés de la saison ? Pourquoi, à Lou, n'en aurait-on pas fait autant dans la Yi ? On comprend plus de traits de la cérémonie si l'on y voit une lustration ; qui prouve que le désir de faire pleuvoir en soit à l'origine ? Ce peut être une interprétation tardive, c'est celle de Wang Tch'ong ; d'autres ne l'ont pas aperçue ; elle paraît satisfaisante ; une autre, aussi ; entre elles, il n'y a pas de raison de choisir.

Voilà un résultat négatif, mais qui a son intérêt. Des observations qui précèdent on peut tirer deux règles de méthode : 1º Quand les documents nous apportent un ensemble de coutumes et de représentations qui y sont relatives, il faut se garder de mettre tout de suite les unes et les autres sur le même plan ; ce qu'on donne comme des croyances peut très bien être le résultat d'un travail de réflexion savante ou personnelle : autrement dit, ce ne sont pas vraiment des croyances, mais plutôt des interprétations. Celles-ci ne sont pas, sans doute, sans rapport aucun avec les faits : ce rapport varie avec la qualité de l'interprète, il peut être plus ou moins étroit ; de toutes façons, de telles interprétations ne renseignent que d'une manière indirecte ; 2º Les croyances — non plus les interprétations plus ou moins arbitraires — dont on constate qu'elles sont, à un moment donné, en rapport avec certaines coutumes, n'en expliquent pas nécessairement l'institution. La cérémonie printanière qui se faisait à Lou sur les bords de la Yi, a pu être réellement, du temps de Confucius ou de Wang Tch'ong, une cérémonie de la pluie. Il n'en suit pas que la fête qui en fut le prototype, ait

---

Lou), rites du 蘭亭 (voir notes de LII), traditions du Han che sur les lustrations dans la Wei, rites de la période 上巳 ; l'autre à l'automne (Si king tsa ki), rites de la période 7-14 du 7ᵉ mois. Rapprocher les gloses de Tcheng au Tcheou li, article Niu-wou, Biot. II, 104 et Heou Han chou, XIV, p. 4 (édit. de Chang-hai).

été, même pour une part, destinée à faire pleuvoir. Dès lors, les pratiques que l'on retrouve dans une fête à deux états différents de son évolution et qui, dans l'état récent, sont réputées efficaces à une certaine fin, peuvent très bien n'avoir été douées de cette efficacité spéciale qu'après coup et seulement quand la fête elle-même s'est trouvée recevoir une destination particulière. On pouvait croire, du temps de Wang Tch'ong, que passer l'eau faisait tomber la pluie ; et pourtant il se peut qu'à l'origine le passage de la rivière n'ait pas eu cette destination, — si même il avait, dès l'abord, un objet déterminé.

Qu'un rite ait eu, dès l'origine, un objet déterminé, qu'il soit un moyen choisi pour obtenir un résultat, c'est ce qu'on ne peut guère penser : toutes les pratiques furent tenues pour bonnes à n'importe quelle fin. Passer l'eau donne la pluie ou bien sert à purifier, du même coup, on croit évoquer les âmes, sans compter que, sans doute, la précaution d'un bain était utile à prendre avant de se mêler aux rites sexuels[1]. Les fleurs odorantes ont de multiples emplois : aptes à purifier, puissantes contre les venins, ce sont encore des signes d'amour, des talismans ; par elles se lient les contrats et s'assurent les naissances. Peut-on dire si la fille qui reçoit des fleurs, reçoit un bouquet de fiançailles ou un gage de fécondité ? Inversement on emploie, pour la même fin, les moyens les plus divers : Pour devenir grosse, une femme peut tout aussi bien avaler un œuf ou mettre le pied dans une empreinte ; une fleur suffit au même résultat ou une graine et non pas telle fleur telle graine, mais les graines et les fleurs de nombreuses espèces[2]. Entre les fins et les moyens la relation est indéterminée ou plutôt on n'en a établi une que par

---

1. Lustrations nuptiales. Yi li ; Mariage. Cf. LXIV, 10. Lustrations avant le coït. Li ki Nei tsö ; Couv., p. 661 et Che king, Wei fong, 8, vers 7-8 ; Couv., 73 (XX B).

2. Orchidées (LII) ; mauves, herbes aromatiques (LXIII) ; xanthoxyle (cf. K'ing Tch'ou, 5ᵉ mois), açore (de Groot Emouy, 336), graines de nénuphars (cf. LV) ; la mère de Yu en avala 薏苡.

abstraction : Ce n'est point la fleur qui produit la grossesse ou lie l'amitié, c'est de l'avoir cueillie, c'est de l'avoir reçue, dans un lieu donné, à un moment défini, dans un ensemble déterminé de circonstances. A l'origine, les pratiques n'eurent point leur sens une par une : on leur attribua une valeur donnée lorsque les ensembles primitifs se furent transformés en cérémonies plus simples, arbitrairement réduites, et quand, le travail de la pensée religieuse leur ayant prêté une destination spéciale, on chercha encore à montrer l'adaptation des moyens employés aux fins espérées. Mais, pour que ce travail de classification et d'analyse ait été possible *et puisqu'il a abouti à des résultats divers*, il est nécessaire que la matière sur laquelle il se fit, fut en soi susceptible de n'importe quelle détermination. Ce ne sont donc pas les diverses pratiques qui ont un sens et qui expliquent l'ensemble ; c'est la fête qui donne aux pratiques leur efficacité variée.

Pour comprendre les anciennes fêtes chinoises, on appliquera en conséquence les règles suivantes : 1° On évitera de rendre compte des faits à l'aide de représentations telles qu'on puisse les soupçonner d'être soit des interprétations réfléchies, soit des croyances de formation dérivée ; 2° On ne tentera pas d'expliquer l'ensemble par les détails : cette dernière règle a un gros avantage, elle gardera d'interpréter toutes les pratiques d'une fête à partir de l'une d'elles considérée comme essentielle et dont on ferait — on a vu pourquoi ce serait facile — dériver toutes les autres par un procédé d'esprit analogue au travail de classification de la pensée religieuse.

.·.

Rappelons les faits. Nous avons trouvé la trace de fêtes anciennes, communes à tous les pays chinois, mieux connues pour Tcheng et Tch'en. Ouvertes à tout le peuple, elles étaient saisonnières et se tenaient dans la campagne, près d'une montagne, près d'une rivière ; le passage de l'eau, l'as-

cension des monts y avaient une place importante ainsi que
la cueillette des fleurs ou la récolte des fagots. L'assistance
était nombreuse, l'activité rituelle considérable ; la jeunesse
du pays jouait le rôle principal ; des joutes de danses et de
chants formaient la partie essentielle de la fête ; elles opposaient face à face des garçons et des filles appartenant à des
villages différents. Après un duel d'improvisation poétique,
ils s'appariaient ; des rites sexuels achevaient leurs accordailles ; une orgie terminait le tout. L'émotion dégagée par
ces fêtes était à ce point intense que tout un genre littéraire
est sorti, matière et forme, des sentiments qui naissaient
alors et de l'expression qu'ils recevaient.

Bien qu'à la période où ces fêtes remontent se voient encore les traces d'une économie pastorale [1], l'agriculture était
déjà la première occupation du peuple chinois. Le travail était
divisé entre les sexes ; la culture des céréales était l'affaire
des hommes ; les vers à soie et le tissage celle des femmes.
Un rythme saisonnier réglait la vie, modelé sur l'alternance,
bien marquée en ces climats, de la période du froid sec et de
celle de l'humidité et des chaleurs. Les paysans, pendant la
saison froide, vivaient retirés dans leurs hameaux et leurs
maisons ; ils se dispersaient dans les champs pendant la saison chaude [2] ; deux fois par an ils changeaient complètement
de genre de vie. Bien qu'il y eut déjà une espèce de sentiment national [3], le sentiment qui dominait était l'attachement

---

1. Importance de l'élevage du cheval et des bœufs. Mentions de pâturages, XXXIX, 9.

2. Ce rythme est nettement marqué dans le plus vieux des calendriers
chinois, SMT, I, 44 sqq. : au milieu du printemps 中春 le peuple se dis-
perse 民析, il continue à vivre dispersé en été 民因 ; au milieu de l'automne, fin des travaux ; la population a une vie calme et paisible 民
夷, en hiver elle ne sort pas des habitations et se tient au chaud 民燠.
De même, Yue ling ; Couv., 343, au 2ᵉ mois de printemps les laboureurs
deviennent rares dans les maisons 耕者少舍 ; après l'équinoxe d'automne quand tombe la gelée blanche, les travaux cessent et tout le
monde rentre dans son habitation 皆入室 ; Couv., 386.

3. Cette solidarité nationale, conçue aux temps féodaux, comme une

au pays ; pendant la saison des travaux, les parents allaient
en commun travailler le champ domestique[2] ; ils se retrouvaient pendant la morte saison dans le hameau familial[3].
Entre les différents groupes d'une même communauté locale[4]
il y avait assez d'opposition pour que la plus pathétique
émotion fût celle de la nouvelle épousée, obligée par la loi
d'exogamie à délaisser ses parents pour des étrangers[5].

LE RYTHME SAISONNIER

Les anciennes fêtes chinoises sont saisonnières et champêtres ; celles du printemps semblent les plus importantes ; il
y en a aussi à l'automne.

Sont-elles en rapport avec le cours du soleil ? On peut affirmer que non : elles ne sont pas attachées à des termes so-

---

solidarité avec le chef, pouvait amener toute la population d'un pays à
émigrer en bloc à la suite du seigneur. Che king, Ta ya, II, 6 ; Couv., 360.
Cf. SMT, I, 214.

1. Ce sentiment d'attachement au sol s'exprime parfois magnifiquement,
voir fin de Tcheou Song, III, 5 ; Couv., 439, où l'on entend parler l'orgueil
d'une race autochtone. Voir aussi Siao ya, VI, 6 ; Couv., 280.

2. Tcheou song, III, 5 ; Couv., 459 : Voici le père de famille, les aînés,
les autres garçons, voici les aides, voici les ouvriers gagés, les voici qui
mangent avec bruit leur nourriture..., ils ont soin d'aiguiser les socs
de leur charrue et commencent l'ouvrage par les champs du midi.

3. Ping fong, I ; Couv., 163 : Au dixième mois, le grillon pénètre sous
les lits. On bouche les fentes, on enfume les rats ; on ferme les fenêtres
du côté nord, on enduit les portes de glaise : « Allons, ma femme et mes
enfants, on va changer d'année, Rentrons dans la maison, restons g...
164 (au 10ᵉ mois) : Allons, mes laboureurs, les grains sont ramassés, re-
cueillons ; remontons et rentrons (au village placé sur une hauteur) et
prenons soin de nos maisons ». (Comp. *Ibid.*, p. 168).

4. Un 國 pays, communauté locale, se divise en 里 hameaux familiaux,
isolés, ceints de murs ou de haies. Cf. XL.

5. Voir l'analyse du terme 遠, p. 135. Voir complainte de la mariée.
Lolo. App. III.

laires ; quand on leur a assigné une date fixe c'est dans le calendrier civil qu'on l'a marquée et ce calendrier ne dépend pas uniquement du cours du soleil ; à l'origine, seul l'état de la saison donnait la date.

Sont-elles en rapport avec le cycle de la végétation ? Si oui il serait surprenant que leur contenu variât à peine selon qu'elles sont automnales ou printanières ; peut-être dans les premières le rituel de l'ascension avait-il plus d'importance et celui du passage dans les secondes ; mais cette spécialisation, si tant est qu'elle existât déjà, était à peine ébauchée ; d'ailleurs on voit mal qu'elle puisse sortir d'une distinction entre les fêtes du renouveau et celle de la mort de la végétation.

Sont-elles en rapport avec le cycle agricole ? Il ne semble guère, en raison de leur uniformité, qu'elles soient les unes fêtes des semailles, par exemple, les autres fêtes des récoltes, ou du labour, ou du tissage. L'hypothèse qu'elles dépendent du rythme de la vie paysanne est plus plausible.

Il est sûr, en effet, qu'il existe un lien entre ces fêtes et le rituel du mariage [1]. Or, il ressort des querelles d'école que le printemps et l'automne étaient, de l'avis des Chinois, propices aux rites nuptiaux — ou plutôt ces périodes du printemps et de l'automne où les paysans passaient d'un genre de vie à un autre tout différent. Une tradition s'exprime ainsi : « Quand se dépose la gelée blanche, les travaux des femmes sont achevés ; alors les mariages peuvent se faire. Quand les glaces fondent commencent les travaux des champs et la cueillette des feuilles de mûrier : les rites nuptiaux touchent à leur fin à cette époque [2]. » Les travaux des femmes dont on parle, ce sont ceux de la soie, ils finissent comme la saison les travaux rustiques. « Quand la gelée blanche commence à se déposer, tous les travaux s'arrêtent [3]. » Les

---

1. Cf., p. 132 sqq.

2. Kia yu, 本命解. 霜降而婦功成. 嫁娶者行焉. 冰泮而農桑起. 昏禮始殺於此.

3. Yue ling, 9ᵉ mois ; Couv., I, 386 霜始降則百工休.

hommes cessent alors de vivre dispersés dans les champs et — après une grande réjouissance — « tous rentrent dans leurs demeures[1] ». Pendant la morte saison ils s'occupent à des travaux d'intérieur, tressant, par exemple, des cordes[2]; les femmes cependant tissent le chanvre[3] : quand la toile est faite et qu'on peut la vendre[4], quand les habits de printemps sont achevés et qu'on peut les revêtir pour les cérémonies printanières[5] — c'est le temps où les filles qui cessent de filer, suivent dans les fêtes les garçons du voisinage[6], c'est le temps où les glaces fondent[7] — alors les paysans commencent à ne plus demeurer au village[8].

Les moments de l'année où les individus changeant d'occupations et d'habitat se groupaient de façon nouvelle, étaient sans doute des moments pathétiques; l'activité sociale devait alors revêtir un caractère solennel. Nos fêtes qui correspondent à ces périodes critiques, marquent peut-être les temps du rythme de la vie paysanne. Un cas favorable permet de voir ce dont cette hypothèse peut rendre compte.

La fin des travaux champêtres et le retour au village étaient l'occasion de réjouissances qui nous sont connues sous leur forme officielle, savoir la fête des *Pa Tcha*[9].

Le *Yue ling* place cette fête au dixième mois, et au milieu d'un ensemble de cérémonies qui est bien le plus important

---

1. *Ibid.* Cf. Pin fong, I ; Couv., 163.
2. Pin fong, I ; Couv., 164-165.
3. *Ibid.*, p. 162 ; cf. LXIII, 7.
4. LXVI, 2-3.
5. Cf. p. 159.
6. Voir LXIII, 7 et LXVI, 1-2.
7. Voir L et LII.
8. Cf. Yue ling, 2ᵉ mois ; Couv., I, p. 343 et SMT, I, 44.
9. Sur cette fête nous possédons des renseignements dispersés, d'âge et de provenance très divers et de valeur très inégale. Il serait à peu près impossible de dire ce en quoi consistait cette fête des Pa Tcha à un moment déterminé, par exemple quand Confucius y assista. En revanche, tous les textes qu'on a mettent en lumière certains faits caractéristiques qui se trouvent être de première importance pour ce travail. C'est de ces faits que je veux m'occuper et non de tenter une restitution (impossible au reste) de la fête.

que mentionne ce texte [1]. Le *Kiao tö cheng* la fixe au douzième mois et la décrit toute seule [2].

Les dates données sont différentes : La fête du Yue ling est fixée au premier mois de l'hiver, c'est-à-dire au terme de l'année agricole ; l'autre est placée au douzième mois, c'est-à-dire à la fin de l'année civile. Les érudits indigènes affirment que la fête fut déplacée sous les Ts'in, auxquels ils font remonter le Yue ling ; les principes cosmologiques adoptés par cette dynastie l'avaient amenée à faire coïncider l'année agricole et l'année civile : c'est pourquoi la fête aurait été avancée afin qu'elle marquât toujours le terme de l'année civile et placée au dixième mois (devenu le douzième du nouveau calendrier). Pourtant la place primitive d'une fête d'universelles actions de grâces n'est-elle pas après la récolte ? En fait — et ceci tranche la question — le Che king [3], comme le Yue ling, la fixe au dixième mois : c'est donc là la date ancienne qui, plus tard, fut reculée. La fête marqua d'abord la fin de l'année réelle, le terme du cycle de production ; puis celle de l'année civile, le terme arbitraire du cycle astronomique [4].

La solennité avait tous les caractères d'une orgie [5] ; on

---

1. Yue ling, 10ᵉ mois ; Couv., I, 395-396.

2. Kiao tö cheng, Li ki ; Couv., I, 594-598.

3. Pin fong, I ; Couv., p. 165 : Le dernier couplet qui décrit la fête dit formellement 十月 au 10ᵉ mois : un des termes calendériques correspondants est : « le grillon se glisse sous les lits ». Il a servi de motif principal à une autre pièce du Chè king, T'ang fong, I ; Couv., 120, qui décrit la même fête : Ces deux pièces indiquent toutes deux qu'au 10ᵉ mois *l'année louche à sa fin*. Il résulte de cette observation, qu'en fait, les calendriers différents que les Chinois attribuent à des dynasties successives ont été employés concurremment (le Pin fong, 1, en est une preuve manifeste) l'un comme calendrier civil, l'autre comme calendrier agricole et religieux.

4. Le Pin fong, 1, dernier couplet, indique nettement que la fête du dixième mois, réjouissances de fin d'année, fêtes des récoltes, du repos, était attaché à un terme agricole, la tombée du givre, le début du gel et que par là, elle faisait pendant aux fêtes printanières du dégel et de la crue des rivières (cf. LII). — On rapprochera ce fait de celui attesté par SMT, III, 440-447, 442, 453-454, que l'on sacrifiait aux montagnes et aux rivières à l'occasion du gel et du dégel. Rap. Cérémonie pour les ancêtres aux termes du givre et de la rosée : Tsi Yi, Li Ki. Couv. II, p. 271.

5. Yue ling ; Couv., I, 393 : 大飲 grande beuverie. Cf. Pin fong, 1 inf.; T'ang fong, 1.

mangeait et buvait à satiété ; anciennement figuraient des
rites sexuels ; plus tard et au prix d'un bon contre-sens, on
raya de la liste des offrandes, parce que celles-là parurent
alors immorales, les cerfs et les femmes que le suzerain devait recevoir entre autres prestations[1]. Pendant les réjouis-

---

1. Kiao tö cheng ; Couv., I, 597. L'intendant des filets présentait les
cerfs et les femmes, 羅氏致鹿與女. Ce fonctionnaire est nommé au
Tcheou li. Cf. Biot. II, 30. Il y est dit qu'il disposait pour la fête des Pa
Tcha, les filets (pour prendre les cerfs) et les tuniques courtes (vêtements féminins) 蜡則作羅襦. Pour Tcheng Sseu-nong, les filets sont
destinés à prendre les quadrupèdes : Pourquoi disposait-on à côté des
habits courts destinés aux femmes ? Les glossateurs chinois, analysant
le texte du Kiao tö cheng, remarquent que le préposé aux filets était
chargé d'adresser aux envoyés des seigneurs un avis qui devait prémunir
leurs maîtres contre les dangers d'un amour excessif de la chasse et des
femmes. Dès lors, ils trouvent une occasion de donner à un texte qui
semblait parler fâcheusement de cadeaux de femme, un sens conforme à
la morale orthodoxe. Mais il fallut pour cela un bon contre-sens. 致
présenter est un terme rituel pour les cadeaux [Cf. l'expression 致福,
cadeaux de la viande des sacrifices ; il s'emploie de plus dans une expression qui désigne le rite dernier qui parfait le mariage : l'ambassade
qui fait trois mois après le mariage la livraison définitive de l'épousée
est dite venir présenter la fille 致女. Enfin, la valeur du mot dans le
texte est définitivement précisée par l'emploi qui en est fait dans un
texte fort important du Kouo yu (Tcheou yu, I, 2ᵉ discours, cf. SMT, I,
265). Pour ce texte très délicat dans le détail, voir l'analyse donnée dans
Granet : *la Polygynie sororale et le sororat*, Textes. La mère du duc
K'ang de Mi conseille à son fils qui, par excès d'orgueil féodal, avait
pris pour femmes trois sœurs (les rites ordonnant de prendre, en effet,
trois femmes de même famille, mais deux sœurs seulement, la troisième devant être d'une génération inférieure, nièce des deux autres)
de remettre ces femmes au roi 致於王.] Il est donc certain que dans
les cérémonies anciennes des Pa Tcha, l'intendant des filets prenait soin
des tributs de toute nature (particulièrement des animaux de chasse
envoyés par les seigneurs) ; (Kiao tö cheng : 大羅氏天子之掌鳥
獸者也. 諸侯貢屬焉. y compris les cerfs et les femmes, pour les
présenter en tribut d'hommage au fils du ciel. Cette association des cerfs
et des femmes n'a rien qui doive surprendre : à l'idée de mariage est
liée celle d'un présent de viande ou de peau de cerf; cf. LXIV et Yi li :
Mariage 記 (qui décrit la présentation des peaux de cerfs rituelles). Ce
présent est même associé dans l'esprit des Chinois à l'institution même
des cérémonies matrimoniales. Cf. Annales des trois souverains *in* SMT,
I, 7 : « (Fou Hi) régla le premier le mariage de la femme et celui de
l'homme et du don des deux peaux de bêtes il fit un rite. »
On notera (et c'est là le fait qui explique la possibilité du contre-sens
fait par les glossateurs chinois) que l'idée de cadeaux, de prestations

sances « les gens du pays entier étaient tous comme fous [1] ».
Il y avait des danses et de la musique [2]; le tambourin d'argile accompagnait la danse des armes et celle des étendards.
Il y avait même des espèces de mascarades rituelles ou des
gens représentaient, par exemple, des chats et des léopards [3].
Dans un concours de tir on prenait pour cibles des figures
peintes d'animaux [4]; la victoire y ouvrait l'accès aux honneurs
féodaux. Cette fête complexe, animée, dramatique, qui semble
d'abord en rapport avec les récoltes et aussi la chasse, a
deux traits principaux, sur lesquels j'insisterai. C'est une
fête de clôture ; c'est une fête d'actions de grâces.

On y rendait d'universelles actions de grâce. Dans l'ensemble de cérémonies décrites par le Yue ling sont compris [5]:
des prières pour l'année 年 (récolte) à venir, adressées aux
Tsong 宗 célestes ; le sacrifice d'un grand nombre de victimes en offrande au Dieu du sol public 公社, ainsi qu'aux
portes des villes et des bourgs, le sacrifice La 臘 (offrandes

---

obligations est lié à celle de la modération. C'est ce qui explique qu'à
une cérémonie où, originairement, se faisaient des échanges de femmes
et de produits de chasse, on ait jugé bon de prononcer des paroles solennelles condamnant l'amour excessif de la chasse et des femmes. Voir
sur ce point le T'ang fong, 1 ; Couv., 120, et remarquer que ce chant
rituel de la fête des Pa Tcha est cité dans le passage du Kou lie niu
tchouan relatif à la mère du duc K'ang de Mi (section 仁知傳). Voir
pp. 188-189.

1. Li ki ; Couv., II, 190, 國之人皆若狂.

2. Tcheou li, Biot. I, 266 (officiers des tambours). Dans tous les sacrifices adressés aux esprits de toutes choses (m. à m. des cent choses)
ils accompagnent avec des tambours la danse des armes et celles des
baguettes à touffes de soie, *ibid.*, 260 (maîtres de danses). Ils enseignent
la danse des armes et sont chefs de danse dans les sacrifices offerts aux
esprits des montagnes et rivières : Ils enseignent la danse des baguettes
à touffes de soie et sont chefs de danse dans les sacrifices offerts aux
génies de la terre et des céréales. Ils enseignent la danse des plumes et
sont chefs de danse dans les sacrifices offerts aux esprits des quatre ré-
gions (cf. LXII), ils enseignent la danse des plumes variées et sont chefs
de danse dans les cérémonies des temps de sécheresse (cf. LXII).

3. Kiao tö cheng ; Li ki, Couv., p. 595 et la note de Sou Mei-chan : Des
hommes représentaient les animaux, 尸.

4. Tcheou li, Biot. II, 547 et note.

5. Li ki ; Couv., I, 396.

de venaison) aux Ancêtres et aux cinq génies de la maison.
La liste du Kiao tö cheng [1] — peu claire dans le détail —
énumère d'abord huit 八 (Pa) espèces de sacrifices Tcha
蜡 adressés principalement au (aux ?) premier agriculteur
(Chen-nong ?)[2], puis au (aux ?) ministre de l'agriculture
(Heou-tsi ?), aux cent semences, aux travailleurs des champs
(ou aux chefs des agriculteurs), aux termes (ou aux cabanes
de garde construites à la limite des champs), à tous les animaux (oiseaux et quadrupèdes). Une glose introduite dans le
texte complète l'énumération : « On allait au-devant (pour
leur faire un sacrifice) des (représentants qui figuraient des)
chats et des léopards » car les uns mangent les mulots, les
autres les sangliers. L'invocation prononcée dans la cérémonie montre que celle-ci se rapportait encore à la terre, à
l'eau, aux insectes, aux plantes et aux arbres. D'après le
Tcheou-li [3], la musique qu'on faisait entendre s'adressait :
aux êtres à plumes et aux génies 示 (K'i) des rivières et des
lacs ; aux êtres à peau nue et aux génies des montagnes et
des forêts (ou des forêts de montagnes) ; aux êtres à écailles
et aux génies des tertres et des collines (ou des falaises et
des plages) ; aux êtres à poils et aux génies des plaines et
des plateaux ; aux êtres à coquilles et aux génies de la terre ;
aux êtres stellaires et aux divinités 神 (Chen) célestes. Ainsi
l'on rendait grâces à toutes les catégories d'êtres, animés ou
inanimés, idéaux ou réels, collectifs ou individualisés : aussi
donnait-on à Tcha (dont l'étymologie était obscure) le sens
de 索 *rechercher*. « Dans tout le pays on recherche 索 les
Kouei 鬼 et les *Chen* 神 et on leur adresse des sacrifices et

---

1. *Id.*, I, 594-595.
2. Cf. SMT, I, 13. Chen nong institua le sacrifice Tcha. Il frappait avec
un fouet rouge les herbes et les plantes (Rapp. de l'invocation des Pa
Tcha *in* Kiao tö cheng, Li ki ; Couv., I, 596). Le premier il éprouva les
cent espèces de plantes, et le premier il trouva les drogues qui guéris-
sent (Rapp. les cueillettes de plantes et de simples des fêtes des eaux
et des monts.)
3. Cf. Biot. II, 33.

des offrandes [1]. » On disait encore qu'on sacrifiait aux cent choses 百 物, c'est-à-dire à toutes choses [2].

A toutes choses l'on rend grâces à l'aide de toutes choses. « Au douzième mois de l'année, on réunit 合 聚 toutes choses 萬 物 (les dix mille choses) et les recherchant 索 on les offre [3]. » A la fête Tcha du fils du ciel, l'Intendant des filets avait la charge des animaux (oiseaux et quadrupèdes) qui figuraient dans le tribut des seigneurs ; les produits des récoltes y figuraient aussi [4].

De même, tout le monde contribuait aux sacrifices et tout le monde y prenait part. Les habitants du pays entier donnaient en raison de la prospérité de l'année [5] ; les seigneurs envoyaient au fils du ciel leurs présents par ambassade [6]. Les envoyés prenaient part à la cérémonie ; le suzerain offrait à ses fidèles une grande beuverie et la chair des victimes placée sur des tables ; « on récompensait les travailleurs des champs (de leurs efforts) de façon à leur donner le repos. » Les chefs de canton assemblaient tous les habitants dans le gymnase [8]. Toutes les règles qui sont le fondement de l'ordre social [9] se manifestaient dans cette cérémonie : respect des parents, respects des anciens, respect de la hiérarchie, esprit de déférence, désirs de pureté, sentiments de révérence. Les assistants étaient divisés en deux groupes ; les uns étaient du côté

---

1. Kiao tö cheng, Li ki ; Couv., I, 594 ; cf. Tcheou li 地官 v° 黨正, Biot. I, 250.

2. Cf. Tcheou li 地官 v° 鼓人, Biot. I, 267.

3. Kiao tö cheng, Li ki ; Couv., I, 594.

4. *Ibid.*, 597.

5. *Ibid.*, 598.

6. *Ibid.*, 597.

7. Yue ling, Li ki ; Couv., 391-395.

8. Tcheou li, Biot. I, 251 : « Lorsque dans tout le royaume on adresse des prières collectives aux esprits et qu'on offre des sacrifices, alors, selon les rites, le chef de canton rassemble le peuple et boit le vin dans le gymnase (Cf. la beuverie du Yue ling à la cour royale). Il régularise ainsi les positions respectives par rang d'âge. »

9. Voir Li ki ; Couv., II, 652 sqq., voir note de la p. 653. 尊讓. 絜敬 也.

du Président de la cérémonie 主 人, les autres figuraient les invités 賓 [1]. La place des convives était déterminée par une orientation dont l'influence, pensait-on, mettait chaque groupe en relation avec les forces antithétiques de l'univers [2] — le ciel et la terre, le soleil et la lune, le *yang* et le *yin* — qui déterminent l'alternance et l'opposition des saisons. Les chefs des deux groupes et leurs aides s'offraient à boire alternativement. Deux bandes de musiciens jouaient l'une après l'autre, puis de concert [3]. La concorde générale était le fruit de cette fête ; on disait qu'elle marquait le plus haut point de la Bonté 仁 (*jen*, vertu de l'homme vivant en société), la perfection de la justice 義 (*yi*, règle des rapports sociaux [4]).

On voit, par tout ce qu'on sait d'elle, que cette fête d'universelles actions de grâces venait rendre manifeste l'unité du Tout, monde physique et monde humain, et que le sentiment de cette unité sortait d'une opposition des choses groupées antithétiquement. On sacrifiait à tout et tout servait au sacrifice ; tous étaient tenus aux offrandes et tous y participaient ; pendant qu'ils y participaient les membres du groupe humain étaient répartis en deux bandes, de même les choses de la nature étaient classées sous deux catégories.

Par un autre côté, les Pa Tcha sont une fête de clôture. Elle termine l'année agricole ; on en mène le deuil, et c'est pourquoi l'on porte des habits blancs ; une ceinture de chanvre, un bâton de coudrier [5]. On conduit ainsi à sa fin 送 終 l'année vieillissante.

Cette fête de la vieille année est aussi une fête des vieillards [6] ; elle enseigne à les respecter ; on leur donne le pre-

----

1. Confucius figura à titre d'invité aux fêtes de Lou. Cf. Li ki ; Couv., II, 190 et I, 496.

2. Li ki ; Couv., II, 654 sqq.

3. *Id.*, 662.

4. Li ki ; Couv., I, 595.

5. *Id.*, 596. Noter le rapprochement fait par les glossateurs entre 終 et 冬. Cf. Che king, Couv., 121.

6. Tcheou li, Biot. I, 251 ; Li ki, II, 659.

mier rang dans le banquet : ils y boivent la liqueur mêlée d'aromates qui « soutient les forces des vieillards aux longs sourcils[1] » et l'on porte des santés de longue vie : « Vieillesse éternelle ! Vie illimitée ! » 萬 壽 無 疆[2].

De même la fête a pour fin de restaurer les choses vieillies 以 息 老 物, fatiguées d'avoir produit[3] ; comme aux hommes, pour les payer de leurs efforts, on leur donnait le repos. Une invocation disait[4] : « Que la Terre revienne à sa place ! Que les Eaux se retirent dans leurs conduits ! Que les Insectes de l'été ne surgissent pas ! Que les Arbres et les Plantes retournent dans les lacs ! » Paroles obscures dont on peut trouver par ailleurs une interprétation fort claire.

Le Yue ling nous fait voir comment l'hiver se constitue par un double procédé d'occlusion : Les hommes s'enferment dans leurs maisons et y vivent dans l'isolement ; les choses se retirent dans leurs domaines respectifs et n'ont plus de rapport entre elles. Au dernier mois de l'automne « la gelée blanche commence à se déposer ; tous les travaux cessent...[5] le froid devient intense, les forces humaines ne le peuvent supporter, tout le monde rentre dans sa maison...[6], les animaux hivernants baissent la tête, ils se tiennent au fond de leurs retraites dont ils bouchent l'entrée. » Au dixième mois, dit le Che king[8] « le grillon pénètre sous les lits, on bouche les fentes, on enfume les rats, on ferme les fenêtres tournées au nord, on enduit les portes de glaise. Allons, ma femme

---

1. Che king, Couv., 440 et 163 ; cf. 450.
2. *Ibid.*, 165 ; cf. 183 et 285.
3. Tcheou li 地 官 v° 篇 章, Biot. II, 66.
4. 土 反 其 宅
   水 歸 其 壑
   昆 蟲 毋 作
   草 本 歸 其 澤.
5. Li ki ; Couv., 386.
6. *Ibid.*
7. *Ibid.*, 389.
8. Pin fong, 1 ; Couv., 163-164. Cf. T'ang fong, 1 ; Couv., 120.

et mes enfants ! l'année va changer ! Rentrons dans notre
maison !... Allons, mes laboureurs, nos grains sont ramassés, remontons, rentrons, réparons nos maisons ! » Et
ailleurs : « (Quand je revins à l'automne) ma femme avait
arrosé et balayé la terre et bouché les fentes. » Reprenons
le Yue ling : « (Au premier mois de l'hiver) l'eau commence
à devenir glace, la terre commence à se geler, le faisan
plonge dans la grande rivière (Houai) et devient coquil-
lage, l'arc-en-ciel se cache et n'apparaît plus [1]... Les émanations du ciel 天氣 sont remontées dans les hauteurs [2];
les émanations de la terre 地氣 sont descendues dans
les profondeurs ; le ciel et la terre ne communiquent plus
天地不通 ; l'occlusion est complète 閉塞 et c'est l'hiver...
(On) couvre les greniers... Il n'y a rien qui ne soit ras-
semblé. On répare les doubles enceintes ; on prend garde
aux portes des villes et des bourgs ; on arrange les barres et
fermetures ; on prend soin des clés : on consolide les levées
de terre des frontières ; on munit de défenses les limites ; on
veille sur les barrières et les ponts ; on ferme les chemins et
les sentiers [3]... (Au deuxième mois de l'hiver) la glace épaissit,
la terre commence à se crevasser [4]... Que les travaux de la
terre ne soient pas commencés ! Qu'on prenne garde de ne
pas découvrir ce qui est couvert ! Qu'on n'ouvre ni chambre
ni maison ! Qu'on n'aille pas réunir des foules ! Que tout reste
enclos ! Que tout reste enfermé ! (Sans quoi) les émanations
de la terre s'échapperaient et se dissiperaient ! Ce serait
comme si l'on ouvrait les demeures du ciel et de la terre ! Les
animaux hibernants en mourraient ! Le peuple n'échapperait
pas aux maladies pestilentielles [5] !... Tout doit être parfaitement fermé... Si un paysan n'a pas recueilli et enfermé ses

---

1. Li ki; Couv., 391.
2. *Ibid.*, 393. Cf. inversement 1ᵉʳ mois ; *Ibid.*, 336.
3. *Ibid.*, 395.
4. *Ibid.*, 398.
5. *Ibid.*, 399.

récoltes, si un cheval, un bœuf, un animal domestique est laissé à l'abandon, qui s'en empare n'a point de tort [1]... » On crépit les entrées... pour aider à l'occlusion du ciel et de la terre [2]... »

Les hommes, quand ils prennent leur repos, le donnent aussi aux choses et ils conçoivent ce repos de la nature à la ressemblance du leur. Parce qu'ils vivent en hiver, calfeutrés dans leur maison, enfermés dans le hameau de leur famille, ils regardent la morte saison comme le temps d'une claustration universelle où les choses retournent à leurs demeures originelles, y subsistent parquées par catégories et n'ont plus de rapport entre elles. Chaque espèce, maintenant impénétrable, est mise hors de toute atteinte, écartée de tout contact étranger, frappée d'interdit : La terre, sacralisée, n'accepte plus le travail humain ; le droit de propriété ne s'exerce plus à distance ; il n'y a plus de liens qu'entre les êtres contigus et de même essence. Pendant que les hommes restaurent leurs forces dans la vie familiale, et, au contact des leurs, reconstituent en eux le génie de leur race, ils pensent que les diverses catégories d'êtres, qui restent aussi entre familiers, retrouvent leurs qualités spécifiques et que leur essence rajeunie s'apprête au renouveau. Ainsi la formule des Pa Tcha qui réalisait l'universelle dispersion, réalisait encore la restauration de toutes choses.

On a envisagé la fête sous ses deux aspects principaux ; on peut essayer d'en comprendre le sens profond. Fête d'universelles actions de grâces ; elle manifeste la concorde universelle ; fête de clôture de l'année rustique, elle prélude à la morte-saison où chacun va vivre dans un groupe étroit et homogène. Avant que chacun d'eux ne soit repris par le particularisme domestique, les gens d'un même pays se réunissent pour affermir en eux le sentiment de leurs affinités communes.

---

1. *Ibid.*, 401.
2. *Ibid.*, 403.

C'est dans une orgie qu'ils reforment le pacte social, mais c'est une orgie réglée où se montrent les valeurs respectives des contractants ; des concours mettent en évidence leurs mérites ; ils prennent place à leur rang ; ils contribuent selon leurs ressources : les contributions mesurent ce que chacun croit pouvoir revendiquer de respectabilité, il se disqualifierait celui qui garderait tout pour lui seul ; n'est-ce pas un principe du droit féodal de l'époque que le suzerain s'il veut asseoir son autorité [1] ? ne doit presque rien retenir sous son domaine direct. Un vrai seigneur, ne doit pas thésauriser ; on le rappelait au cours de la cérémonie : « qui aime la chasse, qui aime les femmes (entendez : qui étale sans mesure les signes extérieurs les plus éclatants de la Fortune) perd sa seigneurie. Le Fils du ciel cultive des concombres et des fruits (qu'on consomme sur l'heure) ; il n'amasse ni n'entasse les moissons [2]. » La fête enseignait donc à ne pas

---

1. Cf. Chang song, 3, Che king ; Couv , 463, 4⁰ strophe.

2. Li ki ; Couv., p. 597. Comparer Kouo yu, Tcheou yu, I, 2⁰ discours : « Cette chose de valeur qu'on vous a remise, quelle vertu avez-vous pour la mériter ? Un roi lui-même ne la mériterait pas, à plus forte raison, vous, petit vilain... Un petit vilain qui thésaurise finira à coup sûr par disparaître. 衆以美物歸女而何德以堪之. 王猶不堪況爾小醜乎. 小醜備物. 終必亡. Noter que Wei Tchao dans ses notes au Kouo yu rappelle la modération que les seigneurs doivent montrer en matière de chasse. Comp. Kou lie niu tchouan, section 仁知傳 et noter le rappel qu'il y est fait de la première pièce du T'ang fong, Che king ; Couv., 120.

> Le grillon est dans la salle
> et l'année touche à sa fin !
> Nous donc pourquoi point de fêtes ?...
> les jours et les mois s'enfuient.
> Pourtant, gardons la mesure,
> et songeons à notre état.
> Aimons la joie sans folie...
> un brave homme est circonspect.
>
> Le grillon est dans la salle
> et l'année s'en va finir !
> Nous donc pourquoi point de fêtes ?...
> les jours et les mois s'écoulent.
> Pourtant gardons la mesure,
> et songeons à l'imprévu.

accaparer[1] *la Fortune* 惠利 ; elle faisait sentir le prix de la modération dans la prospérité. « Aimons la joie sans folie ! Un brave homme est circonspect. » De la superbe sort le Malheur 大難. Il faut au contraire savoir *communiquer sa Fortune* 導利 et « la répandre du haut en bas de l'échelle des êtres » 布之上下者, atteignant ainsi par ses largesses « non seulement les hommes mais les puissances sacrées et toutes choses *de telle sorte que tout arrive à son développement suprême* 使神人百物無不得其極. Ainsi quand, sitôt faites, on usait libéralement des récoltes, l'ordre social se consolidait pour le plus grand profit de l'univers : les sentiments de joie et de mesure qui emplissaient alors le cœur des hommes, leur faisait encore augurer de la prospérité de la Nature et concevoir son ordre ; du coup l'efficacité des fêtes humaines dépassait la société des hommes.

De même les lois naturelles que les anciens Chinois imaginaient sur le modèle des règles de vie qu'ils suivaient, leur paraissaient assurées d'une application régulière dès qu'eux-mêmes ne contrevenaient pas à leur propre discipline. Le

---

Aimons la joie sans folie,
un brave homme est raisonnable.

Le grillon est dans la salle,
les charrettes remisées !
Nous donc pourquoi point de fêtes ?...
les jours et les mois s'envolent.
Pourtant gardons la mesure,
et songeons aux jours de peine,
Aimons la joie sans folie,
un brave homme est modéré.

Comp. T'ang fong, 2 ; Couv., 122.

1. Cf. Kouo yu, Tcheou yu, 4ᵉ d. et SMT, I, 269. « La maison royale court à sa perte. Le duc de Ying aime à accaparer la Fortune 惠利 et il n'a point conscience du Malheur 大難. La Fortune c'est ce qui provient de tous les êtres (m. à m. des cent choses). Ce qui dépend du ciel et de la terre, s'il y a des gens qu'il accapare, ils nuisent à beaucoup... celui qui règne doit communiquer la Fortune et la répandre du haut en bas de l'échelle des êtres et faire ainsi que les puissances sacrées, les hommes et toutes choses arrivent à leur développement suprême. » Comparer SMT, I, 160, un exemple légendaire de cette bienfaisance universelle.

rythme de leur vie déterminait l'alternance des saisons ; leur fête du repos autorisait la nature à se reposer ; leur claustration hivernale réalisait pour la saison l'indépendance des espèces : un désordre dans leurs coutumes eût désorganisé l'univers. S'ils n'étaient point restés pendant la morte saison enfermés dans leurs maisons, toutes fentes bouchées, « la gelée n'aurait pas fermé les issues du sol, les émanations de la terre se seraient dissipées dans les hauteurs [1] ». Si au contraire, fidèles au sentiment de l'ordre qui avait pénétré leurs âmes pendant la fête qui les avait fait passer d'un genre de vie à un autre, ils se conformaient à leur nouveau mode d'existence, les émanations de la terre, enfermées comme eux, ne pouvaient plus se mêler à celles du ciel, ni par suite la pluie tomber, et il avait suffi, pour constituer la saison sèche, d'invoquer solennellement l'Eau en lui disant de se retirer dans ses conduits [2]. Les paysans chinois ne s'enfermaient pas, l'hiver, avec une intention magique et escomptant les effets de la sympathie, pour enfermer aussi la pluie inopportune ; mais, ayant coutume de vivre retirés chez eux pendant cette saison où il ne pleut point, ils imaginaient ensuite que les usages de la nature sont ceux-là mêmes qu'ont les hommes. Leurs différentes pratiques étaient, de ce point de vue, autant d'observances dont la puissance s'étendait au monde physique. Le rythme régulier de leur existence était, en fait, calqué sur le cours régulier des choses ; mais cette régularité naturelle, c'est la régularité de leur vie qui la leur faisait concevoir ; et, par cela même, elle en paraissait solidaire ; de même la croyance qu'ils avaient en l'efficacité de leurs observances dérivait de la confiance et du respect que leur inspiraient leurs coutumes. Il n'y a donc pas à s'étonner que les fêtes saisonnières, qui marquent d'abord les moments pathétiques de la vie sociale, aient eu aussi une action sur la

---

1. Li ki ; Couv., I, p. 397.
2. Voir la formule d'invocation des Pa Tcha.

Nature, ni que les moyens qui passent pour agir sur celle-ci, loin d'avoir été imaginés et adaptés à pareille fin, sortent simplement d'usages établis pour pourvoir à des besoins humains.

Les plus générales des conclusions où nous conduit l'étude des Pa Tcha, il n'est pas abusif[1] de les tenir pour vraies des autres fêtes saisonnières. Placées aux points critiques de la vie rythmée des paysans chinois, elles correspondent aux temps de congrégation où individus et petits groupes, isolés le reste de l'année, reforment la communauté qui les unit. Ce sont, en gros, des fêtes d'alliance, où les hommes prennent consciencé des liens qui les unissent et du même coup de leur solidarité avec le milieu naturel où ils vivent et qui, par surcroît, assurent, avec la prospérité des êtres et des choses, le fonctionnement régulier de la Nature.

LES LIEUX SAINTS

La cérémonie royale des Pa Tcha se passe en un lieu indéterminé ; nos fêtes se tiennent d'ordinaire au bord de l'eau et au pied des monts.

---

1. A vrai dire, l'étude des textes relatifs au Pa Tcha, — principalement si l'on tient compte des faits suivants : — 1° La fête primitive est une fête équinoxiale d'automne liée au gel et opposée à une fête équinoxiale de printemps liée au dégel (Pin fong, 1) ; elle est donc en rapport avec le culte des montagnes et principalement des rivières et, par conséquent, apparentée aux fêtes automnales des monts et des eaux ; 2° La fête est une orgie où manifestement les rites sexuels ont joué un grand rôle : [Les femmes que le duc K'ang de Mi se refusait à donner en tribut au roi Kong s'étaient unies à lui 奔 (terme employé pour les unions des fêtes des Eaux et des Monts) sur les bords d'une rivière] — donne l'impression que cette fête dérivait des fêtes populaires tenues par les anciens Chinois, en automne, au bord des rivières sacrées. Les Pa Tcha, une fois devenus cérémonie officielle, l'orgie alimentaire, par suite des idées morales en cours dans les classes nobles, n'a pas tardé à prendre une importance extrême au détriment de l'orgie sexuelle.

On a, depuis longtemps, constaté que les Montagnes et les Rivières occupent une grande place, tant dans la religion officielle que dans les croyances populaires des Chinois. Depuis l'antiquité la plus haute, dit-on, les Montagnes et les Rivières sont, en Chine, objets de culte. C'est assez mal s'exprimer : on risque de laisser entendre que les unes comme les autres étaient spécialement adorées et que des cultes indépendants s'adressaient ici à telle montagne sacrée, là à telle rivière sacrée ; d'où la tentation d'expliquer ces cultes par l'analyse des représentations que pouvaient évoquer dans les âmes chinoises, que peuvent généralement évoquer les monts et les fleuves, la grandeur des monts, la puissance des fleuves.

Pour nous, le problème se présente d'une autre façon : nous avons vu que les fêtes ne se tenaient pas ici auprès de l'eau, là aux abords d'une hauteur, mais toujours dans un paysage d'eaux et de montagnes, où la végétation, bois et gazons, était puissante : et c'est même un fait significatif que là où les documents n'indiquent d'abord que la montagne ou la rivière, on arrive généralement à trouver par ailleurs mention de ce qui paraissait manquer [1]. Ce n'est donc pas de l'adoration des monts et des fleuves qu'il faut rendre compte ; c'est de l'existence de lieux saints dont tous les éléments, roches, eaux et forêts, étaient sacrés eux aussi.

Un fait confirme cette manière de voir : dans les croyances chinoises les fleuves, les monts et les bois sont des puissances du même ordre et on leur sacrifie conjointement [2] ; ou bien, si l'un des éléments du paysage sacré apparaît au premier plan, il est clair qu'il le doit à ce qu'on voit en lui la manifestation la plus éclatante de la puissance incorporée dans l'ensemble. Voyons les textes [3] : « Les montagnes, les

---

1. Cf. p. 130.
2. SMT, III, 443, 448, témoigne qu'on faisait dans les lieux saints une multitude de sacrifices s'adressant à des puissances de tous ordres.
3. Li ki ; Couv., II, 260.

forêts, les fleuves, les vallées, les tertres, les collines ont le pouvoir de produire les nuages, de faire la pluie et le vent, de faire apparaître des prodiges : de toutes ces choses on dit qu'elles sont des 神 (Chen) puissances sacrées. » — « Les puissances sacrées des montagnes et des fleuves [1], quand il y a la calamité d'une inondation, d'une sécheresse, d'une épidémie, c'est à elles qu'on adresse les sacrifices de conjuration 禜. » Un de ces sacrifices est resté célèbre ; il fut offert par T'ang, le fondateur de l'ancienne dynastie Yin, à l'occasion d'une sécheresse extraordinairement prolongée. T'ang s'offrit en personne pour la conjurer 以身禱 à la forêt des mûriers 桑林[2]. » Longtemps après, en 566 avant J.-C., le pays de Tcheng souffrant d'une grande sécheresse[3], plusieurs hommes, dont un invocateur, reçurent mission d'offrir un sacrifice à une montagne de même nom 有事於桑山 : « Ils en coupèrent les arbres ; la pluie ne tomba pas. » Ces opérateurs maladroits furent punis par un sage ministre : « Quand on sacrifie à une montagne, dit-il, c'est pour en faire pousser la forêt 蓺山林 ; en couper les arbres est donc un grand crime. »

C'est un fait que les sommets s'entourent de nuées, et que les brouillards se plaisent à traîner sur les forêts et les vallons ; est-ce par l'observation qu'on a trouvé la source de la pluie aux lieux où les nuages semblent se former ? Mais ne prête-t-on pas encore aux montagnes et aux rivières le pouvoir d'écarter les pestilences ? On pourrait dire que ce pouvoir dépend des autres : les maladies infectieuses se répandent si l'humidité est excessive ou insuffisante. En fait, la puissance des monts et des fleuves n'est pas aussi spéciale qu'on la concevrait en partant de l'observation des faits de nature. Ce ne sont pas seulement des réservoirs d'où jaillit la pluie ; ce sont plutôt des régulateurs de l'ordonnance des

---

1. Tsouo Tchouan, Tchao, 1ᵉʳ a., Legge, 580 ; cf. SMT, IV, 479.
2. Cf. Tchou tchou ki nien, T'ang, 24 a.
3. Tsouo Tchouan, Tchao, 16ᵉ a., Legge, 665.

saisons ; ils jouent, dans l'ordre naturel, un rôle analogue à celui du seigneur dans la société des hommes.

Il est déjà significatif qu'on leur attribue une place dans la hiérarchie féodale : ils ont rang de seigneur, et un titre qui correspond à leur puissance [1]. Inversement leur culte est une chose seigneuriale [2], un privilège de la souveraineté [3]. Il est plus significatif encore de voir les chefs traiter avec eux, au nom des hommes, des affaires de la nature. Encore le mot traiter est-il peu juste, qui suppose deux pouvoirs en présence. Il serait peu exact de dire que T'ang, quand la sécheresse décimait ses fidèles et qu'il se dévoua à la Montagne des mûriers, alla, comme le chef d'un peuple rendu, se remettre à la discrétion d'une puissance supérieure. Il ne s'agissait pas pour lui d'apaiser par un hommage une puissance hostile ; si elle avait été telle on aurait pu tenter de la réduire : il fallait au contraire ne pas l'affaiblir, il fallait, par exemple, faire pousser ses arbres et non pas les couper. Il ne s'agissait pas non plus d'appeler au secours une puissance souveraine : qui est le plus atteint par le malheur commun ? ce sont les chefs. Par temps de sécheresse tout son pouvoir abandonne le seigneur [4] : « ses fidèles se dispersent [5] » ; « il n'a plus d'endroit où se retirer ; la mort est proche ; il ne sait où lever les yeux, où tourner la tête [6]... » « Les montagnes et les rivières ne sont pas moins éprou-

---

1. Li ki ; Couvreur, I, 289-290 et note ; cf. SMT, III, 418.

2. Li ki, *ibid.* Cf. Ts'ien Han chou, *Traité sur le sacrifice Kiao*, ch. 25 a., p. 2 r°.

3. SMT, IV, 379, 380. Le roi de Tch'ou se refuse à sacrifier au Ho qui n'est pas de son domaine ; il ne se croit autorisé qu'à sacrifier à ses fleuves domaniaux le Kiang et le Han. Cf. Che king, Lou song, 4 ; Couv., 457.

> Le T'ai chan est très élevé,
> La principauté de Lou le contemple,
> Elle possède les monts Kouei et Mong.
> ... Elle garde et elle possède les monts Fou et Yi.

4. Che king, Ta ya, III, 4 : *la Voie lactée*, Couv., 391, strophe 4.

5. *Ibid.*, strophes 7 et 2.

6. *Ibid.*, strophe 4.

vées : « La sécheresse ! quelle est extrême ! Épuisés ! Épuisés ! sont les monts et les fleuves [1]. » Les uns n'ont plus
d'eau ; la végétation disparaît des autres : Tout autant que
le prince ils sont humiliés.

C'est qu'en réalité leur pouvoir n'est qu'un autre aspect du
pouvoir seigneurial. Quand le seigneur est sans vertu, il
n'y a point d'ordre entre les hommes ; quand la montagne est
impuissante, la pluie ne tombe pas en temps voulu [2] : mais si
quelqu'un, alors, a l'idée de punir la montagne qui n'assure
pas son service, il méconnaît l'ordre des responsabilités [3]. La
désorganisation de la nature n'est qu'une conséquence de la désorganisation de la société ; aussi est-ce le prince qui doit se
reconnaître coupable lorsqu'il ne pleut plus ou lorsqu'il pleut [4]
trop. Il lui faut rénover sa vertu et restaurer du coup en sa
force première la puissance du lieu saint. S'il ne s'amende
pas, il n'a qu'à attendre le châtiment ; il peut le recevoir des
hommes ; mais sa punition est en lui : D'un mauvais prince
le pouvoir s'écroule ou se tarit — et ses monts et ses fleuves,
mauvais comme lui, s'écroulent et tarissent. Le roi Yeou [5]
(782-772 avant J.-C.) était un prince funeste ; la deuxième
année de son règne, un tremblement de terre troubla le cours
de trois rivières ; les sages ne s'y trompèrent pas : « Les
Tcheou vont périr... (car) une seigneurie doit avoir l'appui
de ses monts et de ses fleuves. Quand les montagnes s'écroulent et que les rivières tarissent, c'est un présage de ruine. »
Celle du roi était certaine avant dix ans : Il fut tué en 772 ;
dès 780, trois rivières s'étaient desséchées et la montagne K'i
s'était écroulée.

Le roi Yeou se perdit pour l'amour d'une femme [6]; l'in-

---

1. *Ibid.*, strophe 5.
2. Voir commentaires de *la Voie lactée* et la préface de la pièce.
3. Cf. p. 193.
7. Cf. Li ki ; Couv., I, 261 ; cf. Siao ya, IV, 9 ; Couv., 238, strophe 3.
5. SMT, I, 278 國必依山川·山崩川竭·亡國之徵也. Cf. Siao
ya, IV, 9 ; Couv., 239, strophe 3. Compar. Siao ya, I, 6 ; Couv., 184, strophe 6.
6. Pao Sseu ; cf. SMT, I, 280.

fluence féminine jeta le trouble dans le gouvernement ; le même trouble perturba la nature : *le Yin opprima le Yang* et « la terre trembla » ; « les sources se fermèrent, les monts desséchés croulèrent[1] ». De tels désastres ont sur les hommes des conséquences inévitables : ils ne trouvent plus de quoi prendre leur subsistance ni où enterrer leurs morts : d'où disettes, épidémies, morts prématurées[2].

La vertu des monts et des rivières n'a donc d'efficace que par la vertu du seigneur. S'ils assurent au peuple la vie et la santé ce n'est pas par des propriétés qui leur soient inhérentes ; ils n'en ont aucune qui dérive de leur nature propre ; ils dépendent en tout du gouvernement des hommes ; ils valent ce qu'il vaut ; ils durent ce qu'il dure.

Les mauvais princes se montrent à la fin des dynasties ; leur malignité ne vient point d'eux-mêmes, elle vient de ce que la vertu de leur race est épuisée[3] ; celle de leurs fleuves et de leurs montagnes s'épuise en même temps[4]. « Autrefois le Yi et le Lo se desséchèrent et la dynastie des Hia périt ; le Ho se dessécha et la dynastie des Chang périt. » « Voilà que le T'ai-chan s'écroule ! » chantait Confucius mourant[5] qui voyait en esprit la chute des Tcheou. Entre le pouvoir d'une famille seigneuriale et la puissance des monts et des fleuves de son pays, l'identité est complète.

Les familles seigneuriales portent comme 氏 *cognomen* le nom de leur pays : nombreuses sont celles des temps légendaires qu'on désigne d'un nom de montagne ou de rivière[6] ;

---

1. *Ibid.*, 279-280.

2. Kouo yu, Tcheou yu, 3. Noter que les monts sont des lieux de sépultures. Aux fêtes printanières de Ts'ing ming ; cf. de Groot, Emouy, 231 sqq. on va en ascensionnant visiter les tombeaux.

3. Quand la vertu propre à une race est épuisée, elle n'a plus qu'à se laisser périr : témoin les paroles du roi de Tch'ou sentant la fin venir 大福不再祗 : La fortune ne vient pas deux fois, SMT, IV, 364.

4. SMT, I, 280.

5. T'an kong, Li ki ; Couv., I, 144.

6. SMT, I, 14 : « Chen-nong vint de la montagne Lie : c'est pourquoi Tsouo dit : Le fils de Lie-chan s'appela Tchou. — *Ibid.*, 163 : La mère de

sans doute il n'y a point là une simple indication d'habitat
mais la trace d'un lien très étroit entre la race seigneuriale
et ce qui semblait le centre et le cœur du pays. Houang-ti et
Yen-ti sont tous deux fils de Chao-tien et, apparemment, de
la même mère ; pourtant ils fondèrent deux familles rivales :
c'est qu'ils se *formèrent*, c'est qu'ils se *firent* 成 (tch'eng)
sous l'influence de deux rivières différentes. Le mot chinois
成 (tch'eng) est impossible à rendre : il éveille l'idée de perfection, de plénitude ; il se dit de l'homme fait, du majeur; il
exprime la réussite complète, l'avènement d'une dynastie.
Chaque rivière *fit* de Houang-ti et de Yen-ti tout ce qu'ils
furent : *ils reçurent d'elles leur nom de famille*[1]. « C'est
par la rivière Ki 姬 que fut fait 成 Houang-ti ; c'est par la
rivière Kiang 姜 que fut fait 成 Yen-ti ; ainsi faits, leurs
vertus furent différentes. Aussi Houang-ti fut-il de nom Ki
姬, Yen-ti fut-il de nom Kiang 姜 ; les deux empereurs levè-
rent des armées et se combattirent parce que leurs vertus
étaient différentes : Nom de famille différent, vertu différente ;
vertu différente, espèce différente. » Près de l'influence de la
rivière, la paternité n'est rien ; cette influence détermine et l'espèce 類 et la vertu 德 et le nom 姓, signe unique de la parenté.
La destinée, le génie, la puissance de la race, c'est la rivière
qui l'engendre. S'étonnera-t-on que des montagnes aient pu
être considérées, au propre, comme l'origine de dynasties lo-

---

K'i était une fille de Tou-chan 塗山之女 (cf. *Ibid.*, 158 : Au jour lin et
jen (dit Yu, père de Ki) je me mariai à Tou chan). Voir principalement I,
93 : « Depuis Houang-ti jusqu'à Chouen et Yu tous (les empereurs) eurent le même nom de famille 姓 mais ils se distinguèrent par leurs noms
de pays 國號 afin de mettre en évidence leurs vertus (différentes) 以章
明德 (cf. la glose 以祖爲氏姓 : la vertu détermine les appellations
familiales 氏 et 姓.

1. Kouo yu, Tsin yu, 148 昔少典娶于有蟜氏·生黃帝炎帝·
黃帝以姬水成·炎帝以姜水成·成而異德·故黃帝爲姬·
炎帝爲姜·二帝用師相濟也·異德之故也·異姓則異德·
異德則異類. Ce texte donne une bonne définition du tö 德 : force
sacrée individualisée, génie spécifique.

cales [1] ? « Les montagnes saintes sont vastes et étendues ; leurs cimes touchent au ciel ! C'est des montagnes saintes que sont descendues les puissances sacrées 神 qui firent naître 生 (les princes de) Fou et (de) Chen. »

Les montagnes donc et les fleuves apparaissent comme les intermédiaires par lesquels s'exerce sur le pays le pouvoir régulateur du gouvernement [2] ; ce n'est pas de leurs qualités propres que leur vient leur puissance, mais d'une espèce de délégation de ce pouvoir ; elle possède la même force, les mêmes chances de durée que celui-ci : elle est à ce point identique à la vertu spécifique qui, dans un pays donné, maintient au pouvoir le gouvernement local que l'on pourrait dire des montagnes et des rivières qu'elles sont comme le *principe extériorisé* de ce gouvernement.

Telles étaient les croyances liées au culte seigneurial des monts et des fleuves ; leur parenté avec les croyances liées aux fêtes saisonnières est aisée à sentir. Tandis que les seigneurs qui avaient la double mission de maintenir le bon ordre dans la société et dans l'univers, pensaient étayer leur gouvernement sur la puissance de leurs montagnes et de leurs rivières, les fêtes saisonnières, qui réunissaient une communauté locale près des monts et près des eaux, tout en manifestant d'abord la régularité de la vie sociale, déterminaient par surcroît le fonctionnement régulier de la nature. Le rythme de la vie sociale était, en fait, conforme au rythme des saisons : c'est pourquoi, on l'a vu, les fêtes qui en marquaient les temps parurent douées d'un double pouvoir régulateur. Mais d'où ce pouvoir vient-il au seigneur ? Si la vertu seigneuriale a la même influence efficace que les fêtes saisonnières, n'est-ce pas que l'ordre social, avant d'être maintenu par l'effort constant d'un gouvernement local, s'était, en premier lieu, manifesté périodiquement dans ces fêtes et

---

1. Che king, Ta ya, III, 5 ; Couv., 396 維嶽降神. 生甫及申.
2. Le 道德 tao tö ; cf. les préfaces des chansons.

y avait été conçu tout d'abord comme solidaire de l'ordre naturel ? Et si les seigneurs placent le principe de leur pouvoir dans leurs montagnes et leurs rivières, n'est-ce pas parce que les assemblées saisonnières se tenaient dans des paysages consacrés d'eaux et de montagnes ? Mais alors, puisque monts et fleuves sacrés n'eurent jamais d'autre puissance qu'une délégation du pouvoir gouvernemental, n'est-ce pas que les lieux saints n'eurent point, non plus, de vertus qui leur fussent propres ? Leur sainteté leur venait toute de ce que les communautés locales qui s'y réunissaient, réalisaient en ces lieux, témoins traditionnels de leurs assemblées, le principe des forces saintes dégagées par les fêtes saisonnières.

Grâce à ces fêtes, on espérait écarter les pestilences, faire tomber la pluie de saison, obtenir des enfants. Croyant assurée par leur bénéfice sa subsistance dans le présent et l'avenir, une communauté locale se sentait liée au lieu consacré de ses réunions par une sorte de parenté grosse d'avantages et qui l'attachait à lui comme des fidèles s'attachent à un seigneur puissant. Lorsqu'elle s'y trouvait assemblée pour ces fêtes d'où tant de bienfaits émanaient, chacun, dans l'espérance de toutes ces faveurs, attribuait de multiples vertus aux eaux, aux monts, aux bois qui lui étaient familiers et qui lui devenaient vénérables, et il cherchait à assimiler et à capter la puissance tutélaire dont lui paraissait revêtu le centre traditionnel où tous les siens avaient réalisé leurs plus hauts désirs. A prendre de toute manière, dans ces occasions solennelles, contact avec le lieu saint, le parcourant en tous sens, se plongeant demi-nu dans ses eaux, à recueillir les produits divers, fleurs ou branches, où semblaient se manifester et s'incorporer sa puissance, il se développait dans l'âme des fidèles, en même temps qu'un sentiment de vénération, un sentiment d'autochtonie[1].

On a vu que certaines races seigneuriales portent le nom

____

1. Il se formulait par le proverbe : « Le renard mourant tourne sa tête vers la colline natale. » Cf. Li Ki. Couv. I, p. 131.

d'un endroit sacré dont l'influence a donné sa vertu spécifique à leur ancêtre légendaire. D'autres fois, le nom de la race est expliqué par les conditions miraculeuses où fut conçu son fondateur. C'est ainsi que les Hia se nomment Sseu 姒 parce que la mère de Yu en devint enceinte pour avoir avalé une graine de nénuphar 薏苡[1] ; le nom de famille, en ce cas, dérive du rite qui procura la grossesse : or, ce rite ressemble à ceux qu'on pratiquait aux fêtes des eaux et des monts. Ce fut, du reste, à une fête des eaux et des monts que Kien Ti[2], avalant un œuf 子 (Tseu) d'hirondelle conçut l'ancêtre des Yin : aussi le nom de famille des Yin est-il Tseu 子. Ainsi tantôt le nom, qui signifie le génie de la race, provient directement du lieu saint ; tantôt il est fourni par les objets mêlés aux fêtes qui s'y tiennent. Les deux cas sont-ils si différents ? Ne faut-il pas considérer les lieux saints comme des *centres ancestraux* où l'on réalisait le génie de la race et d'où l'on pensait tirer, quand avait lieu la fête, de quoi procurer aux femmes un principe de maternité ?

Pour assurer cette hypothèse, il faudrait produire des cas où, la conception s'opérant tout comme dans les fêtes des eaux et des monts, elle est cependant l'œuvre d'un ancêtre. De tels cas, je n'en connais qu'un, mais significatif. Un prince du pays de Tcheng était arrivé au pouvoir malgré une naissance d'apparence médiocre : une histoire montre qu'il était fondé à l'héritage. Pour qu'on la comprenne bien, je rappellerai trois faits : 1º Dans les fêtes de ce même pays de Tcheng, l'on cueillait des orchidées et, quand les amants s'étaient unis, la fille recevait en gage une fleur[3] ; 2º à Tcheng

----

1. Tchou tchou Ki nien. Livre des Hia, Yu, 1ʳ a., on y signale deux versions : 1º la mère de Yu fut grosse pour avoir vu en promenade une étoile filante ; 2º pour avoir avalé une graine de nénuphar 吞薏苡而生禹. 因姓姒氏.

2. Voir pp. 152-153. Cf. Po hou t'ong, chap. 生名：禹生姒氏祖以 億生. 殷姓子氏祖以玄鳥生. 周姓姬氏祖以履大人跡 生也.

3. Cf. Fêtes de Tcheng et LII.

encore, garçons et filles tenant en mains des orchidées évoquaient les âmes, ou plutôt, pour la réunir à l'âme inférieure (po), appelaient l'âme supérieure 招魂 (houen)[1]; 3° enfin, on concevait une intime union entre cette dernière et le nom personnel 名 (ming), si bien qu'au moment de la mort c'était en criant le nom personnel que, pour tenter de l'unir à nouveau à l'âme du cadavre (Po), on rappelait l'âme supérieure 招魂 [2]. Voici donc l'histoire [3] : « Le duc Wen de Tcheng avait une femme de second rang dont le nom était Yen-Ki ; elle rêva qu'un envoyé du ciel lui donnait une orchidée 蘭 (Lan), en lui disant : « Je suis Po-yeou ; je suis ton ancêtre [4]; fais de cela ton fils : parce que l'orchidée a un parfum princier, on le reconnaîtra (pour prince) et l'aimera. » Sur ce, le duc Wen vint la voir, lui donna une orchidée, et coucha avec elle ; s'excusant, elle dit : « Votre servante est sans talent ; si, par votre faveur, j'ai un fils, on n'aura pas confiance en moi : oserais-je prendre comme preuve cette orchidée? » Le duc dit : « Oui ». Elle mit au monde (celui qui fut) le duc Mou dont le nom personnel 名 fut Lan 蘭 (orchidée)... Quand le duc Mou fut malade, il dit : « Quand l'orchidée mourra, moi, voilà que je mourrai, moi qui vis par elle (ou tout aussi bien : qui suis née d'elle). Quand on coupa [5] l'orchidée, il mourut (606 av. J.-C.). » L'histoire implique que : âme, nom personnel, patron ancestral, âme extérieure ou gage de

---

1. Cf. Notes du Han che à LII.

2. Li ki; Couv., I, 93 et I, 756. Cf. Yi li, Che sang li *in* Steele, p. 145; cf. *ibid.*, 95.

3. Tsouo tchouan Siuan, 4ᵉ a., Legge, 294 (cf. SMT, IV, 463) 初·鄭文公有賤妾曰燕姞·夢天使與己蘭·曰·余為伯鯈·余而祖也·以是為而子·以蘭有國香·人服媚之如之·既而文公見之·與之蘭而御之·辭曰·妾不才·幸而有子將不信·敢徵蘭乎·公曰·諾·生穆公·名之曰蘭…穆公有疾·曰蘭死·吾其死乎·吾所以生也·刈蘭而卒·

4. Noter que l'auteur de la grossesse miraculeuse est un ancêtre de la femme.

5. Au 10ᵉ mois.

vie et espèce (végétale) associée [1], principe de maternité, gage d'amour, témoin de paternité, titre de pouvoir sont des équivalents. Retenons-en ceci: très probablement, les jeunes filles de Tcheng qui, à l'aide de fleurs cueillies sur le terrain de fêtes, y évoquaient les âmes et [2], par ces mêmes fleurs, se sentaient assurées d'être fécondes, s'imaginaient qu'avec ces productions du lieu saint de leur race, parcelles détachées de sa puissance tutélaire, elles recueillaient des âmes d'enfants émanant d'un génie ancestral [3].

De même que les seigneurs féodaux regardaient leurs monts et leurs fleuves comme le principe extériorisé de leur pouvoir, de même les communautés locales réalisaient en leurs lieux saints le génie de leur race ; par l'antiquité des liens établis entre elles et ces lieux consacrés à leurs réunions solennelles, ils leur apparaissaient comme des centres ancestraux, tandis que la régularité des fêtes qui s'y tenaient les disposait à voir en eux la résidence des puissances qui ordonnent la nature. Dispensateurs d'âmes, régulateurs des saisons, c'était d'eux que le groupe autochtone tirait tout ensemble sa subsistance et sa pérennité. On ne vénérait pas ces paysages sacrés pour leurs eaux, leurs monts et leurs

---

1. Cas de totémisme parfaitement net.

2. Noter l'usage du 招魂 (appel des âmes) et du 叫名 (criée du nom personnel) pendant la fête des tombeaux, période Ts'ing ming.

3. Il y aurait à rechercher le rapport qu'il peut y avoir entre les lieux saints et les lieux de sépulture. On se bornera ici à remarquer que la mère de Confucius (à qui l'âge de son mari ne pouvait laisser qu'un faible espoir d'avoir des enfants) fit, comme Kiang Yuan, un sacrifice avec intention pure 禮. Ce fut au temple familial de son mari Chou-leang Ho qu'elle le fit: celui-ci était situé sur le tertre Ni 尼邱. Cf. SMT, V, pp. 288-290. Confucius eut pour nom personnel 丘 et pour appellation 仲尼. Il y a grand' chance que ces dénominations aient été déterminées par le sacrifice de sa mère. Les commentateurs les expliquent par la forme du crâne du sage : mais pourquoi alors son frère aîné eût-il le nom de Ni 伯尼 ? On comprendrait beaucoup mieux le nom des deux frères, si l'on admettait que les deux femmes de Chou-leang Ho allèrent toutes deux prier à son temple familial et obtinrent des enfants à la suite de ce pèlerinage au tertre Ni.

bois ; c'est d'avoir été le lien traditionnel des fêtes saisonnières qu'ils gardaient un caractère auguste : ils semblaient les témoins et les gardiens du pacte social que ces réunions restauraient périodiquement. De là leur majesté. De là vient encore que, lorsque s'établit l'autorité seigneuriale, et qu'on prêta au chef, garant de l'unité du peuple, une majesté semblable, on imagina entre les lieux saints et le seigneur comme une sorte de collégialité.

LES JOUTES

On ne peut considérer les fêtes saisonnières des monts et des eaux comme instituées pour rendre un culte aux montagnes et aux rivières, non plus que pour commémorer tel ou tel événement du cycle de la végétation ou du cycle solaire. Elles apparaissent comme des fêtes d'alliance réunissant en un lieu traditionnel, devenu vénérable, les membres d'une communauté locale, aux moments pathétiques de l'année où ils vont changer de genre de vie. Pourquoi s'y tenait-il des joutes de danses et de chants ? Pourquoi, parmi des rites sexuels, s'y faisait-il des accordailles ?

Ces fêtes comprenaient d'autres joutes que celle des chants d'amour : même, de toutes les pratiques que j'ai pu y noter, il n'y en a pour ainsi dire point dont il n'y ait des raisons de dire qu'elle était l'occasion d'une lutte ou d'un concours.

On passait la rivière à gué ; Wang Tch'ong prétend que, dans la rivière Yi, deux bandes de danseurs, face à face, pour faire tomber la pluie, imitaient les mouvements du dragon : or souvent l'on représente la pluie comme déterminée par des batailles de dragons [1]. — On passait aussi l'eau en barques ; il y en avait un grand nombre : il est attesté que les fêtes de la pluie, en Chine, comprirent, de très bonne heure, des joutes de bateaux-dragons [2]. — On faisait l'ascension des monts : la fête actuelle de l'ascension donne lieu à des concours de cerfs-volants ; ils présagent le succès dans la carrière des honneurs, comme le concours de tir des Pa Tcha en ouvrait l'accès. — On coupait des fagots et de la fougère. Les jeunes gens et les jeunes filles Lolo s'alignent face à face pour couper la fougère dont ils feront des feux de joie ; c'est alors qu'ils improvisent les chansons [4]. — On cueillait des fleurs avec une grande émulation. Le calendrier de King Tch'ou signale une fête où l'on joutait avec toutes sortes d'herbes 鬭百草 [5] et dans le royaume de Nan Tchao il y avait entre hommes et femmes, dans une réunion printanière, des batailles de fleurs [6]. — A l'équinoxe de printemps, Kien-ti et sa sœur luttèrent pour la possession d'un œuf qui avait cinq couleurs, qui était très beau : à King Tch'ou, au deuxième mois, des œufs ornés de dessins et de peintures servaient à des joutes [7].

Ainsi, dans nos fêtes, toute activité rituelle, peu importe la matière sur laquelle elle s'exerçait, prenait la forme d'un concours et à propos de tout se livraient des luttes cérémonielles. Pourquoi donc chaque pratique ne semble-t-elle qu'un moyen nouveau d'opposer face à face les acteurs de la fête ? A quoi tient cette ordonnance régulièrement antithétique ?

Cette ordonnance antithétique, le cérémonial déjà savant des Pa Tcha la maintenait encore [8] : en répartissant sous

---

1. Cf. 160 ; cf. de Groot, Emouy, 373 sqq.
2. Cf. de Groot, Emouy, 356 sqq.
3. *Ibid.*, 538 sqq.
4. App. III, p. 283 *in* Crabouillet.
5. King Tch'ou, 5ᵉ j. du 5ᵉ m. Cf. SMT, I, 13.
6. App. III, p. 288 *in* Sainson.
7. 鬭鷄子 King Tch'ou, 2ᵉ mois,
8. Cf. p. 184.

deux catégories les hommes et aussi les choses, on faisait
dans cette fête jaillir des consciences le sentiment de l'unité
du Tout, monde physique et monde humain. C'est, apparemment, parce qu'elles sont, elles aussi, des fêtes de la Concorde, que les fêtes saisonnières des monts et des eaux se
passent toutes en luttes et en concours. A leur occasion se
réunissaient les membres d'une communauté locale qui, d'ordinaire, vivaient par petits groupes ; ces groupes étaient
étroits, homogènes et fermés. Leur horizon était borné au
champ domestique qu'ils cultivaient pendant la saison chaude,
au hameau familial où ils se retiraient pendant la saison du
repos. Tout entier à la vie de famille, chacun se pénétrait
alors d'esprit familial [1], et tous les parents, à vivre ensemble
dans une intimité complète et permanente, se sentaient d'une
même espèce ; une entière communauté de sentiments les
rapprochait, par l'effet d'une ressemblance qui paraissait naturelle. Consolidés quotidiennement et pour ainsi dire sans
efforts, les liens qui maintenaient proches les gens d'un
même groupe, les liens de parenté, semblaient exister de
fait et comme par nature. Entre parents il n'y a point de liens
qui soient à créer ; inversement, entre gens qui seraient ra-
dicalement étrangers, il n'y en aurait pas qu'il soit possible
de créer. Mais, si forte qu'ait été l'occlusion des groupes familiaux, ils ne s'enfermaient point toujours dans un isolement
absolu : les groupes voisins se réunissaient en des fêtes périodiques. Les membres d'une même communauté locale se
trouvaient alors rapprochés en une intimité momentanée : un
sentiment de solidarité, qui débordait les groupes trop étroits,
venait faire un instant concurrence au particularisme familial.
Ce sentiment occasionnel n'était point aussi simple et uni
que les sentiments usuels sur quoi repose l'unité domestique ;
L'unité plus complexe d'une communauté locale n'est pas

------

1. Comparer un processus analogue chez les animaux, plantes ou
choses renfermées pour la retraite hivernale ; cf. p. 185 sqq.

établie sur la conscience toujours présente d'une ressemblance qui paraît absolue, elles ne sont pas d'une communion renouvelée constamment : c'est une unité supérieure qui, en des circonstances exceptionnelles, allie des éléments dont apparaît plus ordinairement l'antagonisme. Le passage de sentiments par lequel les jeunes gens en arrivaient, à la fin d'un duel où ils se mesuraient et s'éprouvaient, à se sentir liés d'une amitié indissoluble et pris d'un impérieux et brusque besoin de communion [1], suppose que, par cette lutte, la conscience d'ordinaire aveuglée de leurs affinités triomphait d'un sentiment plus apparent, plus usuel d'opposition. Une alliance entre groupes distants, d'habitude, et fermés ne se pouvait fonder sans que leur rivalité ne s'éveillât d'abord par leur rapprochement soudain. Ils devaient, au premier contact, se heurter, s'affronter [1]. A l'opposé des sentiments familiaux qu'entretenait une continuité d'émotions paisibles et coutumières, c'est par un procédé violent que surgissait brusquement le sentiment exceptionnel de la concorde générale. L'habituelle opposition, le rapprochement solennel, la rivalité, la solidarité des villages voisins se traduisaient par des concours et par des luttes, par une émulation courtoise et pacifique. Réunions saisonnières consolidant aux moments critiques de l'année l'unité sociale, il est naturel que les fêtes des eaux et des monts se soient passées principalement en joutes.

La joute chantée dominait toutes les autres ; sans doute elle en était la contre-partie orale. Or, c'était une joute de chants d'amour : elle n'opposait pas seulement les divers groupes membre à membre, elle les opposait sexe à sexe, et, s'il fallait que le partenaire de chacun fût toujours d'un autre village que lui, c'était aussi toujours à une fille que répondait un garçon. Par la lutte poétique se liaient les cœurs et se concluaient les accordailles ; tous les jeunes gens en âge

---

1. Voir p. 136 sqq.

d'être mariés prenaient part au tournois ; toutes les unions de l'année s'y décidaient. Fête de la concorde générale, chaque réunion était encore une fête générale des mariages. C'était dans une fête de la jeunesse, dans une fête de l'amour que les divers groupes d'une communauté locale rajeunissaient leur amitié traditionnelle.

La différence paraît insensible entre le contrat de mariage et celui d'amitié ou de fidélité et de compagnonnage militaire. S'adressait-il, en camarade, à un soldat ? ou bien pensait-il à sa femme ? celui qui chantait [1] :

> Pour la mort, la vie, la peine,
> Avec toi je m'associe !
> Je prends ta main dans les miennes,
> Avec toi je veux vieillir ! »

---

1. **LXVIII.** — *Le tambour.* [Pei fong, 6 (Couv., p. 35) L.]

1. 擊鼓其鏜.	Le tambour battu résonne !
2. 踊躍用兵.	Nous bondissons au combat !
3. 土國城漕.	Fortifiez la Ville et Ts'ao !
4. 我獨南行.	Nous seuls au sud nous allons !
5. 從孫子仲.	C'est Souen Tseu-tchong qui nous mène
6. 平陳與宋.	D'accord avec Tch'en et Song !
7. 不我以歸.	Pour moi nul retour possible...
8. 憂心有忡.	Mon cœur triste a du tourment...
9. 爰居爰處.	Nous campons... et faisons halte...
10. 爰喪其馬.	Et nous perdons nos chevaux...
11. 于以求之.	Nous allons à leur recherche...
12. 于林之下.	Nous allons sous la forêt...
13. 死生契闊.	Pour la mort, la vie, la peine
14. 與子成說.	Avec toi je m'associe !
15. 執子之手.	Je prends ta main dans les miennes
16. 與子偕老.	Avec toi je veux vieillir !

Sans doute, dans une chanson de guerre, c'est à la fidélité de ses compagnons qu'un soldat fait appel[1]; si, pourtant, on

---

17. 于嗟闊兮.   Hélas ! que voilà de peines !...
18. 不我活兮.   Pour moi nul espoir de vie !...
19. 于嗟洵兮.   Hélas ! comme tous s'éloignent...
20. 不我信兮.   Pour moi nul ne tient sa foi...

Faits exposés par SMT, IV, 194 sqq. : Expédition envoyée par Tcheou Hiu, quand il eût tué son frère le duc Houang de Wei, pour attaquer, ligué avec les seigneurs de Tch'en et de Song, le seigneur de Tcheng qui avait recueilli un prince fugitif de Wei, Ping, et voulait l'opposer à Tcheou Hiu.

1. 鐺, son du tambour. Mao.

3. 國, la capitale de Wei. Ts'ao, ville de Wei. 土, faire un rempart de terre ; 城, faire une muraille. .

5. Souen Tseu-tchong : le Kong-souen Wen-tchong.

8. 怲. Cf. LIX, 4.

9. 爰. 於. Tcheng.

12. 山木曰林. Mao : forêt de montagne.

13. 契闊勤苦. Mao.

14. 說數. Mao.

13 et 14. Tcheng : Contrat de compagnonnage militaire 伍約. 我與子成相說愛之恩. Cinq hommes forment une escouade 偕. Cf. Tcheou li, Ta Sseu-ma.

16. 偕. 俱. Mao.

15 et 16. Tcheng : Serment de fidélité 約誓之信. Paumée. Cf. XII, 4, 10, 16 et voir Li ki, Nei tsö, Couv., p. 667.

13-16. Wang Sou : Pensée des gens mariés du pays de Wei. Ils désirent vivre côte à côte jusqu'à la mort et ne pas se séparer pendant les jours de peine. 言國人室家之志. 欲相與從生至死. 契闊勤苦而不相離.

19. 洵. 遠. Mao.

20. Tcheng : 信, la foi jurée au serment de compagnonnage.

Comp. v. 16 et LXVI, 51 ainsi que Yong fong, 3, v. 1 et Pei fong, 10 (Cou. p. 39) vers 3 同心, vers 8 同死, vers 16 如兄如弟.

Comp. Ts'in fong, 8 (Couv., 142) 與子同袍... 同仇... 偕作... 偕行, etc.

Variantes d'écriture : 契. 挈. 洵. 詢. 敻. 鐺. 鼟. HTKKSP, 1171, 27 v° 28.

Chanson de guerre. Thème du serment.

1. Tcheng : paroles de soldat à un soldat.

hésite à l'entendre ainsi[1], c'est que la formule du serment qu'il prononce est celle-là même du serment conjugal[2]. Serait-ce donc que le contrat de compagnonnage a pour patron le contrat matrimonial ? La langue ancienne ne distingue pas le compagnon du conjoint, le vassal fidèle de l'époux fidèle, l'ami de l'amant ; le mot le plus usuel qui répond à tous ces sens — et que l'écriture symbolise par deux mains 友 — désigne chacune des deux moitiés d'un couple ; le plus fréquemment une jeune fille appelle de ce terme celui avec qui elle veut s'unir[3] ; on l'emploie encore, d'ordinaire, pour un oiseau que recherche, pour s'apparier, un autre oiseau. Serait-ce donc que toute association est conçue sur le modèle du couple conjugal ? Les seigneurs de même nom de famille 同姓 se disent frères 兄弟[4] ; parmi ceux de nom différent 異姓 il en est qui se sont liés par des traités 同盟 ; ceux-là s'appellent entre eux gendres et beaux-pères 舅甥. Serait-ce donc que l'alliance matrimoniale est le principe de toute alliance ?

Les seigneurs féodaux de même nom semblaient unis d'avance par leur génie commun 同德 : entre eux nul contrat n'était nécessaire ; il leur était interdit de se donner l'un à l'autre une fille en mariage[6]. S'unir par mariages ou se

---

1. Wang-sou : pensées d'un mari pour sa femme.

2. Particulièrement le vers 16 qui se retrouve si fréquemment dans les chansons d'amour. Voir par exemple LXVI, 51. Comp. les expressions 同心，同死，如兄如弟 de Pei fong, 10 ; Couv., 40.

3. Cf. L, 16.

4. Cf. Siao ya, I, 5, vers 6 ; Couv., 180 求其友聲.

5. Ou encore, s'il y a différence d'âge ou par déférence, oncle paternel ; Li ki ; Couv., 90. Cf. Siao ya, I, 4 ; Couv., 178.

6. Cf. Tchouo yu Tsin yu, IV, 8 異姓則異德．異德則異類．異類雖近．男女相及以生民．同姓則同德．同德則同心．同心則同志．同志雖遠男女不相及乃畏黷敬也．黷則生怨．怨亂毓災也．災毓滅姓．是故娶妻避其同姓．畏亂災．故異德合姓．同德合義．Noms différents : Vertus différentes. Vertus différentes : espèces différentes. Quand ils sont d'espèce différente quelle que soit leur proximité, l'homme et la femme peuvent s'unir et faire naître une race. Même nom de famille : même Vertu. Même Vertu, même cœur. Même cœur : mêmes inclinations. Quand ils ont mêmes in-

lier par traités, était au contraire convenable entre seigneurs
de nom différent, mais non point entre tous. Certaines races
seigneuriales — qui n'appartenaient pas à une même confédération — se considéraient l'une l'autre comme douées d'un
génie trop étrange pour que tout rapprochement ne parût
pas funeste[1] : un mariage ou une alliance aurait attiré le
Malheur 取禍. C'eût été 利外 aventurer sa Fortune en dehors du système traditionnel de ses relations 棄舊 ou 離親.
Au contraire, les génies spécifiques des races confédérées,
bien que différents 異德, avaient pourtant une affinité qui
autorisait l'amitié ; entre de telles races, et seulement entre

---

clinations quel que soit leur éloignement, l'homme et la femme ne peuvent s'unir, on craint la souillure et (l'on s'en abstient) par respect. La
souillure produit le mécontentement ; le mécontentement et les troubles
déterminent les calamités. Les calamités déterminent l'extinction des
familles. C'est pourquoi, quand on prend femme, on évite qu'elle ait le
même nom que soi. On craint les troubles et les calamités. Ainsi quand
les Vertus sont différentes on unit les familles par l'alliance matrimoniale. Quand la Vertu est commune on est uni de droit.

1. Kouo yu Tcheou yu, II, 1. 夫婚姻禍福之階也· 由之利內
則福· 利外則取禍. Les alliances matrimoniales sont les degrés par
où viennent le bonheur ou le malheur. Si par elles on cherche la fortune à l'intérieur (du cercle des relations traditionnelles), on obtient le
bonheur. Si l'on cherche la fortune hors de ce cercle, on obtient le malheur. (Suivent des exemples de seigneuries ayant pratiqué des alliances
matrimoniales conformes au principe énoncé et qui prospérèrent). 是皆
能內利親親者也. C'est que toutes avaient eu le talent de chercher
à l'intérieur (de leurs relations traditionnelles) la fortune et s'étaient tenues proche leurs proches. (Suivent des exemples d'États qui périrent
pour avoir manqué au principe) 是皆外利離親者也· C'est que
toutes avaient cherché la fortune à l'extérieur (du cercle des relations
éprouvées) et s'étaient éloignées de leurs proches.
Comp. le C· de Wei Tchao 利內娶得偶而有福· Quand on prend
femme en cherchant la fortune dans le cercle des relations traditionnelles, on obtient une épouse assortie et l'on a du bonheur. Noter que
le sens précis de Fou 福 bonheur, est 多子孫 une longue descen-
dance, c'est-à-dire la pérennité de la race seigneuriale.
Comp. SMT, IV, 398. Nous avons contracté des alliances matrimoniales
et ainsi l'origine de notre rapprochement est ancien. 爲婚姻· 所從
相親久·
De même SMT, IV, 466. On y voit invoquer comme raison pour le choix
d'un héritier présomptif le fait que sa mère porte le même nom de famille que l'épouse de Heou-Tsi, ancêtre de la famille royale.

elles, il y avait assez de proximité (親) pour rendre possible l'échange de relations diplomatiques et de filles envoyées comme épouses. C'était un principe de bonheur 福之階, que cet échange toujours pratiqué à l'intérieur d'un même cercle et par lequel chacune des familles associées, ne cessant pas de confier sa fortune aux mêmes relations éprouvées 利內 se maintenait près de ses proches 親親. Grâce à lui, l'union confédérale était entretenue dans une cohésion inébranlable.

Envoyés et épouses apportaient régulièrement un témoignage de la solidité de l'union et, de plus, ils la garantissaient. Mais une seigneurie qui vit de guerre et de labourage conserve jalousement tous ses hommes ; les envoyés ne restent qu'un temps en mission ; ils ne demeurent qu'exceptionnellement comme otages. On voudrait bien les retenir : il n'y a point d'otage qu'on ne fasse garder par une femme, point d'hôte qu'on n'essaye d'attacher par un mariage[1]. Le mariage établit, en effet, les relations qu'on juge les plus stables ; une fille épousée l'est une fois pour toutes : c'est que sa famille ne la garde point jalousement. Elle est destinée à aller dans une autre famille servir d'otage permanent, cependant qu'elle y représentera sa famille natale.

C'eût été priver les seigneuries confédérées d'un représentant attitré[2] que de prendre une épouse hors de la confédération ou dans sa propre famille, et marier une fille dans sa propre famille ou hors de la confédération eût été les frustrer d'une garantie. La double interdiction du mariage entre parents comme entre gens qui ne font point partie de la

---

1. Cf. SMT. IV, pp. 7, 26, 43, 281 (deux cas). La fille est donnée en mariage afin d'affermir les sentiments de l'hôte 以固子之心, *Ibid.*, 283, 289-294, 281, 285, 289.

2. Cf. SMT, IV. 279. La sœur d'un prince battu par son mari prend le deuil à l'annonce des réjouissances qui signalent la victoire et obtient un traité pour son frère. — Autres cas : IV, 55 et 44. Dans certains cas, la femme apparaît tellement attachée à sa famille natale qu'elle figure presque comme une ennemie introduite dans la maison du mari : SMT, IV, 458 (une femme trahit son mari pour son père).

même association traditionnelle apparaît comme un aspect négatif des obligations imposées à des groupes étroits, homogènes et fermés par le système permanent d'alliance qui les unit. Cette alliance exige que les filles de chaque famille soient toutes réservées aux échanges qui viendront, dans chaque groupe particulier, rendre présent le sentiment de la solidarité générale.

L'unité supérieure que composent des groupes traditionnellement associés serait menacée si elle laissait entière l'occlusion des groupes secondaires. On arrive à atténuer celle-ci par des échanges qui affectent la composition des groupes, par des échanges de personnes. Le mariage en est l'occasion principale ; par suite l'alliance matrimoniale apparaît comme un principe d'alliance. Elle sert à lier le contrat social, que l'on désire durable ; aussi conçoit-on que le contrat matrimonial est indissoluble. Il convient de renouveler périodiquement le pacte de société ; on consacre donc une fête à célébrer les mariages de l'année. Tandis que l'exogamie familiale affaiblit le particularisme domestique, une endogamie fédérale manifeste la suprématie de la communauté ; c'est pourquoi dans une cérémonie collective, les familles associées sont tenues d'unir ensemble, sans exception, tous leurs fils et toutes leurs filles. Lorsque une communauté locale, tenant dans ses lieux saints une de ses réunions saisonnières, faisait éclater à nouveau la force de son union, rompant brusquement avec leur particularisme coutumier, les divers groupes exogames, qui avaient alors à échanger leurs filles, rapprochaient d'un seul coup tous les jeunes gens [1] qu'ils

---

1. Les fêtes réunissent dans le lieu saint tous les jeunes gens en âge d'être mariés ; ils s'apparient pour la première fois et la fête se termine par des accouplements sexuels : elle a donc un caractère marqué de fête d'initiation. Le glossateur du Calendrier des Hia en a gardé un souvenir : au passage disant qu'*au deuxième mois se réjouissaient en grand nombre les garçons et les filles*, il met en note ces mots 冠子娶妻 : *on donnait le bonnet* (signe) *de majorité aux fils et on prenait femme.* (Noter que les commentateurs du Yi li discutaient encore pour savoir si le rite de la

avaient gardé jusqu'à ce jour confinés dans la vie familiale. Ceux-ci, dominés au début par la conscience demeurée intacte de leur opposition native, sentant ensuite s'éveiller le sentiment d'affinités encore secrètes, s'affrontaient puis s'appariaient dans une joute où leurs émotions complexes éclataient en chants et se tournaient en un amour qui, tout aussitôt, les accordait pour la vie.

Parce qu'elle est, en fait, particulièrement favorable aux échanges de personnes qui viennent rompre l'exclusivisme domestique, l'alliance matrimoniale paraît particulièrement puissante pour maintenir et renforcer la cohésion sociale. Mais, est-ce uniquement à ce fait qu'elle doit cette puissance ? et, d'autre part, la joute amoureuse n'a-t-elle point d'autre

---

majorité devait se faire à une époque fixe de l'année.) C'est le seul renseignement que nous ayons sur le caractère initiatoire des joutes sexuelles. Étant donné que le Che king a été conservé par des lettrés gardiens sévères de la morale orthodoxe, il n'y a pas lieu de s'étonner que l'on ne trouve dans les chansons rien qui nous renseigne sur ce point. La comparaison fournira un fait doublement intéressant. Ovide a raconté tout au long dans ses *Fastes*, III, 523 sqq., les fêtes d'Anna Perenna, lesquelles ressemblaient beaucoup aux fêtes des monts et des eaux. Elles se tenaient sur les rives du Tibre, les couples se couchaient dans l'herbe (526, *accumbil cum pare quisque sua*) ; on buvait ferme (532), on chantait et l'on mimait les chansons (535), on dansait (538), les filles chantaient des vers licencieux (675, *canlenl... obscena puellæ*). A cette occasion, on célébrait un faux mariage de Mars et d'Anna (voir Harrisson : Themis, 197 sqq.). — Deux vers de Martial complètent la description d'Ovide. Ils signalent l'existence d'un bois consacré à Anna Perenna (Martial, IV, 64, vers 16-17) :

> *Et quod virgineo cruore gaudet*
> *Annæ pomiferum nemus Perennæ.*

Ces deux vers sont parfaitement clairs : il est d'autant plus curieux de constater que nos commentateurs classiques avec autant de prud'homie et d'ingéniosité que les glossateurs chinois ont, au mépris de tous les manuscrits, parce qu'ils se refusaient à comprendre ce que signifie le sang des vierges. proposé de remplacer *cruore* par *pudore* ou *rubore* plus décents et plus jolis. Voir Friedlander, I, 371.

Comp. les notes de Glotz Ordalie dans la Grèce primitive, p. 69 sqq, sur les rapports des sources, des rivières, des puits et de la virginité ; voir notamment les notes sur le καλλίχορον (παρθένιον) (ἀνθέον, cf. κουρηίον ἄνθος) φρέαρ d'Eleusis — sur le λουτρὸν νυμφιχόν en Troade (λαβέ μου, Σκάμανδρε, την παρθενίαν — sur la source Κισσοεσσα à Haliarte (τὰ προτέλεια θύειν).

fin que de rendre plus étroite l'union des groupes locaux?

Il n'y a pas que les échanges de personnes qui puissent faire pénétrer dans un groupe fermé le sentiment d'une solidarité plus vaste : il y a les échanges de biens. C'est en usant libéralement des récoltes, en ne les réservant point toutes aux besoins domestiques, c'est en consommant en commun les produits de tous leurs domaines privés, que les gens des hameaux voisins, réunis au canton, réveillaient par la fête des Pa Tcha le sentiment de leurs affinités. Les échanges commerciaux [1], comme les échanges diplomatiques, l'orgie, comme la licence sexuelle, peuvent donc travailler efficacement à la concorde générale. D'autre part, la fête des accordailles, avec ses joutes, garde encore des raisons de se maintenir lorsque s'affaiblit la rivalité ou la solidarité des groupes locaux. Tel est le cas des Lolo chez qui l'une ou l'autre est à ce point réduite que les jeunes gens et les jeunes filles ont acquis, au moins dans certaines tribus, le droit de chanter ensemble même s'ils appartiennent à un même village [2]; rapprocher les groupes locaux n'est donc pas la fonction la plus stable, la fonction première de la joute chantée. Pourtant elle a reçu cet emploi, et même, on vient de le voir, de préférence à d'autres pratiques qui auraient pu le tenir avec succès.

S'il y a des joutes de chants d'amour à l'automne, elles sont singulièrement plus importantes au printemps ; on venait chercher sa femme à l'automne, mais c'était au printemps qu'on s'appariait. Or, l'étude des Pa Tcha, cette fête automnale d'où les rites sexuels ont pu presque entièrement disparaître, a montré qu'elle préludait à cette partie de l'existence paysanne où les groupes isolés vivent de la vie fami-

---

1. On a déjà noté que les fêtes de la jeunesse avaient un air de marché; cf. LXIII et LXVI. Comp. App. III, Billet fête des Thos. On notera que l'emplacement des haies de chanson est au Japon la place publique, que la fille de Tseu Tchong danse au marché, que les réunions hors les portes des villages se tiennent comme la fête de Kao Mei dans la banlieue réservée aux échanges 交.

2. Cf. App. III, Bonifacy, p. 293.

liale : c'est l'époque des travaux d'intérieur et hommes et
femmes sont alors réunis. Au contraire, les fêtes printanières
préludent à la saison des travaux rustiques pendant laquelle
les groupes locaux vivent sans doute dans l'isolement, mais
pendant laquelle aussi hommes et femmes forment des corporations distinctes, adonnées à des travaux différents. Avant
que dans la vie domestique ne s'exaltât le particularisme
familial, une fête automnale consolidait l'unité des communautés locales ; de même avant que la vie corporative ne vînt
rendre plus aiguë l'opposition entre hommes et femmes, une
fête printanière, avec sa joute, ne voulait-elle pas rapprocher les sexes par d'universelles accordailles ?

La joute chantée refait d'une double manière l'unité sociale
dont elle exprime aussi la complexité : elle rapproche les
jeunes gens de village différent, de sexe différent, elle atténue
l'antagonisme des groupes secondaire, elle atténue celui des
corporations sexuelles. L'opposition des groupes locaux est
comme l'opposition des sexes à la base de l'organisation
chinoise ; mais tandis que la première ne repose que sur une
distribution géographique, l'autre s'appuie à une division
technique du travail ; elle est la plus irréductible des deux,
elle semble fondamentale. Si la division du groupe social en
deux corporations sexuelles est primordiale en effet, une fête
qui opposait et rapprochait ces deux moitiés de la société en
rétablissait l'unité première : dès lors l'union sexuelle devait
sembler le principe de toute alliance. Dans une société plus
complexe où, par l'effet d'une segmentation poussée assez
loin, se trouvent réunis en une communauté des groupes traditionnellement associés, l'alliance matrimoniale ne pouvait
encore manquer d'apparaître comme le plus efficace procédé
d'union. C'est pourquoi la joute amoureuse par laquelle se
concluaient tous les mariages de l'année, avait droit à la
première place dans les fêtes saisonnières de la Concorde
paysanne et tout particulièrement dans la grande fête du
printemps.

Par le fait même que l'union sexuelle était, primitivement
et par essence, un principe de cohésion sociale, elle ne pouvait manquer d'être réglementée. Les obligations symétriques
d'endogamie fédérale et d'exogamie familiale n'étaient, apparemment, que les premières, les plus générales et les plus
simples des règles auxquelles devait obéir toute alliance matrimoniale ; ces règles devinrent sans doute plus minutieuses
quand la structure sociale se compliqua. Je vois une preuve
de cette stricte réglementation dans ce fait que l'amour resta
étranger aux fantaisies du désir et aux caprices de la passion.
Et, en effet, dans les chansons improvisées, il garde toujours un air d'impersonnalité ; il ne s'exprime pas selon le
libre jeu d'une inspiration originale mais par des formules ou
des dictons mieux faits pour traduire les sentiments usuels
d'une collectivité que les émotions singulières des individus [1]. Lorsque, au cours des joutes, dans l'ardeur du concours,
des protagonistes s'avançaient qui se défiaient l'un l'autre et
face à face improvisaient, leur invention n'avait point sa source
dans le fonds particulier de leur âme, le mouvement propre
de leur cœur, la fantaisie de leur génie, elle se faisait au
contraire sur le patron de thèmes traditionnels, selon un
rythme de danse par tous suivi, sous l'impulsion, enfin,
d'émotions collectives. Et c'était par proverbes [2] qu'ils se
déclaraient leur amour naissant. Mais si cette déclaration
d'amour pouvait ainsi recevoir une expression proverbiale,
c'est que le sentiment lui-même ne résultait pas d'un attrait
particulièrement senti, d'une élection du cœur, d'un choix.
S'il en avait été autrement, si les protagonistes avaient été
poussés l'un vers l'autre par une vocation spontanée, il ne se
pourrait pas que jamais ils n'aient fait entendre un accent
personnel ; ils ne se seraient pas toujours adressés à un être
vague, anonyme, indéfini ; les couplets nouveaux se seraient

---

1. Cf. p. 89 sqq.
2. Cf. App. I.

ordinairement signalés par d'autres trouvailles que celles
d'auxiliaires descriptifs ; les variantes témoigneraient de quelque originalité : or, bien au contraire, la plus uniforme monotonie caractérise l'invention des chansons d'amour. C'est que,
même dans les duels où ils s'affrontaient, individu à individu, les garçons et les filles restaient avant tout les représentants de leur sexe et les délégués de leur groupe familial :
c'est que, même alors, ils ne suivaient pas leur fantaisie, mais
obéissaient à un devoir. Ce n'est pas, en effet, une beauté
qui n'est qu'à lui, une grâce distinctive, qui librement attire
vers l'être aimé : c'est ordinairement à son prestige que l'on
cède, c'est de sa vertu qu'on subit l'ascendant, ce sont ses
qualités patrimoniales et non privées qui, d'autorité, l'im-
posent comme un époux prédestiné. Puisque les sentiments
de l'amour, avec leur air d'impersonnalité ont encore comme
une allure obligatoire, on peut croire qu'il n'y avait pas plus
de choix véritable dans les accordailles que d'invention libre
dans le concours poétique. Aux temps classiques, les fiançailles se firent sans aucune liberté de choix et par l'autorité
d'un entremetteur : un tel usage aurait-il pu s'établir si,
d'abord, au cours des joutes, les époux s'étaient choisis librement ? et n'est-elle pas significative la tradition qui fait
présider les fêtes sexuelles du printemps par un fonctionnaire, nommé, précisément, d'Entremetteur [1] ? Apparemment,
les joutes où naissaient l'amour, loin d'être propices aux caprices individuels et à la licence, mettaient seulement en
rapport des jeunes gens déjà destinés l'un à l'autre et qui
avaient à s'aimer. Ils s'aimaient aussitôt, d'un amour imper-
sonnel et obligatoire, de l'amour qui convient à des gens entre
qui l'alliance n'est pas moins nécessaire que l'est, entre parents, la parenté. Les fiançailles par entremetteur ne respec-

---

1. On remarquera que ce qui paraît abominable aux glossateurs c'est
bien moins les réunions des sexes 會 ou même les rapprochements
sexuels, que les conventions particulières, les rendez-vous privés 期. Cf.
X, notes ; L, 13 notes et surtout XLIV, préf.

tèrent sans doute pas toutes ces règles positives de choix qui enlevaient jadis la liberté du choix ; elles obéirent, du moins au principe, que les préférences personnelles ne doivent point avoir de part à la conclusion des mariages. Aussi l'amour ne parut-il point, ne devint-il pas un sentiment capricieux, désordonné, fauteur de trouble et d'anarchie.

Il est, en effet, remarquable que ce qui apparut aux Chinois un principe de division et de discorde, ce ne fut pas l'amour, mais spécialement l'affection conjugale, l'amour entre époux ; et il est remarquable encore que ce soit précisément cet amour-là qui ait aussi fourni la première matière de la poésie personnelle. Une règle antique voulait que toutes les épouses d'un homme fussent parentes entre elles et même primitivement, qu'elles fussent sœurs (= cousines [1]) : de cette façon elles ne pouvaient pas concevoir de jalousie l'une pour l'autre et les enfants de chacune étaient aimés par toutes comme par leur mère [2]. Cette polygynie sororale [3] dérive, vraisemblablement, d'une forme plus ancienne de mariage où chaque groupe familial devait aller chercher dans une famille unique toutes les épouses non seulement d'un mari mais de tous ses frères. Tous les ménages de parents avaient alors une composition identique ; comme leurs maris, toutes les femmes, toutes les belles-sœurs avaient même esprit et mêmes intérêts. Le mariage, tout en servant à consolider

---

1. Sur la polygynie sororale, voir Granet, *La polygynie sororale et le sororal dans la Chine ancienne.* Voir Tsouo Tchouan Yin, 1ᵉʳ a., Legge, 3 ; Tch'eng. 8ᵉ a., Legge, 366 ; Tou yu : Il faut qu'elles soient de même nom de famille pour que, toutes trois étant intimement liées par les liens du sang, les conflits sexuels 陰 訟 soient apaisés. Tch'eng, 9ᵉ a., Legge, 370 ; Yin, 7ᵉ a., Legge, 22 ; Tchouang, 19ᵉ a. Ho Hieou : On désire obtenir que, si une épouse a un fils, il y en ait deux autres à s'en réjouir ; par là, en empêchant les jalousies, on augmente le nombre de descendants. — Siang, 23ᵉ a., Legge, 500. Ajouter SMT, IV, 26, 78, 68 ; III, 178, 193, 239, 258, 366 et I, 53. Cet usage est souvent rappelé par les chansons IX, LXI. Wei fong, 3 ; Chao nan, II ; Siao ya, IV, 4 (Couv., 200) ; Ta ya, III, 7 ; Couv., 405.

2. Cf. SMT, IV, 68.

3. Cf. *Polygynie sororale.*

l'unité sociale, tout en atténuant, au profit de cette unité, le particularisme des groupes secondaires, n'introduisait pas dans ceux-ci un principe de division beaucoup plus puissant que celui qui résultait de l'opposition des sexes. Mais il suffit que les alliances matrimoniales ne fussent plus ménagées selon des règles strictes pour que fût permis, non pas le choix de l'époux selon la fantaisie individuelle, mais, selon les intérêts privés de chaque groupe, le choix de l'alliance. Dès lors, toutes les femmes d'un mari, toutes les épouses d'une génération n'étant plus recrutées nécessairement dans la même famille, l'homogénéité cessa d'exister dans la partie féminine de chaque groupe familial et, par les ménages où les couples de composition différente, pénétrèrent dans ce groupe des éléments de division. Des rivalités devinrent ainsi possibles qui portaient atteinte à la cohésion familiale ; la faveur trop marquée pour une femme, une belle-sœur ou une bru, l'affection d'une épouse qui ne souffre pas de rivale, apparurent, principalement l'amour jaloux, comme des causes de discorde [1]. Comme, de plus, les querelles intérieures se traduisaient par une instabilité conjugale qui retentissait sur les alliances scellées par le mariage [2], l'amour entre époux put sembler un principe d'anarchie familiale et, par surcroît, d'anarchie sociale. Ces conséquences de l'union matrimoniale sont tout opposées à sa fonction première. Elles tiennent à ce fait nouveau que l'alliance par mariage devenue plus libre, — par suite d'une complication ou d'une instabilité de la structure sociale qui en rendit la réglementation trop compliquée ou mal sanctionnée — fut surtout utilisée pour des coalitions ou des luttes d'influences, après avoir — dans une société plus simple et mieux assise où elle pouvait être réglementée strictement — servi, avant tout, à consolider l'ordre public.

Les joutes printanières se maintinrent à titre d'usages po-

____

1. Cf. LXVI et Pei fong, 1.
2. SMT, IV, 27 et 58-59.

pulaires même après que, par l'avènement du pouvoir seigneurial, fut assuré d'autre manière le rôle qu'elles remplissaient. Le double pouvoir régulateur du prince, le culte
officiel des monts et des fleuves, la législation gouvernementale, en mettant de l'ordre dans la nature et parmi les
hommes, en réglementant les occupations saisonnières et les
rapports sexuels, vinrent relayer les fêtes anciennes dans
leurs multiples services. Avec la conscience des fonctions
qu'elles avaient tout d'abord, se perdit le respect des règles
qui dérivaient de ces fonctions. Aussi est-il possible, que les
fêtes champêtres, surtout dans des temps troublés, aient
donné lieu à des scènes de débauche, à des licences sexuelles,
d'où le mépris où on les tint et ce fait étrange qu'elles semblèrent aux érudits indigènes des témoignages d'anarchie,
alors que la cohésion sociale avait été leur fin première.

*
* *

Les fêtes antiques, dont le Che king nous a transmis le
souvenir, apparaissent comme des fêtes d'alliance marquant,
dans la vie rythmée des paysans chinois, les temps de congrégation des groupes locaux et des corporations sexuelles;
elles rendaient sensible le pacte de société d'où les communautés locales tiraient un principe de force et de durée. Elles
réglaient le cours de la vie sociale. Mais parce que leur régularité se trouvait en fait conforme à l'ordre naturel des
saisons, on les crut aussi capables d'assurer le cours normal
des choses et la prospérité de la nature. Ainsi leur puissance
s'étendit et se diversifia. Leur sainteté et toutes leurs vertus
passèrent aux lieux traditionnels où elles se tenaient. Puis,
quand l'alliance qui d'abord se reformait périodiquement dans
les lieux saints, s'établit sous la direction d'une famille seigneuriale, celle-ci fournit aux fidèles des médiateurs humains
près des puissances qu'ils avaient, en premier lieu, extério-
risés dans les choses et auxquelles le pouvoir seigneurial fut

alors identifié. A la cour du seigneur, chef de culte, se fit, sur le fonds primitif, un travail d'élaboration dont sortit un rituel officiel, assez déformé, pour qu'on n'en puisse voir d'un coup les origines dans les usages qui, sous forme de coutumes populaires, tant bien que mal, se maintenaient.

CONCLUSION

J'ai essayé de décrire les faits les plus anciens de l'histoire religieuse de la Chine. Un vieux recueil poétique m'a fourni les éléments d'information. Du texte choisi, je n'ai pas extrait les faits d'emblée, mais d'abord, j'ai voulu étudier le *Kouo fong* dans son ensemble, y compris son histoire récente et celle de ses origines ; *j'ai traité le document lui-même comme une donnée :* l'invention, la conservation, l'interprétation des vieilles chansons constituent autant de faits que l'on doit rapprocher des données fournies par ces textes. Pour celles-ci encore, *je n'en ai tenté l'interprétation qu'après les avoir envisagées d'ensemble :* la physionomie de l'ensemble [1] apparue, il devenait plus facile de grouper sans arbitraire les faits qui paraissent apparentés et de découvrir ainsi le fonds des vieilles institutions. Ainsi conçues l'étude du texte et celle des faits sont étroitement solidaires ; leurs résultats, progressivement obtenus, se complètent. Reste à exposer de façon systématique les remarques faites au cours de *cette double étude progressive d'histoire littéraire et religieuse* [2].

---

1. La condition première d'une recherche méthodique est, à mon sens, que l'on parte d'une réflexion critique portant sur l'ensemble des données, tant en ce qui concerne le travail d'observation par lequel l'on établit et l'on contrôle les faits, qu'en ce qui a trait à l'élaboration théorique des observations retenues.

2. Certaines de ces remarques, celles, par exemple, qui se rapportent à l'origine du rythme poétique, ou au sens de la règle exogamique, se pré-

Les poésies amoureuses qui constituent la majeure partie du *Kouo fong* proviennent d'un vieux fonds de chansons populaires ; *ces chansons se sont formées à l'aide de thèmes poétiques inventés dans un concours d'improvisation traditionnelle : celle-ci était le fait des chœurs alternants de jeunes gens et de jeunes filles qu'une joute mettait aux prises au cours des fêtes saisonnières d'anciennes communautés paysannes.*

Quand ils tenaient leurs grandes assemblées périodiques, les paysans de la Chine ancienne sortaient brusquement de la vie privée la plus monotone pour assister au spectacle solennel d'une fête consacrée par la tradition et qui mettait en jeu leur idéal le plus élevé. Abandonnant en même temps leur petit champ, leur humble village, leur isolement, ils venaient tous consacrer le pacte fédéral où chaque petit groupe voyait sa sauvegarde ; ils le consacraient par un acte de foi suprême, par la plus redoutable et la plus efficace communion : ils initiaient d'un seul coup, à la vie sexuelle et à la vie publique tous leurs jeunes enfants, — leur donnant qualité pour devenir otages, pour servir aux échanges grâce auxquels l'alliance matrimoniale pouvait, au cours de la vie domestique, rappeler le pacte d'union et en garantir l'observance. Prestige de la tradition, solennité de la fête, multitude des assistants, gravité des rites accomplis, tout cela donnait à l'orgie sainte une puissance étrange d'excitation. Qu'ils devaient être intenses les sentiments qui animaient alors la foule ! Mais, aussi, et surtout chez les acteurs principaux des rites, qu'ils devaient être complexes ! Étrangers les uns aux autres par les habitudes propres à chaque sexe et le génie caractéristique de leurs familles, mis en présence tout d'un coup, et

---

sentent avec un air d'extrême généralité : *Il est bien entendu qu'elles ont pour unique prétention de bien mettre en lumière ce que les faits chinois peuvent avoir de suggestif* et de fournir par là une orientation à des recherches plus générales portant sur les problèmes qu'elles concernent.

chargés de tenir, sous les yeux et le contrôle de tout un peuple, un rôle capital, mystérieux, unique, les jeunes gens s'abordaient l'âme pleine d'anxiété et d'espérance, pénétrés de respect, de défiance, de crainte, de retenue et contraints cependant d'obéir à un attrait obligatoire. La force pathétique de ces émotions mélangées et puissantes les conduisait à s'affronter en un duel où leurs sentiments s'avivaient encore et finissaient par s'exprimer. *Ils ne pouvaient trouver leur expression dans le pauvre langage de la vie usuelle : ces sentiments solennels demandaient pour les traduire une langue solennelle* [1], *la poésie.*

Deux chœurs de jeunes gens et de jeunes filles, où chaque acteur déborde de la plus puissante émotion, s'avancent l'un vers l'autre ; leur opposition, leur rapprochement, devenus plus sensibles, font jaillir de leurs âmes les sentiments qui les possèdent entièrement, et qui s'expriment par leur attitude tout entière, par leurs gestes et par leurs voix, par une mimique gesticulée et vocale. Étrangers encore, ils se font vis-à-vis, tout un peuple observe la rencontre ; de leur contenance dépend le bon renom d'une famille : *piqués d'émulation, ils engagent, d'un chœur à l'autre, un tournois, où les gestes comme les paroles vont se répondant ;* telles se croisent dans l'air — pour parler comme Hugo — les flèches de deux armées. Chaque chœur lance, à son tour, une riposte mimique : ainsi deux camps de joueurs se renvoient la balle [2]; dès qu'elle lui est revenue, le premier camp essaye à nouveau son adresse et la relance, l'autre la lui retourne, et l'échange

---

1. Le langage poétique est une forme exceptionnelle d'expression correspondant à une activité de forme exceptionnelle. L'expression poétique impose toujours le respect : elle convient aux faits d'ordre religieux ; la poésie est le langage des prophètes. Les prophéties rapportées en grand nombre par le Tsouo Tchouan et Sseu-ma Ts'ien se présentent presque toujours sous la forme de chansons improvisées par des jeunes gens 童子 inspirés. Cf. SMT, IV, 275 ; I, 282 ; Tsouo Tchouan Hi, 5e a., Legge, 116 ; Tchao, 25e a., Legge, 709.

2. Comparer le rite amoureux du jeu de balles employé par les Thos et les Miao tseu concurremment à la joute poétique. Voir pp. 149 et 150.

continue jusqu'à la fin du jeu. Ainsi se répète, tant que dure
le tournois, l'alternance des improvisations mimiques ; cette
alternance répétée est le principe du rythme qui caractérise
le langage poétique.

La chanson chinoise, du type le plus simple, se compose
d'une série de couplets à variantes très légères ; chaque couplet consiste dans l'accouplement de deux phrases qui se correspondent strictement : les premières compositions poétiques
ne sont donc pas autre chose qu'une séquence de distiques [1]
et le distique constitue la forme poétique élémentaire. En
effet, pour exprimer leurs sentiments, les acteurs qui se font
vis-à-vis, les dessinent à mesure à l'aide de gestes vocaux
qui accompagnent une figure de ballet : ils créent ainsi deux
dessins symétriques. Ces deux dessins affrontés et opposa-
bles se composent d'un nombre sensiblement égal d'éléments :
les deux phrases qui forment les moitiés d'un distique comptent à peu près le même nombre de mots [2]. — De part et
d'autre du dessin d'ensemble, les émissions de voix comme
les mouvements se correspondent : les phrases accouplées se
composent de mots qui se correspondent musicalement, cette
correspondance musicale étant plus fortement marquée pour
les mots qui terminent chaque phrase et qui forment rimes [3].

---

1. Chaque distique est un couple de deux phrases ayant chacune un
sens complet par elles-mêmes et se rapportant toutes deux à une même
idée d'ensemble. Ces distiques se présentent actuellement comme des
couplets de quatre vers à rimes alternées — on verra plus loin les raisons de ce fait — mais les deux premiers vers de ce couplet, il en est
de même pour les deux derniers, ne sont, en fait, que les deux hémisti-
ches d'un même vers, car la pensée n'est complètement exprimée qu'à
la fin du vers pair : ce terme est, au reste, fréquemment marqué par une
particule finale : 兮 XXII et LII. De même 矣 et 思 XLVI.

2. Chaque partie de distique est une phrase qui compte ordinairement
huit mots. Le sens finit au huitième mot (de même chez les Lolos au
cinquième ; cf. Vial, *les Lolos*, pp. 17-18). Tous ne sont pas nécessaires au
sens : pour obtenir la symétrie on emploie le *bourrage*, mots vides in-
troduits soit à la fin de la phrase (finales, cf. n° XXII) soit au début (維
IX, 1-2).

3. La rime est du type assonnance (cf. Vial, *Lolos*, p. 17) ; elle est
souvent accentuée par l'emploi d'une particule finale. L'idéal est

— Il y a correspondance de significations entre les éléments symétriques du dessin : les mots des sentences alternées se font vis-à-vis et il y a entre le sens de ceux qui se font face, parallélisme ou antithèse[1]. — Enfin les dessins affrontés s'opposent comme deux courbes dont les éléments symétriques ont, pour définir l'ensemble, une fonction analogue : les mots qui se balancent jouent dans chacune des phrases un rôle syntaxique semblable[2]. — *Deux phrases qui présentent un tel système de correspondances forment un couple de vers.*

L'alternance des actions mimiques symétriques a pour résultat l'usage des correspondances qui est le principe de la forme versifiée, tandis que la répétition nuancée des distiques est le principe de la composition poétique. Mais, quand l'art de faire les vers vit ses règles fixées, il se créa un art d'employer les vers une fois faits dans une composition plus souple. Un fait facilita le progrès. Chacun des deux éléments du distique se composait de deux parties : l'une décrivait le sujet circonstancié par rapport auquel se passait l'action dessinée par l'ensemble ; l'autre décrivait dans son fonds l'action elle-même ; or, les premières parties de chacun des deux éléments se correspondaient membre à membre, de même les secondes, et chacune, en somme, formait un tout, si bien qu'un distique à rimes plates pouvait, si l'on insistait sur les césures, être regardé comme un cou-

---

comme dans le jeu d'école des Touei-tseu que les sens des mots placés en vis-à-vis soient en correspondance musicale.

1. Par exemple, XLVI :

Vers le midi sont de grands arbres, on ne peut sous eux reposer.

南 有 喬 木　　　　不 可 休 息.

Près de la Han sont promeneuses, on ne peut pas les demander.

漢 有 游 女　　　　不 可 求 思.

2. Même exemple : 游 est épithète comme 喬. 息 est une finale vide de sens comme 思.

plet de quatre vers à rimes alternées [1]. Dès lors, *il ne parut plus nécessaire que les vers accouplés se suivissent*. On put composer des couplets en intercalant les vers de deux distiques. L'art de la composition, disposant de deux procédés y gagna de la souplesse, bien que le principe fondamental fût toujours la répétition nuancée des mêmes éléments. Seulement cette répétition se fit dans un ordre plus libre et la chanson évolua vers deux types. Tantôt [2] les éléments répétés furent groupés de façon à former refrain, tandis que l'invention des nuances, réservée aux couplets, y introduisit un principe de développement suffisant pour faire sentir comme une marche piétinante de l'idée. Tantôt [3] les éléments nuancés furent disposés au milieu des reprises de façon que chaque couplet reprenant le développement moins loin que le précédent et le menant plus avant, la progression de l'idée se poursuivît, si je puis dire, par échelons.

Les sentiments auxquels la joute où ils prenaient forme donnait une expression versifiée, étaient aussi, par l'effet de ce tournois mimique, présentés sous figure d'images. Intenses et collectifs, impersonnels et complexes, immédiats, antérieurs à toute analyse, concrets au plus haut point, simples mouvements de l'âme, *ils ne trouvaient d'expression*

---

1. Comparer par exemple LII :

> La Tchen avec la Wei viennent à déborder,
> Les gars avec les filles viennent aux orchidées

ou la rime véritable est au 7ᵉ mot, mot vide 兮.
Et XLVI :

> La Han est tant large rivière, on ne peut la passer à gué,
> Le Kïang est tant immense fleuve, on ne peut en barque y voguer,

ou la rime véritable étant au 8ᵉ mot 思, la césure accentuée par le mot vide 矣 (rime secondaire) placé le 4ᵉ, sépare nettement le sujet circonstancié, le grand cours d'eau, de l'action qui est le fond du vers, le passage.

2. Cf. *La Han*, XLVI ; *Sauterelles des prés*, LIX.

3. Cf. *La Biche morte*, LXIV ; *les Tiges de bambou*, XLV ; *les Mouettes*, LXI. La forme achevée de ce type serait le *pantoum*. Skeat (Malay Magic, p. 483) signale l'amour des Malais pour les luttes poétiques du génie bucolique. Les *pantoums* semblent être des chants alternés.

adéquate que dans les figures mouvantes dessinées par les chœurs alternants. De ces figures, il y en a deux sortes. Tantôt élémentaires, ce sont de simples gestes : émissions de voix et mouvement du corps à tel point solidaires que *le geste vocal* retînt à jamais, dans sa brève musique descriptive, toute la saveur concrète, toute la puissance évocatrice d'une représentation intégrale [1]. Le principal travail d'invention des joutes poétiques fut sans doute la trouvaille [2] de ces auxiliaires descriptifs [3] ; elle eut, apparemment, une importance capitale dans la formation du vocabulaire chinois [4] si riche en mots concrets ; capitale aussi dans la création et l'histoire de l'écriture idéographique [5] où le caractère vient

1. Cf. p. 93 sqq. Les gloses affirment à la fois le caractère prodigieusement concret de ces auxiliaires descriptifs, qui les rend intraduisibles et inanalysables, et leur extrême richesse, grosse de tant de symbolismes. Par exemple l'expression Kouan kouan, cf. LVI, pour les Mouettes, suffit à peindre une certaine façon de voler et de crier par couples et évoque tout un ensemble de coutumes sexuelles communes aux hommes et à ces oiseaux.

2. Témoin le nombre de variantes conservées ; voir les notes aux chansons.

3. Un trait remarquable de ces auxiliaires est qu'ils sont formés d'un geste vocal redoublé. Il semble en être de même chez les Lolo (Cf. l'expression *leu-leu* du premier couplet de la complainte de la mariée, voir app. III) et il en est de même les suffixes descriptifs des Ewé (cf. Lévy-Brulh, *les Fonctions mentales dans les sociétés inférieures*, p. 183 sqq.) s'emploient toujours redoublés. Il serait intéressant d'en chercher la raison. On aperçoit d'abord que la répétition de l'image vocale en augmente l'intensité ; mais pourquoi n'est-elle que redoublée ? Pour ce qui est des Chinois, une remarque mérite d'être retenue. Nombreuses sont les expressions doubles où un objet est représenté sous deux aspects antithétiques et solidaires, sous l'aspect du *Yin* et sous l'aspect du *Yang* (par exemple 螮 et 蝀 , 螮 et 蝀 , 虹 et 蜺, pour l'arc-en-ciel, cf. app. II et Chouo Wen, HTKK, 651 *b*, p. 11 v° et 653, p. 4 v°. Les images vocales seraient-elles redoublées parce qu'elles furent inventées par un double chœur d'hommes et de femmes ? Je signale à tout hasard cette hypothèse : je crois plus volontiers qu'il y a là surtout une question de rythme ; les vers du Che King se composent le plus souvent en binômes de deux caractères.

4. Noter par exemple le grand nombre de vocables signifiant des états sentimentaux très concrets et qui semblent tous dériver de primitifs suffixes descriptifs. Cf. p. 93 et les notes des chansons.

5. Je ne puis m'empêcher de croire que les gestes, qui faisaient partie intégrante de l'expression trouvée par les hommes pour désigner les objets, sont intervenus pour suggérer et guider l'écriture naissante. Je crois

restituer au mot, toujours associé à sa vision, le secours d'un dessin et de gestes qui peignent. — Tantôt l'image, plus complexe, sort de l'organisation des mouvements rythmiques. Chacune des figures dessinées par les chœurs alternants et disposées en vis-à-vis s'oppose à l'autre comme une réplique, chacune peut être substituée à celle qu'elle réédite[1]. Or, d'ordinaire, l'une des deux sentences accouplées peint une action qui est relative aux hommes et paraît plus directement sensible ; l'autre, peignant les circonstances de cette action, ou, si l'on veut, les actions naturelles qui en sont symétriques, semble se rapporter moins directement au fait exprimé par l'ensemble[2]. Par l'effet du rythme, ou, si l'on préfère, par l'effet d'une figure de langage, l'une des deux formules mises en correspondances apparaît comme *le double symbolique* de l'autre : *une image naturelle semble exprimer indirectement et comme par allégorie le fait humain auquel l'accouple une expérience traditionnelle.* Par ce qu'on y croit sentir d'artifice, les correspondances naturelles semblent se rapprocher des images telles que nous les concevons. Pourtant, loin que leur invention repose sur un jeu de la fantaisie aidée par une syntaxe savante, l'effet rythmique dont elles procèdent et qui est le principe premier de l'art poétique, ne fait que rendre apparent, sous divers aspects que la tradition consacra, le lien mystérieux qui unit les hommes et les choses.

D'où vient, en effet, cette vertu ou cet attrait dont sont parés l'allégorie et le symbole ? De bonne heure, on le sait,

---

de même que si l'écriture chinoise demeura au cours des âges foncièrement idéographique, c'est que la voix ne suffisait pas à rendre intégralement les idées concrètes incorporées dans les mots dès qu'il ne s'y juxtaposait pas une représentation par le dessin ou les gestes. On sait qu'il arrive souvent aux Chinois de dessiner avec les doigts les caractères qui correspondent aux mots qu'ils prononcent. Cf. Lévy-Brulh, *les Fonctions mentales*, p. 167 sqq.

1. Voir p. 142 et la note.

2. Par exemple :
    La Tchen avec la Wei viennent à déborder,
    Les gars avec les filles viennent aux orchidées.

les vers du *Che king* parurent pleins d'un sens profond qui, dès qu'on le pénétrait, rendait vertueux [1]. Ils parlaient avec une autorité étrange : louanges, leur empire rendait le bien inévitable ; satires, leur coercition interdisait le mal. Dire à une princesse : « Pratiquez vos devoirs d'épouse », simple conseil ; mais c'est l'obliger à la vertu que de lui citer les vers : « A l'unisson, crient les mouettes — dans la rivière sur les rocs [2] », car ce sont là des paroles symboliques. Or, à parler d'une manière détournée, on prend sans doute un air plus persuasif ; sans doute aussi le recueil antique dont on le tire donne au texte cité quelque chose de vénérable qui s'accroît encore des souvenirs historiques dont on l'illustre [3]. Mais, rien de cela ne peut entraîner une soumission complète, immédiate. Comment donc ce qui nous paraît une simple image a-t-il la valeur d'une formule contraignante ? Ce n'est pas une image, au sens du moins où nous prenons ce mot : *dans les thèmes des chansons improvisées se sont inscrites les correspondances qui existaient de fait entre les événements de la Nature et les observances des hommes.* Les animaux hibernants, par exemple, s'enfermaient dans leurs retraites quand les hommes se retiraient dans leurs maisons [4] ; la régularité de telles récurrences permit de concevoir à l'image des pratiques humaines les usages de la Nature : on les conçut solidairement. Les correspondances inscrites dans les thèmes poétiques rendaient manifeste la solidarité des règles naturelles et des règles sociales : d'où leur prestige. Les observances humaines parce que leur efficacité semblait atteindre jusqu'au domaine de la Nature, s'accroissaient d'une majesté nouvelle ; les événements naturels à leur tour prenaient une valeur morale et servaient d'*emblèmes* aux règles de la vie sociale : en restant retirés

---

1. Voir p. 52 sqq. et p. 79 sqq.
2. *Les Mouettes*, LXI.
3. Par exemple, dans le cas des *Mouettes*, le souvenir légendaire des vertus de l'épouse du roi Wen.
4. Voir p. 185 sqq.

dans leurs maisons, les hommes permettaient aux animaux hibernants de passer l'hiver sans mourir ; inversement, quand ils bouchaient les ouvertures de leurs retraites, ceux-ci *signifiaient* aux hommes d'avoir à prendre leurs habitudes d'hiver. Les principes directeurs de la vie sociale ne se manifestaient pas seulement par des observances, ils s'inscrivaient encore dans les formules [1] qui dictaient celles-ci et qui n'étaient ni moins puissantes ni moins impératives. *Et c'étaient de même des formules impératives et puissantes que les thèmes emblématiques où s'énonçaient les faits naturels solidaires de l'usage humain.* De ces formules allégoriques, grâce au travail de la pensée, la signification alla s'enrichissant ; leur sainteté originelle les disposait aux avatars les plus divers ; comme les pratiques auxquelles elles correspondaient, elles furent utilisées à des fins multiples, interprétées au gré des besoins nouveaux ; avec elles, plus qu'avec les observances matérielles, l'interprétation pouvait en prendre à l'aise ; elle alla jusqu'aux contre-sens : ceux-ci, en effet, furent nécessaires, dès que les règles de la morale en cours furent devenues trop dissemblables de celles dont était contemporaine la formule emblématique [2]. Mais de ces formules détournées, de ces allégories travaillées l'efficacité restait constante, car, en leur forme même apparaissait toujours leur caractère de correspondances naturelles.

Les formules emblématiques, avec le pouvoir contraignant dont elles sont douées ont leur origine dans les joutes courtoises : ce fait peut aider à faire apercevoir le sens de ces *concours de proverbes* dont le *Che king* offre un exemple, du reste fort obscur [3]. Dans un tel concours, chacun des ad-

---

1. Par exemple la formule des Pa Tcha, voir p. 185.
2. Voir par exemple l'interprétation symbolique des pièces LVI, LIX et LXVII B en fonction des pratiques nouvelles du rituel du mariage noble.
3. La rosée des chemins, XI, voir App. I. Comp. les concours de dictons poétiques en usage chez les Malgaches. Peut-être SMT, IV, 63, fournit-il un exemple de duel homérique. Il est notable qu'il ait eu lieu au cours d'une fête sur l'eau.

versaires s'efforce d'établir une correspondance entre la proposition qu'il veut faire triompher et une série de dictons consacrés qu'on ne saurait nier sans soupçon d'irrévérence à l'égard de la sagesse nationale [1]. Il dresse sa preuve grâce à ce que j'appellerai le *rythme analogique* et accable son adversaire sous une abondance [2] de formules vénérables : celui-là est vaincu qui se trouve à bout de formules, celui dont la science traditionnelle est plus courte ou qui ne sait pas trouver, dans le fonds populaire, des preuves valables, une correspondance efficace [3]. Que tel est bien le principe de l'art de prouver, c'est ce que montre le rôle capital qu'a joué dans la pensée de la Chine ce que l'on a nommé le *sorite chinois* [4]. Un tel sorite consiste dans une chaîne de propositions dont la correspondance est affirmée par le rythme analogique du développement. Dans les primitives correspondances naturelles, le lien formel établi par le rythme analogique n'était pas autre chose que l'expression naturelle et sensible d'un lien interne résultant de l'accouplement traditionnel, imposé,

---

1. Cette méthode se décompose en deux procédés : tantôt l'on utilise directement la force contraignante des formules consacrées parallèles : c'est le raisonnement par analogies exactes (ou présentées comme telle) tantôt on utilise indirectement cette force : c'est le raisonnement par fausses analogies qui prend la forme suivante : Soutiendriez-vous que... ce serait comme si l'on soutenait (telle analogie absurde). Raisonnement par l'*ironie*, par l'absurde.

2. Le concours de proverbes assure la victoire au concurrent le mieux pourvu en armes logiques fournies par la sagesse traditionnelle. Il oblige chacun des adversaires à un *développement abondant*. Cette abondance — la *copia* est une qualité nécessaire à l'orateur — est par elle-même facteur de preuve, facteur logique.

3. L'art, dans le raisonnement par analogie, dans le concours de dictons, consiste à fournir des analogies riches en résonnances.

4. Voir l'étude de M. Masson-Oursel. Esquisse d'une théorie comparée du sorite. Rev. de Métaphysique et de morale, nov. 1912. Voir Rev. philos. juillet 1917 et février 1918. M. Masson-Oursel a eu le tort, à mon sens, de ne considérer le sorite que du point de vue d'une logique strictement formelle. Ce qui constituait la force des sorites primitifs c'était la solidarité réelle, la parenté réelle des formules rapprochées cette solidarité se manifestait par le rythme analogique du développement, mais le lien formel, qui, plus tard, devint l'essentiel, n'était origine que l'aspect sensible d'un lien réel.

nécessaire des faits traduits par les formules accouplées. Dès lors, ce lien interne devrait être forcément supposé dès que le rythme faisait apparaître le lien logique qui en était solidaire, qui en était le signe infaillible et la manifestation certaine. C'est pourquoi *toute correspondance, même artificielle, de par la force même du rythme analogique*[1] *qui sert à l'établir, unit les formules qu'elle rapproche d'un lien à tel point intime qu'il laisse supposer entre elles un accouplement naturel.* Il en résulte qu'une proposition que l'on veut imposer, en établissant délibérément, par un développement analogique, une correspondance entre elle et des formules consacrées, emprunte tout aussitôt à celles-ci, par une solidarité qui, bien que formelle, semble tenir à la nature des choses, leur caractère de vérités traditionnelles et sacrées. Ainsi un adversaire est mis au défi de nier celle des propositions que l'on insère dans la chaîne, sans nier du coup les plus respectables et les plus puissantes des formules consacrées.

Lorsque les jeunes gens d'un pays étaient mis en présence pour la joute qui devait faire naître l'amour entre les époux prétendus, c'était en invoquant — tels deux plaideurs[2] — une double série de précédents poétiques qu'ils gagnaient chacun

---

1. Quand un auteur chinois développe sa pensée sous forme de sorite, son développement est toujours fortement rythmé. D'ordinaire le rythme est encore accentué par l'emploi d'une particule de liaison, 則 la plupart du temps. C'est le rythme qui suggère l'idée que les formules rapprochées sont apparentées : la particule de liaison contribue à rendre cette impression plus intense. Le sorite se présente parfois sous une forme plus élaborée. Les concepts accouplés par les formules rapprochées sont alors rapprochés deux par deux et unis par une particule de liaison de façon que la deuxième formule emprunte l'un des concepts de la formule précédente. Il en résulte une espèce de raisonnement par échelons où la solidarité primitive entre les formules semble établie directement entre les concepts élémentaires. *Le développement donne alors l'impression d'établir non plus une équivalence entre les formules mais des rapports d'inclusion entre les concepts.* Voir le magnifique sorite qui termine le Ta tchouan, Li ki; Couv., 1, 787.

2. Voir *la Rosée du chemin*, XI et l'app. I. Les débats amoureux menés sous forme de chants alternés portent le même nom que les débats juridiques 訟. Le duc de Chao passe pour avoir entendu de tels débats amoureux sous un arbre saint; cf. Chao nan, 5 et 6.

leur cause ; *c'était en tressant, face à face*[1], *une double chaîne d'analogies vénérables qu'ils liaient leurs cœurs et qu'ils se persuadaient l'un à l'autre d'obéir aux règles traditionnelles qui commandaient leur union.* Un effet d'enchantement mutuel sortait à la longue de leurs litanies[2] jumelles, ils n'avaient qu'à se chanter tour à tour les vieilles formules d'amour, ils n'avaient qu'à les répéter, les nuançant à peine à chaque couplet : leur improvisation était toute traditionnelle. Leur génie inventif n'était pas commandé par l'originalité de leurs sentiments ou de leur choix ; il n'était pas excité par le besoin de gagner avec des arguments nouveaux une cause neuve ; la leur était vieille et certaine ; par avance les débats en étaient réglés. Il suffisait aux jeunes gens, pour faire leur cour, de tenir leur partie dans la joute ; s'ils improvisaient, *leurs inventions sortaient simplement du rythme de la danse* et n'allaient guère au delà de la trouvaille de quelques images concrètes, de quelques gestes vocaux.

Lorsque la société changea de forme et que l'amour plus libre[3] devint un sentiment personnel, alors seulement l'invention personnelle modifia l'art de la chanson. Comme les mœurs changèrent d'abord dans les milieux nobles, ce fut *une poésie de cour*[4] qui vint relayer la poésie populaire.

---

1. Chez les Thos, les amants sont placés dos à dos pendant cette incantation poétique ; ils se font ensuite face pour le jeu de balles. Voir p. 149 et app. III.

2. Les observateurs ont noté la monotonie et le ton de mélopée de cette cour chantée. Chez les Thos, le galant peut se voir obligé à débiter toute une longue complainte, voire à la recommencer. Mais il finit *toujours* par réussir à ses fins ; cf. App. I. Il existe des chansons européennes où l'on retrouve un ton processif et un air de litanies, témoins les chansons du type de *Magali*. Voir app. I, p. 270, un exemple chinois.

3. Les premières poésies personnelles sont toutes sur le thème de l'épouse délaissée ; cf. LXVI et Pei fong, 10 ; Couv., 39. C'est que l'organisation féodale du ménage polygame (cf. p. 213) impliquait tout un jeu de compétitions féminines qui permet l'apparition de sentiments personnels et qui donna une place à la fantaisie dans le domaine des sentiments de l'amour.

4. Poésie de cour, mais des cours rurales et paysannes : les seigneuries chinoises sont toutes villageoises, les mœurs nobles restent rusti-

La poésie de cour reçut de sa devancière les règles de l'art poétique. Incapable d'inventer encore des gestes vocaux, du moins elle tira du rythme des effets de correspondance, créateurs d'images nouvelles [1]. Pour développer une idée elle enchâssa dans une composition plus souple des thèmes traditionnels [2]. Souvent elle se contenta, à l'aide d'une modification légère, d'introduire dans un développement ancien une allusion qui lui fît prendre un sens de circonstance [3]. Leur

---

ques, c'est ce qui permet la transition. La plupart des chansons groupées sous la rubrique : *les Amours de village*, doivent être nées dans un tel milieu. Voir par exemple les chansons du type de l'*aubade* ; cf. XLII notes in.f.(p.les sérénades de fiancés en usage à Formose,voir App.III).Il semble qu'au Japon cette poésie de cour a reçu un développement original. Témoin l'usage féodal du duel poétique dans une espèce de cour d'amour pour la conquête d'une belle (voir app. III et Kojiki, trad. Chamberlain, p. 530), *adaptation de la joute primitive aux mœurs féodales*. Il y aurait là un ensemble de faits très intéressants pour une étude des origines de *l'amour courtois.*

1. Cf. *Les petites Étoiles*, LXVII.

2. Voir p. 140 sqq. Ces thèmes traditionnels formèrent le paysage obligatoire des scènes poétiques. — Les reprises de thèmes anciens, ce qu'il est convenu d'appeler *les allusions littéraires*, jouèrent de tout temps un rôle considérable dans l'art poétique de la Chine. C'est qu'en effet, de même que le rythme caractéristique de la forme poétique sortit de l'organisation des joutes anciennes, de même le fonds d'image capable d'éveiller ce genre d'émotion caractéristique de la poésie fut emprunté au paysage des fêtes. De ce fait, les images les plus consacrées, loin de perdre leur saveur, gardaient le plus de force. Tant dans ses formes rythmiques que dans son matériel d'émotions la poésie chinoise conserva un air traditionnel. — Le paysage sacré ne s'imposa pas seulement à l'imagination poétique mais à l'art des peintres : les lieux saints furent pour ceux-ci un sujet préféré et il n'est sans doute pas arbitraire de penser que les données caractéristiques du paysage sacré imposèrent son style à la peinture de paysage. Ce qui est sûr c'est qu'à regarder la peinture d'un paysage consacré, on bénéficiait des effets de cette même influence heureuse qui émanait des vers du Che king. Posséder le dessin d'un tel paysage revient à posséder, à domicile le secours d'une influence bienfaisante. Celle-ci pouvait encore être captée, à défaut d'un pèlerinage, si l'on reproduisait au naturel, mais en réduction, les aspects typiques du lieu saint. Ainsi s'explique peut-être tant en Chine qu'au Japon, la fortune de cet art des jardins, qui sait avec des proportions minuscules, des rocailles, des arbres nains, des plantes rares évoquer l'impression caractéristique des Hauts lieux où s'éveillèrent ensemble le sens religieux et le sens artistique de la race.

3. Voir SMT, IV, 231. Noter l'importance des localisations géographiques. Rechercher un ami sur *telle* rivière = rechercher l'amitié du seigneur de *tel* pays ; cf. LIV B.

caractère de pièces de circonstances mis à part, ces productions savantes se distinguaient à peine des chansons populaires : elles furent conservées dans un même recueil par un même corps d'interprètes.

On ne s'expliquerait guère qu'à une époque ancienne des productions populaires aient pu être recueillies si elles n'avaient pas retenu de leur origine quelque chose de sacré. Beaucoup d'entre elles restèrent liées aux rites du mariage[1], plus ou moins bien comprises selon que ces rites avaient changé plus ou moins ; pour celles-là, leur fonction rituelle exigeait qu'on les respectât. D'autres survécurent parce que grâce à l'imprécision du langage et à la parenté des notions d'amour et d'amitié[2], grâce surtout à la plasticité symbolique des formules poétiques[3] on put, en utilisant le pouvoir contraignant qui était en celles-ci, se servir des chansons sous forme de satires ou de panégyriques, comme d'exhortations capables de corriger les mœurs.

Les vieilles chansons se chantaient, revêtues d'une utilité nouvelle et d'un sens neuf dans les cours où naissaient des productions qui différaient à peine d'elles. Recueillies ensemble, elles formèrent *une Anthologie disparate :* celle-ci ne reçut d'unité que par l'interprétation selon des principes uniformes de toutes les pièces qu'elle comprenait. Toutes passèrent pour avoir, comme celles que l'on voyait naître, une origine savante et le caractère de conseils de morale politique. Les gens de cour qui utilisaient au Conseil seigneurial la force symbolique des formules poétiques, fixèrent définitivement l'interprétation des chansons quand ils écrivirent ces recueils de *Harangues* et de *Gestes*[4] qu'ils destinaient à de-

---

1. Voir particulièrement les pièces interprétées comme étant un témoignage de l'usage noble de l'interdit post-nuptial, LVI, LIX, LXVII B.

2. Voir pp. 30 et 207 sqq.

3. Par exemple : *la Courge*, XLIX.

4. Tels le Kouo yu, le Lie niu tchouan, le Tsouo tchouan. La distinction des recueils historiques en recueil de harangues ou de gestes est chinoise.

venir le fondement de l'éducation du Prince et où ils mirent en abondance des citations empruntées aux chansons et associées à un événement historique [1]. Dès lors l'Anthologie elle-même, servant à l'éducation, prit figure de *Classique*. Le caractère sacré des pièces qui la composaient passa à leur interprétation ; celle-ci devint irrévocable, intangible.

Voilà l'histoire du document [2] ; elle n'est qu'un aspect de l'histoire des faits dont le texte tire origine.

Les fêtes de la Chine antique sont de grandes assemblées qui marquent les temps du rythme saisonnier de la vie sociale. Elles correspondent à de brèves périodes de congrégation où la vie de société est intense et qui alternent avec de longues périodes de dissémination où la vie de société est quasi nulle. A chacune de ces assemblées, le pacte d'alliance unissant en communauté de petits groupes locaux reçoit une consécration nouvelle dans une orgie réglée par la tradition. *L'orgie où, par l'effet d'une excitation collective, s'atténue l'occlusion de ces groupes ordinairement fermés,*

---

1. Toutes les anecdotes qui composent le Lie niu tchouan se terminent par une citation du Che king. Rapp. les citations bibliques : thèmes allégoriques dont on prend texte pour faire passer dans un développement leur force probante intime ou leur vertu moralisatrice.

2. Une étude systématique du Che king et de la poésie chinoise à ses débuts devrait noter que sur les formes inventées dans les joutes se sont développés plusieurs types de compositions poétiques. Il s'est créé : 1° *Une poésie calendérique,* du type des travaux et des jours, dont le chant du *Septième mois* est le meilleur exemple (cf. XXI et p. 56) et qui a fourni la matière des dictons arrangés plus tard en calendriers paysans ; 2° *Une poésie prophétique, gnomique et satirique* dont Sseu-ma Ts'ien et le Tsouo tchouan donnent de nombreux exemples. Cf. SMT., V, 29 ; IV, 275 et dont l'invention semblait être réservée aux jeunes gens ; 3° *Une poésie panégyrique,* de type pindarique, sur les thèmes des légendes héroïques et généalogiques, Chang song, 3 ; Couv., 462 ; Ta ya, 25 ; Couv., p. 347 ; de l'éloge nuptial, Ta ya, 3, 7 ; Couv., 403 et Wei fong, 3 ; Couv., 65 ; de la commémoration d'investiture, Ta ya, 3, 5 ; Couv., 396 ; de la commémoration des fondations des villes seigneuriales ; cf. Couv., 360 ; 4° *Une poésie rituelle,* consistant en chants de fête, Pin fong, 1 ; Couv., 160. *Ibid.,* pp. 439-441) ou en hymnes de temple. Cf. Couv., 459, 460 ; 5° Une ébauche de poésie dramatique, constituée par la joute primitive elle-même, avec ses chœurs alternants, coupés peut-être d'improvisations dialoguées, et la mimique de ses danses.

ouvre à chacun d'entre eux la possibilité d'échanges : ceux-ci portant sur les choses et principalement sur les personnes, mettent chacun des groupes en possession de gages et surtout d'otages qui sont une garantie permanente de fidélité au pacte fondamental. *Les alliances matrimoniales forment l'assise du système de garanties entre groupes fédérés :* aussi les fêtes anciennes ont pour principal caractère de consister en une orgie sexuelle qui rend possibles les échanges matrimoniaux ; à leur occasion, tous les jeunes gens non mariés, c'est-à-dire qui ne sont point encore entrés dans le commerce de la communauté[1], sont réunis afin de recevoir avec l'initiation sexuelle, la capacité de contracter les liens matrimoniaux qui, à travers leurs personnes, maintiendront la solidarité des groupes confédérés. *Les fêtes ont donc l'aspect de fêtes de la jeunesse : le rite le plus saillant en est une joute de danses et de chants, tournois rythmique où naît l'amour entre ceux que les règles traditionnelles de la communauté prédestinèrent comme époux.*

Ces fêtes dont la nature s'explique par les formes mêmes de la société antique, et qui, dans leur principe, ne dépassent pas le cercle des intérêts humains, qui même ne semblent avoir pour but que de régler les rapports sexuels, marquent en fait un moment unique de la vie sociale : *celui où, élevée brusquement à la plus haute tension, elle peut, par son accroissement merveilleux, inspirer à ceux dont elle émane une foi irrésistible dans l'efficacité des pratiques qu'ils accomplissent en commun.* Les membres des petits groupes locaux, quand, d'un soudain effort collectif, ils fondent à nouveau cette communauté qui sera leur force suprême, demeurent stupéfaits sous l'impression qu'ils touchent brusquement à cet idéal d'harmonie et de paix durables qui, sur le coup, leur apparaît dans son prestige rajeuni ; chacun d'eux, pris d'enthousiasme, imagine que la vertu des actes

---

1. Un caractère important de ces fêtes est qu'elles sont des fêtes d'initiation, voir p. 212 et la note.

auxquels il collabore est illimitée, dépasse le cercle des affaires humaines et s'étend à l'univers ; il lui semble que la pérennité et l'harmonie du monde ne sont qu'une conséquence de la stabilité et de la cohésion sociales qu'il sent être son œuvre. Dès lors, et bien que l'activité de tous, au cours des fêtes, se soit déployée sous les aspects les plus divers, et qu'elle ait eu un caractère global, son intensité étonnante, le prestige de sa manifestation solennelle, son succès surtout et sa puissance efficace, font distinguer cette activité singulière de l'activité de tous les jours : *elle apparaît comme étant d'un ordre sublime et spécial, comme étant d'ordre religieux.* Les pratiques des fêtes anciennes, simples gestes d'une collectivité pleine d'espoir, sont des pratiques sacrées ; elles constituent les éléments d'un culte. De même les sentiments de confiance dans la vertu des gestes qui sont capables, pense-t-on, d'exercer une influence décisive sur les destinées de l'homme et sur celles du milieu naturel où il vit, sont le principe des croyances qui ont formé le fonds dogmatique de la religion et de la pensée chinoises.

Grâce à l'étude des fêtes anciennes, il est possible de dire quelle fut à un âge reculé la forme de la société chinoise. *Les habitants d'un pays formaient une communauté : groupement fondamental qui, par un effet de la division du travail, se trouve fractionné en groupes élémentaires de deux espèces,* la vie sociale étant soumise à un plan d'organisation rythmée. Le premier principe de répartition est une division technique du travail entre les sexes. Hommes et femmes forment deux corporations dont chacune en son temps s'emploie à des travaux qui lui sont propres ; *chaque corporation sexuelle a son genre de vie ainsi que des habitudes, des mœurs qui l'opposent à l'autre.* L'autre principe de répartition est une distribution géographique du sol à travailler. Les membres de la communauté se partagent le pays par famille et *dans chaque groupe familial, qui vit isolé, se déve-*

loppe un esprit particulariste. Sur chaque domaine domestique, les hommes et les femmes d'un groupe local poursuivent indépendamment leurs occupations ; pendant la bonne saison, époque du gros travail des champs qui est le fait des hommes, les femmes n'ont qu'à recueillir dans les vergers les feuilles de mûriers et qu'à soigner les vers à soie dans les maisons ; dans la saison où la rigueur du climat interdit tout travail champêtre, les hommes n'ont à faire que de menues besognes de réparation aux bâtisses : c'est la morte-saison, où pourtant les travaux féminins du filage et du tissage battent leur plein. *Ainsi les sexes se relayent pour le travail organisé sur le rythme alternant des saisons.* La diversité d'occupation continue d'opposer hommes et femmes même en hiver où ils se trouvent rapprochés ; pendant l'été où ils se voient à peine, l'opposition atteint le maximum. C'est en hiver, au contraire, que l'opposition est la plus forte entre les groupes locaux qui se confinent alors dans le village familial. *Mais, pendant tout le cours de l'année, la règle, c'est l'isolement, la vie monotone des petits groupes, bornée aux soucis quotidiens et privés. Il n'existe de vie sociale qu'aux moments où se marque l'alternance des genres de vie : occasions d'une assemblée générale où la communauté retrouve son unité première.* L'assemblée de printemps a un caractère plus marqué *d'orgie sexuelle* parce qu'elle sert de prélude à la saison où l'antagonisme des sexes est le plus aigu ; celle d'automne est plutôt *une orgie alimentaire* parce qu'elle précède la période où les groupes locaux, isolés, pourraient, en thésaurisant [1], accroître leur indépendance. *Dans l'une comme dans l'autre, des concours et des joutes dessinent le plan d'organisation de la communauté et en impriment l'image dans tous les cœurs.* Et c'est là la fonction essentielle de ces fêtes, uniques occasions de vie sociale dans une société où la densité est trop faible pour que se

---

1. Voir l'analyse de la fête des Pa Tcha, p. 178 sqq.

maintienne de façon permanente l'agglomération qui rendrait possible l'exercice quotidien d'un pouvoir gouvernemental.

Des fêtes antiques de la concorde, les plus importantes assurément étaient celles du printemps : c'étaient aussi celles où les rites sexuels tenaient le plus de place. Grâce à ces rites s'effaçait pour un instant l'antagonisme des corporations sexuelles et, par l'accouplement de ses deux moitiés, le groupe fondamental retrouvait sa cohésion. Le rapprochement sexuel qui a pour fin l'union d'un couple, et par lequel s'obtient la fusion en un tout de parties antithétiques et solidaires est, par essence, un principe d'alliance ; il peut établir une cohésion entre des éléments particulièrement hétérogènes. D'où son emploi : l'union sexuelle, dans un groupe homogène, n'a point d'utilité ; l'endogamie serait un contresens. Aussi *quand une répartition géographique du travail vient ajouter ses effets à ceux de sa répartition technique, quand la structure du groupe fondamental implique non seulement une division en corporations sexuelles, mais aussi une division en groupes locaux, alliés certes, mais distingués par un certain génie spécifique, chaque groupe élémentaire, à l'intérieur duquel, l'homogénéité étant parfaite, l'alliance matrimoniale serait une absurdité, s'interdit d'user de ce principe de cohésion autrement que pour marquer sa solidarité avec les groupes voisins ;* il se contraint à la fois à pratiquer *l'exogamie* et à ne participer aux échanges matrimoniaux qu'*à l'intérieur de la communauté* et au profit de l'union commune [1].

Les effets puissants des rites sexuels donnent la mesure

---

1. Le gros intérêt théorique de cette remarque est que, si elle est juste, elle indique que toute étude des règles exogamiques sera viciée si on considère ces règles uniquement sous leur aspect négatif. L'interdit de se marier dans tel groupe va de pair avec l'interdit de se marier hors d'un autre groupement et revient ainsi à l'obligation de se marier dans tel cercle défini. Autrement dit, il y a un cercle de relations avec lequel on a le connubium et dans lequel on est obligé de se marier. *L'exogamie est l'envers négatif d'obligations matrimoniales positives.*

de leur caractère redoutable : ils parviennent à rapprocher dans une brève communion des gens qui, d'ordinaire vivent éloignés, pénétrés les uns à l'égard des autres d'un sentiment usuel d'antipathie. Moment dramatique pour les individus : l'amour s'y éveille, la poésie y naît. Moment terrible pour le corps social dont l'avenir et la prospérité sont en jeu. Il n'y a point d'actes que la communauté ait autant d'intérêt à surveiller : l'initiation sexuelle et les fiançailles se font sous les yeux de tous, sous le contrôle de la collectivité, selon des règles traditionnelles. Tout commerce illicite des sexes déterminerait une perturbation générale des rapports sociaux ; le mariage est donc strictement réglementé ; il n'y est point laissé de place pour la fantaisie et le goût personnel : *au moment voulu, un ordre émané de tous*[1], *impose aux nouveaux membres de la communauté des sentiments d'amour obligatoires et conformes au plan de l'organisation sociale ;* ce sont entre personnes de sexes différents, des sentiments analogues à ceux de l'amitié[2] qui unit obligatoirement les membres des groupes voisins.

Les joutes sexuelles sont les plus importantes des pratiques que la foi indéfinie jaillissant de l'assemblée parait de cette vertu efficace particulière aux actes religieux. Mais l'activité variée de la foule était dans son ensemble une activité religieuse ; tous ses gestes constituaient les éléments d'un culte, mais *d'un culte global, où chaque pratique, loin d'avoir une fin déterminée*[3], *ne faisait qu'exprimer de diverses manières, le sentiment du succès de l'entreprise sociale.* Aussi, aux temps anciens, le culte présente-t-il les mêmes caractères que l'activité sociale : comme elle il est concentré dans le temps et l'espace, limité aux moments

---

1. Cette idée s'est matérialisée dans la conception du grand entremetteur présidant à la célébration générale des mariages et dans celle d'une divinité qui sert de patron à cette fête. Voir p. 217 sqq.

2. D'où la parenté foncière des idées d'amour et d'amitié que le langage n'arrive pas à distinguer.

3. Voir p. 173 sqq.

des assemblées, au *temps de fête*, attaché au centre de réunion, *au lieu saint;* comme elle aussi il émane également de tous les membres de la communauté : on n'y peut distinguer officiants et fidèles ; à peine pourrait-on dire — toute activité impliquant une action et une réaction — que tous jouent alternativement chacun de ces deux rôles [1].

Dans ces fêtes, qui tenaient lieu de tout culte, toutes les croyances premières se sont formées : et, d'abord, l'idée que les pratiques religieuses sont efficaces et d'une efficacité, singulière et indéfinie, telle qu'elle dépasse les intérêts proprement humains. Dès que les Chinois pensèrent que leurs actes cultuels déterminaient les événements naturels, ils se représentèrent le cours de la nature sur le modèle de l'activité déployée dans les fêtes ; comme, dans leurs assemblées, ils se haussaient à imaginer les bienfaits de l'ordre social, ils y conçurent aussi l'idée de l'ordre naturel ; comme ils arrivaient à se représenter, d'après le dessin de leurs pratiques, les règles dont l'ordre devait sortir, ils imaginèrent que la nature, puisqu'elle obéissait à des usages, en suivait d'analogues aux règles sociales dont ils venaient de prendre conscience [2]. En effet, *l'origine des principes qui, dans la pensée chinoise de tous les temps, dominent la marche du monde, se trouve dans la structure de la société des anciens âges ou, plus exactement, dans la représentation donnée de cette structure par les pratiques des anciennes fêtes.*

1° Le monde est dominé par le *Yin* et le *Yang :* ce sont là les deux catégories premières de la pensée ; toutes choses, en vertu d'une classification bipartite, appartiennent au *Yin* ou au *Yang*, sont d'un genre ou de l'autre. Mais ce sont deux catégories concrètes, deux principes cosmogoniques. Le *Yin* et le *Yang*, principe femelle et principe mâle, réalisent l'har-

---

1. Les chœurs placés face à face chantent tour à tour. De même l'ordonnance de la fête des Pa Tcha présente un caractère antithétique et un rythme alternant y règle l'ordre des actes rituels.
2. Voir l'analyse de la fête des Pa Tcha, p. 178 sqq.

monie du monde par leur concours, conçu sur le modèle de l'union sexuelle. Or, on le sait, tous les membres du corps social appartiennent à l'une ou à l'autre de deux corporations sexuelles et l'ordre de la société dépend de la collaboration rythmée de ces groupements antithétiques. Dans les fêtes où, en même temps qu'il s'établit, se dessine aux yeux, le plan de l'organisation sociale, chacun voit l'harmonie générale sortir d'une joute qui oppose un chœur d'hommes à un chœur de femmes et qui trouve dans l'union des sexes son dénouement. Il imagine alors que *la vie universelle résulte de l'activité antithétique et solidaire de deux groupements sexuels qui se distribuent l'ensemble du monde et s'unissent à temps réglés.* Voilà pourquoi, pour les Chinois, les principes de classification sont aussi des principes réels — voilà pourquoi les catégories de la pensée sont concrètes et ont la valeur de principes cosmogoniques — voilà pourquoi *les deux genres où sont répartis les êtres et les choses apparaissent comme deux principes cosmogoniques sexués;*

2° L'espace, pour la pensée chinoise, n'est pas une étendue simple, résultant de la juxtaposition d'éléments homogènes, une étendue dont toutes les parties, qualitativement semblables, sont superposables. C'est, au contraire, un ensemble organisé d'étendues de genres différents, mâles ou femelles, *Yin* ou *Yang*, qui sont disposées en vis-à-vis : c'est un groupement d'étendues affrontées. Or, les corporations sexuelles avaient chacune, pour tenir les distances, un lieu réservé de travail : les hommes allaient travailler au plein soleil des champs, les femmes sous le couvert des maisons ou à l'ombre des vergers qui les entourent. Mais c'était surtout sur le terrain des fêtes qu'il fallait à chaque corporation, pour éviter le contact de l'autre, un emplacement qui fût à elle. Au bord des vallons, au flanc des coteaux du lieu saint, les hommes se plaçaient du côté ensoleillé, les femmes du côté de l'ombre [1];

---

1. Je dois reconnaître qu'aucun texte, et pour cause, ne dit expressément que les hommes et les femmes se plaçaient comme je viens de

l'emplacement masculin, l'*adret*, était *Yang*, l'emplacement féminin, l'*hubac*, était *Yin* [1] — ou plutôt c'était le *Yin* et c'était le *Yang* : car les mots dont le sens primitif était adret et hubac furent précisément choisis pour désigner les deux catégories concrètes, — signe certain que la répartition des membres de la société et de toutes choses en deux groupes fut d'abord aperçue sous son aspect spatial. Elle fut conçue à l'aide du spectacle qu'offrait la distribution des acteurs dans les fêtes. Il en résulta que la catégorie d'espace fut placée sous la dépendance des catégories essentielles de *Yin* et de *Yang*. On admit l'existence de deux genres d'étendue. Ce n'est pas tout ; la notion chinoise d'espace fut formée d'après la vision de l'emplacement sacré de la joute ou, pour mieux dire, d'après le spectacle de la figure de ballet que dessinaient les deux groupes opposés d'hommes et de femmes *comme les évolutions des deux chœurs placés en vis-à-vis dessinaient une figure dont tous les éléments, se correspondant terme à terme et face à face, contribuaient à donner à l'ensemble une signification, l'espace fut considéré comme un ensemble défini d'étendues affrontées et de genres contraires* [2]. Enfin, trop de sensations de rythme et de visions de mouvements restèrent incorporées à cette représentation de l'espace pour qu'elle n'eût point une tendance à s'apparenter à celle de temps ;

l'affirmer. Voir cept. App. III, p. 282 et 288 de précieuses indications *in* Legendre et Colquhoun.

1. J'emploie pour traduire le sens premier des mots Yin et Yang, deux termes empruntés à la terminologie alpestre. Yin = hubac = *ad opacum* = versant ombreux, nord de la montagne, sud de la rivière. Yang = adret = *ad rectum* = versant ensoleillé, sud de la montagne, nord de la rivière. Le sens premier des mots Yin et Yang étant tel, il me paraît impossible (étant donné, d'autre part, que le yin est spécifiquement féminin et le yang masculin), que l'emplacement féminin ne fut point sur l'hubac, l'emplacement masculin sur l'adret.

2. D'où une notion très particulière du Centre, conçu comme un point de convergence de forces antithétiques et affrontées à influx radiant. *Il y aurait lieu de rapprocher l'idée de centre et celle de lieu saint, de centre ancestral.* Noter que dans le langage chinois l'idée de centre évoque celles de concorde, d'harmonie.

3° Le temps, pour les Chinois, n'est pas une durée monotone constituée par la succession selon un mouvement uniforme de moments qualitativement semblables. Il leur paraît, au contraire, constitué par l'alternance répétée de deux périodes de genre opposé, *Yin* ou *Yang*, mâle ou femelle, et se correspondant temps pour temps. Or, les corporations sexuelles, pour conserver leur indépendance, s'étaient distribué le travail de l'année ; une saison appartenait aux hommes pour le labourage, une autre aux femmes pour les travaux d'intérieur, et les deux sexes se relayaient alternativement. Mais c'était surtout pendant les fêtes qu'il fallait, pour éviter un mélange de l'activité des sexes, en organiser l'alternance. Aussi, dans la joute les chœurs d'hommes et les chœurs de femmes se répondent-ils tour à tour : le temps de la fête est occupé par l'alternance répétée de périodes musicales symétriques se correspondant temps pour temps ; *la représentation d'une suite de périodes accouplées et définies par le chant alterné des voix féminines ou masculines, est à la base de la conception chinoise du temps, selon laquelle il n'est autre chose que le rythme à caractère alternatif de l'activité concurrente du* Yin *et du* Yang[1] ;

4° Ni le temps ni l'espace, soumis à l'effet de bipartition des catégories *Yin* et *Yang*, ne forment un tout homogène ; il y a deux genres d'étendues et deux genres de durées. Des durées comme des étendues de genre contraire s'opposent, tandis qu'une durée s'apparente à une étendue de même genre. Cette parenté, par deux[2], des notions relatives à l'espace et au temps se comprend bien quand on sait que le concept de l'un et de l'autre s'est formé d'après la représentation d'une scène mimée, où la voix et les gestes des chœurs de genre

---

1. Les points critiques où se marque le renversement du rythme alternatif — les moments de transition entre les deux genres de vie — *les temps de fêtes sont conçus comme une réunion, une rencontre sexuelle, un rendez-vous du Yin et du Yang.* Voir p. 133 et notes.

2. Hiver, nuit, nord. Été, jour, sud, etc.

contraire qui se font vis-à-vis, traduisant le même rythme, une figure mouvante correspondait à chaque période musicale : *d'où la solidarité des principes de correspondance alternée et de symétrie affrontée qui sont le fondement des idées de temps et d'espace.* Ces principes ne sont qu'une double conséquence de la nécessité où l'on était dans les fêtes de distribuer un rôle propre à chaque groupe d'acteurs de genre différent. Mais la joute ne fait que représenter dramatiquement la structure sociale des anciens âges où la division du travail entre les sexes était le fait primordial. La société est divisée en deux corporations sexuelles : toutes choses appartiennent soit au groupe *Yin*, soit au groupe *Yang*. La collaboration des sexes et leur union assurent la production sociale et la multiplication du groupe : le *Yin* et le *Yang* s'unissent sexuellement et sont des principes créateurs. Les hommes travaillent au plein soleil des champs, les femmes à l'intérieur des maisons : le *Yang* est le principe constitutif des versants ensoleillés, du Sud, de la lumière, le *Yin* celui des versants ombreux, du Nord, de l'obscurité. Le travail des hommes, qui est le travail principal, bat son plein dans la bonne saison, période où les cultivateurs se répandent dans tout le pays : le *Yang* est le principe de l'été, du travail, c'est un principe d'expansion [1]. Les occupations des femmes se font à l'époque où l'activité humaine est la moins intense et où chacun vit dans sa demeure, replié sur lui-même : le *Yin* est le principe de la morte-saison, de l'hiver ; c'est un principe de retraite, d'inertie, d'activité repliée et latente. On le voit : *les règles anciennes de la division du travail, qui ordonnaient l'activité sociale, fournirent des principes d'ordre à la pensée : principes concrets, principes actifs qui servaient de plan directeur à la conception du monde et qui semblèrent aussi présider réellement à l'évolution naturelle* [2].

---

1. Voir le vieux calendrier transmis par le Chou king et Sseu-ma Ts'ien cf. p. 175 et notes et app. II.
2. Il y a intérêt à présenter en raccourci l'hypothèse à laquelle ce

Un fait historique marque une date importante dans l'histoire de la civilisation chinoise : c'est *la fondation des villes seigneuriales ;* la société changea de structure lorsque la densité accrue de la population rendit possible l'existence d'agglomérations permanentes.

On ne trouve pas trace d'une ville qu'un seigneur ne gouverne pas et l'avènement d'une dynastie féodale se manifeste

---

vail a conduit. Une analyse fidèle amène à considérer les Yin et le Yang comme *un couple de groupements-forces sexués, affrontés, alternants.* Or, on peut montrer que l'organisation des joutes suffit à rendre compte de tous les éléments constitutifs de ces notions complexes. Telle est la preuve de l'hypothèse que ces conceptions fondamentales ont leur origine dans les fêtes primitives de la Chine, *preuve d'ordre logique et à mon sens principale.* — L'état des documents ne permet pas d'apporter une preuve d'ordre historique qui ait autant de valeur ; aucun texte ne dit expressément que les chœurs alternants quand ils se faisaient vis-à-vis dans les vallons sacrés, se plaçaient les filles sur le versant sombre, les garçons sur le versant ensoleillé. Mais, s'il n'en avait pas été ainsi les mots chinois qui signifiaient originairement adret et hubac n'auraient jamais pu avoir la fortune qu'ils ont eue ; celle-ci s'explique parfaitement dans le cas contraire. — En outre, pour admettre que la disposition des sexes dans les joutes était bien telle que l'hypothèse le demande, il y a une raison décisive : c'est que l'on aperçoit nettement pourquoi cette disposition a été choisie. Il serait inconcevable que la distribution du travail telle qu'elle se faisait entre les corporations sexuelles ne se fût point accompagnées de représentations apparentant les femmes d'une part à la saison obscure et aux lieux ombreux de leurs besognes et, d'autre part, les hommes à la pleine lumière et aux jours clairs de leurs travaux. Par l'effet même de la division élémentaire du travail, les chœurs de filles étaient prédisposés à se placer sur l'hubac et ceux des garçons sur l'adret. *Ainsi les principes concrets de classification furent d'abord conçus sous un aspect spatial, mais le dispositif de l'image qui servit de plan directeur à leur conception fut déterminé par le fait premier d'une organisation du travail réparti selon un rythme alternant entre deux corporations sexuelles.* Le Yin et le Yang qui apparaissent au premier abord comme les *catégories où se logent* les différentes espèces sont avant tout *deux groupements sexués dont l'activité rythmée préside à la création de toutes choses.* — Et il y a une nouvelle confirmation de notre hypothèse dans le fait qu'elle rend compte, non seulement de tous les éléments constitutifs des notions à expliquer ; mais encore de leur rapprochement et de leur hiérarchie. — Elle pourrait réclamer un surcroît d'autorité en se referant aux études de sociologie comparée. On sait que MM. Durkheim et Mauss dans leur travail capital sur les classifications primitives, ont rapproché le système de classifications des Chinois des systèmes employés chez certains primitifs, systèmes pou lesquels l'état de la documentation autorise à supposer une origine analogue à celle qu'indique notre hypothèse. Voir *Année sociolog.,* t. VI.

toujours par la fondation d'une ville [1]. En effet, une agglomération permanente ouvre aux hommes la possibilité de rapports quotidiens. Quand l'activité sociale est de tous les jours il ne suffit plus, pour y maintenir de l'ordre, que des fêtes espacées viennent renouveler périodiquement le sentiment des bienfaits de l'organisation ; un contrôle de tous les instants devient nécessaire, les hommes rapprochés par la vie urbaine ont besoin d'un gouvernement. Le seigneur, qui l'exerce, devient le principe de l'ordre social comme les fêtes l'étaient au temps jadis ; son pouvoir gouvernemental est revêtu de ce même caractère auguste qui parait les fêtes antiques : *il est doué d'une vertu régulatrice qui étend son action aux hommes et aux choses.* — La sainteté du chef rayonne autour de lui, elle pénètre ses fidèles immédiats et leur confère des aptitudes gouvernementales : ainsi se trouve créée une noblesse qui est un corps de fonctionnaires. La sainteté du chef s'étend à toute sa résidence, lieu saint où se tiendront les assemblées, où se feront les échanges de toutes natures ; le seigneur y bâtit des temples, il y édifie des marchés : c'est autour de lui, dès lors, que l'activité humaine se localise comme elle se concentrait autrefois dans le lieu saint des assemblées. Du même coup, cette activité se répand dans tout le cours de l'année, tout en gardant encore quelque chose de sa nature périodique ; les réunions de cour où se rend l'hommage des vassaux, les foires qui se tiennent au marché, reviennent encore, à temps égaux, rythmer la vie sociale, mais, en somme, celle-ci a pris un caractère nouveau de permanence et, de ce chef, toutes les institutions se trouvent modifiées.

L'opposition des sexes demeura une des règles cardinales de la société : elle prit un aspect nouveau. L'activité masculine, particulièrement dans l'entourage du seigneur, ne perdit

---

1. Noter que quand une dynastie se sent à son déclin et veut rénover son mandat, 命, elle essaie d'y réussir en fondant une nouvelle capitale. Voir Che king; Couv., 360.

rien de sa noblesse, bien au contraire ; mais tandis que les hommes étaient fréquemment appelés aux réunions de cour, les femmes s'en trouvaient normalement exclues : elles vivaient dans la retraite des gynécées[1], constamment occupées à des besognes quotidiennes, tenues à l'écart des solennités de la vie publique. *L'opposition, qui restait grande, entre les sexes, sembla déterminée par une différence de valeur entre l'homme et la femme ;* le contact sexuel, qui inspira toujours plus de crainte, fut redouté parce que l'homme parut en s'approchant de la femme compromettre son caractère auguste. Dès que la femme se trouva retranchée de la vie publique, on imagina qu'elle était trop impure pour avoir le droit d'y participer ; la réclusion où elle vivait, paraissant imposée par cette impureté, devint de plus en plus stricte ; les pratiques qui accompagnaient l'union sexuelle furent considérées comme autant de remèdes destinés à combattre une influence néfaste émanant de la femme ; les rites sexuels disparurent des cérémonies religieuses : on n'en trouve plus trace que dans des cérémonies qui ont plutôt un caractère magique[2]. Enfin les femmes ne participèrent plus aux cultes publics, sauf en de rares cas, survivances significatives, par exemple, quand elles figurent comme prêtresses des Hauts-Lieux[3]. Elles ne jouèrent plus de rôle que dans le culte des ancêtres, culte quasiment privé[4].

Par une évolution symétrique, le mariage cessa presque d'être une affaire publique. Tandis que les anciennes communautés n'avaient guère qu'une politique intérieure et pour

---

1. La maison resta chose féminine. L'homme s'attribue le domaine de tout ce qui est à l'extérieur de la maison 外. Les femmes sont confinées dans le gynécée 內. Voir Li ki, Nei tsŏ ; Couv., I, 659.

2. Par exemple : les rites magiques destinés à provoquer la pluie. Cf. Li ki ; Couv., I, 261.

3. Cf. Sseu-ma Ts'ien, Chav., III, 452.

4. La maîtresse de maison 主婦 y joue un rôle de premier plan, il convient de noter toutes les précautions que l'on doit prendre pour éviter son contact, cf. Li ki, Couv., II, 339.

ainsi dire immuable, les seigneurs eurent une diplomatie aux buts variés et changeants. Ils utilisèrent l'alliance matrimoniale pour édifier des combinaisons diplomatiques, pour pratiquer des luttes d'influence. En conséquence, au moins dans les milieux nobles, les unions matrimoniales au lieu d'être imposées par des règles traditionnelles dépendent de la politique momentanée d'un chef de famille ; *les mariages, au lieu de se conclure dans une cérémonie solennelle et sous le contrôle de la collectivité, se contractent au gré des circonstances politiques*, à la date imposée par la diplomatie et dès que sont prises les précautions nécessaires pour parer au danger des actes sexuels.

Les unions contractées hors du cercle traditionnel des alliés, celles surtout qui ne respectaient pas la règle exogamique, furent toujours réputées néfastes : on y voyait les causes profondes de la ruine des seigneuries. Mais le mariage du seigneur importait plus à lui seul que tous les mariages du pays. De même que dans la vertu seigneuriale semblaient s'être concentrées toutes les forces sacrées dégagées jadis par les fêtes, de même *le mariage du chef parut avoir autant d'influence sur la vie nationale qu'en avait eu autrefois la célébration générale des mariages*[1]. On vit, dans les gynécées seigneuriaux, où, sous l'aspect de querelles d'amour personnel et jaloux, se répercutaient les luttes d'influence de la diplomatie féodale, autant de centres anarchiques d'où sortaient le désordre et l'instabilité sociale. Comme, dans son fonds, la nature féminine était jugée pernicieuse, on admit que la femme du prince devait ruiner l'État si son mari n'avait point assez de vertu pour obtenir d'elle ; par un effet d'influence souveraine, qu'elle changeât de nature et méritât de devenir la régulatrice des mœurs du pays.

Les sentiments de mépris qui font tenir les femmes enfer-

---

1. Voir les commentaires relatifs au mariage du Prince 大昏 dans Li ki ; Couv., II, 367 et les gloses des *Mouettes*, LVI.

mées et loin de toute vie publique, la crainte qu'inspire le contact féminin, devinrent, dès qu'il y eut une noblesse et des mœurs nobles, des motifs assez forts pour faire tomber les fêtes de la jeunesse au rang d'usages populaires[1]. Au reste, les fonctions que remplissaient jadis ces fêtes, le seigneur se les était attribuées. Toute la puissance multiple et bienfaisante des fêtes s'était d'abord incorporée aux lieux traditionnels de leur célébration. C'est de ces lieux que semblaient émaner la concorde entre les citoyens, le bonheur et la fécondité des mariages, la prospérité de l'année. Ils gouvernaient la vie humaine et naturelle, distribuant les enfants aux familles, la pluie et le soleil aux cultures ; tout semblait provenir de leur puissance tutélaire : les fidèles s'imaginaient qu'eux-mêmes descendaient de ces *centres ancestraux*. Les descendants les plus directs, ceux qu'une généalogie consacrée admettait à porter le nom du grand ancêtre, formaient une race élue, une race puissante, dont *les chefs possédaient en partage, par une espèce de collégialité avec le lieu saint, la vertu qui rend apte à gouverner les hommes et les choses*. Ils entretenaient cette vertu par le culte qu'ils rendaient au lieu saint, ils la nourrissaient des hommages que, par leur intermédiaire, les fidèles apportaient à celui-ci. Mais, chefs d'un gouvernement permanent, ils avaient besoin, pour restaurer leur vertu régulatrice d'un culte plus prochain, plus quotidien que celui des fêtes périodiques des monts et des eaux. Spécialisés dans les pratiques religieuses, entourés d'un corps de spécialistes, ils arrivèrent à établir des distinctions dans l'activité globale des premiers âges ; ils préparèrent ainsi un démembrement cultuel et gagnèrent les moyens d'installer dans leurs villes les divers temples où ils purent aller fréquemment restaurer leur autorité. Les lieux saints demeurèrent *l'âme extérieure de leur pouvoir;*

---

1. C'est la tradition du Tcheou li et de Tcheng K'ang-tch'eng. Voir p. 132.

ils partagèrent leurs fortunes : certains accompagnant dans sa chute une race seigneuriale, devinrent de simples lieux de pèlerinage populaire ; d'autres, suivant l'ascension d'une dynastie, devinrent l'objet d'un culte national[1] — qui, par l'effet du travail de discrimination de la pensée religieuse, s'adressa tantôt à la Montagne, tantôt à la Rivière[2].

Il n'y a pas de seigneur sans ville, ni de ville seigneuriale qui n'ait *son marché, son temple des ancêtres, son autel du Dieu du sol*[3] *: Tels sont les héritiers urbains de l'agreste lieu saint.* Au marché se font les échanges qui donnent un air de foire aux fêtes de la jeunesse : il est remarquable que le lieu des marchés soit resté celui des rendez-vous[4], comme si les échanges économiques ne pouvaient se faire sans un commerce des personnes. — Les cérémonies du temple des ancêtres rendent manifestes les rapports établis entre les membres de la société humaine. Les ancêtres sont les gardiens de l'ordre social: c'est à ceux qu'on demande *le Mandat* qui autorise à prendre les décisions importantes de la vie ; c'est sous leur contrôle que se contractent les mariages et les alliances : c'est par eux que l'on obtient des enfants[5]. *Le dieu du sol est l'héritier le plus direct, mais amoindri et déraciné, de la puissance sacrée du lieu saint :* celle-ci se manifestait par la richesse de la végétation ; elle sembla résider tout entière dans un bois sacré, puis dans un arbre saint, enfin dans une stèle taillée dans une essence consacrée[6], stèle transportable et que le seigneur

---

1. Voir dans Sseu-ma Ts'ien (Chav., t. III, p. 422) les efforts des seigneurs de Ts'in pour s'inféoder des lieux saints et les doter d'un culte national.

2. Par exemple : le culte du T'ai Chan. Cf. Chavannes, *le T'ai Chan;* voir Che king; Couv., 457.

3. Voir dans le Che king, les odes commémoratives des fondations de ville; Couv., p. 403 et p. 360.

4. Cf. les pièces LXIII et LXVI. Noter que c'est dans la banlieue sud de la ville réservée aux échanges que se tient la fête de Kao Mei.

5. Voir l'histoire de la naissance de Confucius : elle montre la transition entre les usages anciens et les modernes ; cf. Chav., SMT, t. V, 289.

6. Cf. Tcheou li, Ti kouan, Ta sseu t'ou et Louen yu, Ngai kong wen : pin pour les Hia, cyprès pour les Yin, mûrier pour les Tcheou.

dispose auprès de sa résidence. On demande au Dieu du sol de maintenir à l'alternance des saisons son caractère régulier, condition d'existence pour la société. Devant lui, au moyen de débats oratoires, souvenirs de l'antique joute, se jugent certains procès, particulièrement les affaires sexuelles[1] : par exemple, le duc de Chao entendit une cause de mariage, plaidée en vers alternés, sous un arbre, entouré de la vénération de tous.

Ainsi cette activité globale d'aspect religieux, jadis attachée à certaines périodes de l'année, à certains endroits du pays, devint, par la suite, indifférente aux conditions de temps et d'espace ; elle fut distraite du domaine de la collectivité pour devenir la chose d'un corps spécialisé. Une fois diminuée d'ampleur, l'économie comme la politique s'étant en partie laïcisée, ce qui en resta, c'est-à-dire l'activité proprement religieuse, moins dépendante de l'ensemble des faits sociaux et soumise à l'effort d'analyse d'un corps d'interprètes, s'adapta peu à peu à des fins spéciales, si bien qu'il se créa *une technique rituelle*. Les anciennes pratiques qui étaient des natures les plus diverses avaient aussi une efficacité indéfinie. Grâce à un travail savant de classification systématique, chacune de ces pratiques reçut une destination particulière ; *les anciennes fêtes furent réduites à une poussière de rites que les différents systèmes de la pensée religieuse distribuèrent tout au long du calendrier*[2].

---

1. Cf. *La Rosée des chemins*, XI et Chao nan, 5 ; Couv., 20 ; cf. app. I.

2. On constate, en effet, que les ensembles rituels primitifs se sont peu à peu désintégrés ; les diverses pratiques ont donné lieu à des cérémonies distinctes dont le terme a été fixé selon des principes variables. Elles furent tantôt rattachées à des dates solaires, tantôt à un jour du cycle, tantôt à une espèce de date mnémotechnique (par exemple : 3ᵉ jour du 3ᵉ mois. Cf. le calendrier de K'ing Tch'ou). Le nombre des fêtes paraît s'être accru comme leur durée diminua. Les cérémonies des fêtes démembrées ont été répandues au long des mois comme autant de *jours fériés*. Une ébauche de répartition logique des rites coïncide avec cette désintégration des ensembles. Par exemple, le 9ᵉ jour du 9ᵉ mois est devenu le grand jour de l'ascension (cf. de Groot, *Fêtes d'Emouy*, p. 530) ; le 5ᵉ du 5ᵉ mois, celui des rites sur l'eau (*ibid.*, p. 346). Mais les rites de

L'action de ceux qui, dans les cours seigneuriales, étaient devenus les gardiens des traditions religieuses, se fit sentir sur les croyances comme sur les pratiques, et de façon symétrique. Grâce aux spéculations des écoles d'interprètes religieux, *l'analyse des notions primitives de* Yin *et de* Yang *fournit l'élément intellectuel qui servit de principe d'ordre dans l'établissement d'une technique du cérémonial.* D'un autre côté, les croyances anciennes subirent l'influence directe de l'ordre social nouveau : cette mise en vedette des personnalités qui est à la base d'une organisation féodale et qui va de pair avec le développement du culte des ancêtres, se traduisit, dans le domaine des croyances, par la *conception de forces religieuses individualisées.* C'est ainsi que l'on se représenta les montagnes et les fleuves sous l'aspect de héros, ducs ou comtes[1]. *L'art des généalogies, nécessité de la politique féodale, s'employa à organiser, pour des fins diplomatiques et sous forme de légendes héroïques. l'histoire des cultes locaux.* Témoins, les légendes imaginées sur le thème des *naissances miraculeuses.* Les faits qui s'y rapportent sont souvent des doublets ; ils n'en sont que plus instructifs, car ils montrent l'intérêt que les familles princières attachaient à une origine héroïque et ils attestent le petit nombre de schèmes qui s'offraient à l'imagination des généalogistes. On ne trouve guère que les types suivants de conceptions miraculeuses[2] : la grossesse est produite par un météore qu'a vu l'héroïne, par une empreinte qu'elle a foulée,

---

l'ascension, loin d'être réservés à l'automne, se retrouvent encore au printemps (7ᵉ et 15ᵉ jours du 1ᵉʳ mois ; cf. K'ing Tch'ou). Inversement, les rites de l'eau se pratiquent aussi dans un mois d'automne (7ᵉ et 14ᵉ jours du 7ᵉ mois, *Ibid.*). — Je me bornerai à ces indications sommaires : elles conseilleront la prudence à ceux qui veulent chercher l'*origine* ou la signification des fêtes par la considération de leur date ou du rite qui semble y jouer le rôle principal.

1. Voir p. 194.

2. Voir p. 200. La légende qui offre le plus d'originalité : celle de la conception par l'empreinte foulée semble bien, elle aussi, se rapporter au culte des lieux saints (pierres sacrées).

un œuf avalé, une fleur, une graine ou encore une communication par songe avec un ancêtre. Or, de ces types de légendes, tous, ou, sans doute, au moins deux, se rattachent aux fêtes des monts et des eaux. Et l'on peut se rendre compte que les légendes généalogiques de la grossesse de Kien Ti ou de la naissance du comte Lan dérivent, dans tous leurs détails, des pratiques des anciennes fêtes et des vieilles croyances relatives aux centres ancestraux [1].

Le besoin de personnifier les forces sacrées, s'exerçant même hors des cadres de la religion féodale, fit sortir des vieilles coutumes nationales quelques mythes populaires, assez vivaces pour subsister sans le support d'un culte officiel. Des fêtes anciennes où un chœur d'hommes et un chœur de femmes soutenaient, à l'époque des pluies et dans l'eau, une joute courtoise terminée par des accouplements sexuels, naquit le *mythe* [2] *du combat et de l'union des dragons maîtres de la pluie*. Et les rites essentiels des fêtes de la jeunesse se racontent encore de nos jours, dans tout l'Extrême-Orient, sous la forme d'*un mythe stellaire* [3], *l'histoire de la Tisserande*. C'est de cette constellation que les femmes chinoises [4] et japonaises [5] attendent de l'adresse dans leurs travaux et des enfants; la Tisserande mène, tout au long de

---

1. Cf. pp. 166 et 200 sqq.

2. Voir pp. 159-160. Les rites de Lou et les croyances de Tcheng montrent bien la relation de ce mythe aux fêtes anciennes.

3. Sur ce mythe, voir dans de Groot, *Emouy*, 436-444, l'exemple du type d'interprétation qui me paraît le plus dangereux.

4. En Chine (voir Si King Tsa Ki et calendrier de K'ing Tch'ou), on fait flotter des figures d'enfants sur les eaux (comp. rites de Tcheng, p. 158). Cf. Groot, *Emouy*, 443. Le Si King Tsa Ki note des cérémonies auprès de l'étang des Cent enfants, ce sont des cérémonies de purification 禊.

5. Au Japon, c'est le jour de la fête des morts, BON-ODORI, que les couples chantaient dans les haies des chansons. (Cf. App. III, p. 279), c'est-à-dire au milieu du 7ᵉ mois : La fête de Tanabata, la Tisserande, a lieu quelques jours avant. En Chine, la fête boudhique des morts a lieu actuellement à la même date. On notera que le 14 (7×2) du 7ᵉ mois est la date ancienne du sacrifice de purification d'automne, qui s'oppose à celui du printemps (3 du 3ᵉ mois).

l'année, sur les rives de la Voie lactée, une vie de travail solitaire ; mais, quand vient la 7e nuit du 7e mois, pour aller s'unir au Bouvier, telle une paysanne du temps jadis, cette vierge du ciel passe le fleuve céleste[1] 織女渡河.

------

1. Elle le passe suivie par un cortège de pies, oiseau symbolique du mariage (cf. IX) ; de Groot, Emouy, 440 ; Fong sou ki 織女七夕當渡河使鵲爲橋. Voir l'image populaire reproduite : les noces de la voie lactée 天河配.

LE MARIAGE DE LA VOIE LACTÉE.

Reproduction d'une image populaire en couleurs. La Tisserande (la Vierge du Ciel), une étoile de la Lyre, accompagnée d'un vol de pies, traverse à gué le Fleuve Céleste (la voie lactée), pour aller s'unir au Bouvier (une étoile de l'Aigle).

TABLE DE CONCORDANCE DES CHANSONS

ORDRE DE L'ANTHOLOGIE				ORDRE DE L'ÉTUDE	
SECTION ET NUMÉRO	COUVREUR PAGE	LEGGE PAGE	N°	N°	SECTION ET NUMÉRO
Tcheou nan, 1	5	1	LVI	I	Tcheou nan, 6.
— 3	8	8	LVIII	II	Kouei fong, 3.
— 5	10	11	VI	III	Siao ya, VIII, 4.
— 6	10	12	I	IV	Tch'en fong, 5.
— 8	12	14	XIX	V	Chao nan, 13.
— 9	13	15	XLVI	VI	Tcheou nan, 5.
— 10	14	17	XLVII	VII	Yong fong, 5.
Chao nan, 1	16	20	IX	VIII	Pin fong, 3.
— 3	18	23	LIX	IX	Chao nan, 1.
— 6	20	27	XI	X	Tcheng fong, 20.
— 8	23	29	XIV	XI	Chao nan, 6.
— 9	24	30	XXII	XII	Pei fong, 16.
— 10	25	31	LXVII	XIII	Tcheng fong, 16.
— 12	26	34	LXIV	XIV	Chao nan, 8.
— 13	27	35	V	XV	Tcheng fong, 11.
Pei fong, 6	35	48	LXVIII	XVI	Yong fong, 7.
— 9	38	53	L	XVII	Ts'ao fong, 2.
— 10	39	55	XLIX	XVIII	Wang fong, 8.
— 16	48	67	XII	XIX	Tcheou nan, 8.
— 17	49	68	XXXIX	XX	Siao ya VIII, 2.
Yong fong, 4	55	78	XLIV	XXI	Pin fong, 1.
— 5	56	80	VII	XXII	Chao nan, 9.
— 7	58	83	XVI	XXIII	Tcheng fong, 19.
Wei fong, 4	67	97	LXVI	XXIV	Tch'en fong, 3.
— 5	70	101	XLI	XXV	Ts'ao fong, 1.
— 7	72	104	XLVIII	XXVI	T'ang fong, 10.
— 10	75	107	XXVIII	XXVII	Wang fong, 10.
Wang fong, 8	82	120	XVIII	XXVIII	Wei fong, 10.
— 9	83	121	XLIII	XXIX	Tch'en fong, 4.
— 10	84	122	XXVII	XXX	Tcheng fong, 12.
Tcheng fong, 2	86	125	XL	XXXI	— 10.
— 7	92	133	XXXII	XXXII	— 7.
— 8	92	134	XLII	XXXIII	— 18.

ORDRE DE L'ANTHOLOGIE				ORDRE DE L'ÉTUDE	
SECTION ET NUMÉRO	COUVREUR PAGE	LEGGE PAGE	N°	N°	SECTION ET NUMÉRO
Tcheng fong, 9	93	136	XXXVI	XXXIV	Tch'en fong, 7.
— 10	94	137	XXXI	XXXV	Tcheng fong, 14.
— 11	95	138	XV	XXXVI	— 9.
— 12	95	139	XXX	XXXVII	T'ang fong, 11.
— 13	96	140	LI	XXXVIII	Tcheng fong, 17.
— 14	96	141	XXXV	XXXIX	Pei fong, 17.
— 16	98	143	XIII	XL	Tcheng fong, 2.
— 17	98	144	XXXVIII	XLI	Ts'i fong, 4.
— 18	99	145	XXXIII	XLII	Tcheng fong, 8.
— 19	100	146	XXIII	XLIII	Wang fong, 9.
— 20	101	147	X	XLIV	Yong fong, 4.
— 21	101	148	LII	XLV	Wei fong, 5.
Ts'i fong, 4	106	153	LI	XLVI	Tcheou nan, 9.
T'ang fong, 5	124	179	LXI	XLVII	Tcheou nan, 10.
— 10	129	185	XXVI	XLVIII	Wei fong, 7.
— 11	130	186	XXXVII	XLIX	Pei fong, 10.
Ts'in fong, 4	137	195	LIV	L	— 9.
— 7	141	200	LVII	LI	Tcheng fong, 13.
Tch'en fong, 1	145	205	LXII	LII	— 21.
— 2	145	206	LXIII	LIII	Siao ya III, 2.
— 3	146	207	XXIV	LIV	Ts'in fong, 4.
— 4	147	208	XXIX	LV	Tch'en fong, 10.
— 5	148	209	IV	LVI	Tcheou nan, 1.
— 7	149	211	XXXIV	LVII	Ts'in fong, 7.
— 10	151	213	LV	LVIII	Tcheou nan, 3.
Kouei fong, 3	154	217	II	LIX	Chao nan, 3.
Ts'ao fong, 1	155	220	XXV	LX	Siao ya VII, 4.
— 2	156	222	XVII	LXI	T'ang fong, 5.
Pin fong, 1	160	226	XXI	LXII	Tch'en fong, 1.
— 3	167	235	VIII	LXIII	— 2.
— 5	170	240	LXV	LXIV	Chao nan, 12.
Siaoya III, 2	199	279	LIII	LXV	Pin fong, 5.
— VII, 4	293	391	LX	LXVI	Wei fong, 4.
— VIII, 2	307	411	XX	LXVII	Chao nan, 10.
— VIII, 4	310	414	III	LXVIII	Pei fong, 6.

APPENDICE I

NOTES SUR LA CHANSON XI
LES CONCOURS DE PROVERBES

XI. — **La rosée des chemins.**

1. 厭浥行露. (le garçon). — Les chemins ont de la rosée :
2. 豈不夙夜. Pourquoi donc ni matin ni soir ?
3. 謂行多露. (la fille). — Les chemins ont trop de rosée !

4. 誰謂雀無角. (le garçon). — Qui dit qu'un moineau est sans bec ?
5. 何以穿我屋. Comment percerait-il mon toit ?
6. 誰謂女無家. Qui dit que tu es sans mari ?
7. 何以速我獄. Comment t'en prendrais-tu à moi ?
8. 雖速我獄. (la fille). — Bien que tu t'en prennes à moi,
9. 室家不足. Le mariage n'est point fait !

10. 誰謂鼠無牙. (le garçon). — Qui dit qu'un rat n'a pas de dents ?
11. 何以穿我墉. Comment percerait-il mon mur ?
12. 誰謂女無家. Qui dit que tu es sans mari ?
13. 何以速我訟. Comment t'en prendrais-tu à moi ?
14. 雖速我訟. (la fille). — Bien que tu t'en prennes à moi,
15. 亦不女從. Quand même je ne te suis pas !

XI. — *Préf.* 行露. 召伯聽訟 也. 衰亂之俗微. 貞信之敎
與. 彊暴之男不能侵陵貞女也. La rosée des chemins (montre)
le comte de Chao jugeant les procès. Indice des mœurs des temps de

tristesse et d'anarchie. Début de l'influence réformatrice qui fera régner la chasteté et la fidélité. Un garçon brutal ne peut faire injure à une fille chaste.

Le comte de Chao est un sage contemporain du roi Wen et du dernier souverain des Yin. Celui-ci, prince funeste, est le fauteur de l'anarchie et des mauvaises mœurs, dont la brutalité du garçon est un indice. Le roi Wen par sa vertu rétablira les bonnes mœurs : déjà son influence se fait sentir ; elle explique la chasteté de la fille (Cf. Tcheng).

1. 2. 3. 厭浥.瀼.行道. (Mao) 夙.早 (Tcheng).

Les cinq premiers rites du mariage se font au crépuscule du matin ; le sixième (la pompe nuptiale) au crépuscule du soir. (Yi li, Mariage).

La rosée indique le 2ᵉ mois de printemps (Tcheng). (Cf. X, 2 ; LIV, 2.) A l'automne, au 9ᵉ mois, la rosée se transforme en givre (fin du cycle végétal) : donc la rosée d'automne est du 8ᵉ mois (2ᵉ mois d'automne), par suite celle du printemps marque le 2ᵉ mois (mois symétrique du printemps) : le givre se transforme alors en rosée (début du cycle végétal).

Tcheng rappelle que le 2ᵉ mois est le temps des mariages.

Pour Mao 1. 2. 3. sont une comparaison qu'on explique ainsi : Quel voyageur ne désire pas être en route dès le grand matin et jusqu'au soir ? Mais de peur de se mouiller (en cheminant dans la rosée), il ne se met en route ni le matin ni le soir. De même la jeune fille que demande un homme brutal, comment ne voudrait-elle pas l'épouser ? Mais tant que les rites ne seront pas accomplis elle ne l'épousera pas. La crainte de marcher dans la rosée est un symbole de la crainte de manquer aux rites (Cf. K'ong Ying-ta).

Pour Tcheng (qui croit l'obligation de faire les mariages au 2ᵉ mois de printemps) le jeune homme ne se présente que quand il y a déjà trop de rosée, c'est-à-dire quand on est au 3ᵉ ou 4ᵉ mois de l'année. Et *en outre* il veut faire violence à la fille en n'accomplissant pas tous les rites.

7. 速. 召. 獄. 埇. (Mao). (Il faudrait traduire selon Mao : m'appeler en justice et me traîner en prison.)

9. Mao : les rites du mariage n'ont pas été accomplis : savoir les prestations rituelles 幣 n'ont pas été fournies. — Tcheng : Les prestations ont été faites par violence 強委 mais non acceptées, car il n'y avait pas entente par entremetteur 媒妁之言不和.

La difficulté de la pièce provient de l'obscurité des raisonnements par analogie faits aux vers 4-7 et 10-13.

Les commentateurs pensent que la fille est l'auteur de ces raisonnements et les fait pour motiver son refus. Le raisonnement serait: Tu me cites en justice ; les gens disent : C'est donc qu'il y a entre toi et moi un contrat, une promesse de mariage (似有室家道於我) mais c'est là une fausse induction, analogue à celle qu'on ferait si, voyant dans son toit un trou, on dirait : le moineau qui l'a percé a une *corne* 角. Le procès que tu m'intentes est analogue à celui qu'un fiancé intenterait à une fiancée, mais non identique 有似而不同. En fait nous ne sommes pas fiancés.

Cette interprétation me paraît impossible pour deux raisons : 1ᵒ Dans le raisonnement est employé le mot 家 qui ne peut signifier que mari. Donc le raisonnement est fait pour le garçon et il est en sa faveur ; 2ᵒ Il est impossible de soutenir que l'analogie soit fausse dans la réédition du

raisonnement : Si le rat perce les murs, c'est bien parce qu'il a des dents.
[Les modernes expliquent ingénieusement que 牙 désigne les dents ca-
nines dont les rongeurs sont dépourvus ; donc l'analogie serait encore
fausse. Outre que cette subtilité est inadmissible, il reste toujours que
家 indique nécessairement que c'est le garçon qui parle.]

Je considère donc que le raisonnement par analogie étant le fait du
garçon, les analogies sont valables : d'où la traduction de 角 par *bec* et
non par *corne*. C'est assurément une hypothèse, mais cette interprétation de 角 est à coup sûr moins absurde que l'interprétation que l'on
propose de 牙. — Je prête (à cause du mot 家) les vers 4-7 et 10-13 au
garçon. Inversement le mot 從 (15) ne pouvant être employé que par une
femme. (Il est dans la destinée d'une femme de *suivre*; cf. théorie des 三
從). Je prête à la femme les vers 14-15 et par symétrie les vers 8-9. Enfin
la rosée symbolisant le temps des fêtes printanières, les deux premiers
vers m'apparaissent comme une sommation du garçon, le troisième
comme une défaite de la fille.

La pièce m'apparaît donc comme dialoguée.

Variantes d'écriture : 沮. 挹. 穿. 穽. 女爾. HTKK SP, 1171, p. 15
vᵉ.

Thème des rencontres printanières. Thème météorologique.

Noter le mot 誦, équivalent phonétique de 頌 (chants élogieux (cf. Che
king, 4ᵉ p.) et de 誦 récitation, chanson laudative (cf. Che king, Ta ya,
III, 5 inf. et 6 inf., mais ordinairement satirique, cf. Tsouo Tchouan
Siang, 4ᵉ a., Leg. 424 et Che king, Taya, III, 3 st. 3).

Le Tcheou li dit (地官. vᵒ 媒氏.) que l'Entremetteur jugeait les
affaires de mœurs (cf. XLIII, préf.) 陰訟 près du dieu du sol des dynasties détrônées. On connaît le rapport du dieu du sol et des bosquets sacrés.
Or, le comte de Chao, juge du procès qui nous occupe, est représenté
jugeant les affaires de mœurs au pied d'un arbre que tous respectent
cf. Chao nan 5. Si l'on se rappelle d'autre part que l'Entremetteur est
censé présider aux fêtes printanières (Tcheou li, *ibid.*) et que celles-ci se
passent dans des bosquets sacrés, on admettra volontiers la parenté
des formules juridiques employées dans les procès de mœurs et des
vers improvisés dans les joutes.

Le calendrier de K'ing Tch'ou indique (pour le 7ᵉ jour du 1ᵉʳ mois) un
rite d'ascension : on montait sur les hauteurs pour réciter des vers 登
高賦. Réciter des vers sur les hauteurs est une pratique qui est restée
liée dans l'esprit des Chinois à l'idée d'incantations magiques.

獄 et 語 sont homophones (le ton seul diffère). 語 signifie dialogue ;
cf. XXIX, 8.

Je comprends, en fin de compte, les vers 7-8 en donnant à 速我
獄 le sens de : m'appeler en duel poétique, et les vers 13-14 en donnant
à 速我訟 le sens de : m'appeler par des incantations. Ces incantations
réciproques constituent le duel poétique.

Peut-être pourrait-on comparer à XI le nᵒ 10 du Siao ya, III. Cf. encore
le nᵒ 8 du Yong fong. Couv. 59.

Cette pièce est très difficile à comprendre. Je ne présente qu'avec d'expresses réserves la traduction qu'on a lue et l'essai d'interprétation qui suit. Les glossateurs admettent avec raison qu'il y est question d'un débat entre homme et femme au sujet d'un mariage ébauché que l'homme désire consommer tandis que la femme s'y refuse. Mais ils croient que ce débat est un procès véritable et que la pièce — bien que les deux premiers vers expriment la pensée du garçon — est le plaidoyer prononcé par la fille. Je pense au contraire qu'il s'agit d'un débat de pure forme, que la pièce présente en raccourci une joute de chants d'amour et que le dialogue, qui se poursuit au long des quinze vers, montre de quelle manière garçons et filles, pour leurs accordailles printanières, se faisaient la cour. Voici mes raisons.

On admet que l'expression 室家 (9) est prise dans son sens dérivé (ménage, mariage; cf. I, 4-8); il s'en suit, à mon avis, que 家 (6-12) est pris aussi dans son sens dérivé : mais s'il signifie *mari*, les vers où il se trouve et les développements où entrent ces vers sont nécessairement dits par l'homme (4-7) (10-13). D'autre part l'expression 從 *suivre* ne peut être employée que par une femme : celle-ci prononce donc le vers 15 et le vers précédent (14) qui fait corps avec lui : j'admets par raison de symétrie qu'elle prononce de même les vers 8-9. D'où la distribution adoptée.

La suite des idées se fait de la manière suivante : (1-2) Le garçon invite la fille à le suivre aux fêtes printanières : c'en est l'époque (1. rosée, cf. X), pourquoi ne l'y rejoindrait-elle pas aux heures propices ? (2. les deux crépuscules, cf. IV, XLI et Yi li, Mariage.) — (3) La fille répond par un refus : il est trop tard ; l'époque est passée (3. trop de rosée, cf. X, 1, 2) ; — (4-7) le garçon, pour la convaincre, argumente. — (8-9) Nouveau refus de la fille. — (10-13) Reprise de la même argumentation sur un motif nouveau. — (14-15) Nouveau refus.

Cette répartition des vers suppose que chacun des jeunes gens dit à son tour que l'autre le prend à partie (le garçon : 7, 13 ; — la fille : 8, 14) : ce qui serait inadmissible s'il s'agissait d'un procès véritable avec demandeur et défendeur constitués ; cela s'explique au contraire s'il s'agit d'un débat d'amour.

Sur quoi porte le débat ? Le garçon se contente de répéter à peu près ceci : « Tu refuses, mais le fait seul de contester ce que je demande prouve que nous sommes en pourparlers », raisonnement soutenu par des proverbes analogues à notre : « il n'y a pas de fumée sans feu ». Or cette argumentation est si forte que la fille n'y trouve à répondre que par de simples affirmations de volonté. Qu'une telle argumentation apparaisse comme valable, il n'y en a qu'une explication possible : Les jeunes gens sont effectivement destinés à s'épouser et ni l'un ni l'autre ne doute que tout finira par un mariage. Les glossateurs n'en doutent pas non plus : la fille, selon eux, ne refuse que parce que tous les rites n'ont pas été accomplis. Aller trop vite au dénouement obligé compromettrait son honneur (cf. LXIV, 9-11) : Sa résistance marquera le prix qu'elle vaut, car, si le succès de la lutte n'est pas douteux, il ne doit pas être sans importance pour le prestige de l'un ou l'autre partenaire, qu'elle soit plus ou moins longue. Pour la fille retarder son consentement, pour le garçon obtenir vite l'aveu, semblent la fin unique du débat : son intérêt n'est pas dans son issue, mais dans sa durée.

Ainsi ce débat amoureux n'est pas un procès sur le fond : l'issue n'étant pas douteuse, les adversaires ne luttent que pour l'honneur et par courtoisie : leur conflit est, pour ainsi dire, désintéressé ; c'est un jeu, c'est une joute. De même que les jeunes Miao-tseu se renvoient quelque temps la balle avant d'avouer leur amour, de même la jeune fille, qui d'abord ne veut point marcher dans la rosée, répond aux vers de l'ami qui l'invite par quelques vers où elle se refuse (cf. en sens inverse, LII, 5-7). Et si la chanson se termine encore sur un refus, c'est que, comme chez les Thos, il est besoin d'une longue cour et de s'y prendre à plusieurs reprises, pour obtenir le consentemen t de la fille.

Puisque ce n'est pas l'issue du procès qui est en jeu, puisque les jeunes gens ne manqueront pas d'arriver au dénouement obligatoire, il n'est point nécessaire de varier les arguments, il suffit de les répéter, sous des formes diverses, ainsi qu'on jette à nouveau la balle, tout le temps qu'il faudra. Voilà pourquoi le jeune homme ne fait que recommencer le même raisonnement et pourquoi toute son invention ne s'applique qu'à le mettre sur un motif nouveau.

Si mon analyse est exacte, la pièce étudiée est un exemple des duels poétiques où naissait l'amour. Elle peut permettre de voir en quoi consistait la cour qui faisait pénétrer ce sentiment dans l'âme des individus à qui il s'imposait comme une obligation.

Le débat amoureux s'engage sur une affirmation très générale du garçon. Voici la fête printanière des accordailles ; n'est-il point temps de nous unir ? A quoi la fille répond par une simple défaite : il est trop tard. (Comparez un début de joute, très analogue aux vers 7-10 de LXVI.) Par cette première passe est lié le combat poétique ; il se poursuit par une série d'engagements tout pareils entre eux (la chanson en indique deux presque identiques) : Le garçon cite un proverbe ; puis entre cet axiome irréfutable et la thèse qu'il soutient il établit un parallélisme et il somme ironiquement la fille de réfuter son double axiome. La fille ne réfute rien et toute sa parade consiste à ne pas s'avouer vaincue.

Le premier argument tire sa force de ce qu'il est un dicton de calendrier : formule emblématique empruntée au rituel saisonnier, il possède une puissance contraignante : celui qui a pu l'invoquer a lié son adversaire et tient la victoire ; mais non tout de suite. Le dicton de calendrier, règle impersonnelle, ne forme pas un argument qui touche directement l'individu : il faut, pour l'atteindre, des intermédiaires. D'où l'emploi d'arguments secondaires. Ceux-ci consistent en une correspondance établie entre la thèse soutenue et un axiome proverbial. Par l'effet de cette correspondance les conclusions qu'on présente participent de l'autorité du proverbe. Autant paraît avoir de nécessité le fait de nature qu'énonce celui-ci, autant ont de force les conclusions qui en sont rendues solidaires. Le garçon interdit à la fille de nier qu'elle ait un mari prétendu (lui-même), sous peine de nier du coup que le moineau ait un bec ou le rat des dents — de même que déjà, en lui montrant sur les chemins la rosée symbolique du temps des fêtes printanières, il lui avait ôté tout droit à soutenir que le moment de leur union n'était pas arrivé. Mais tandis qu'un dicton de calendrier est la formule emblématique d'une règle sociale déterminée et possède ainsi une signification immuable, le proverbe n'est qu'une remarque traditionnelle et la signification morale qui peut être associée au fait naturel sur quoi porte cette remarque n'est ni précise ni invariable. La remarque proverbiale ne connote pas des récurrences immanquables et solennellement constatées ; familière et mobile elle est susceptible de recevoir dans l'ordre moral des corollaires divers ; plus souple, plus maniable que le dicton du calendrier, elle se prête mieux que lui aux applications particulières, aux fins personnelles. De là son emploi. Le proverbe est le moyen qui sert à tirer des prémisses contenues dans la formule emblématique la conclusion qu'on a précisément en vue. Cette conclusion, il l'appuie de son autorité en lui fournissant une correspondance naturelle qui commande le respect. Les formules emblématiques du calendrier sont de véritables commandements : elles ne suffisent pas parce qu'un texte de loi ne fait pas un plaidoyer. Une image enregistrée par l'observation personnelle, une métaphore jaillie de l'invention individuelle n'apporteraient aucun appui à l'idée, car, dans leur nouveauté, elles manquent de prestige. Au contraire un fonds de locutions proverbiales fournit les images vénérables qui donnent le succès dans la joute poétique : elles commandent le respect parce qu'on les sent parentes des formules emblématiques et, parce qu'elles sont maniables, elles peuvent servir d'emblèmes et d'appui aux propositions particulières qu'on veut faire admettre. Auss parle-t-il par proverbes celui qui, dans le débat amoureux, aura la victoire.

Lier, à l'aide de métaphores consacrées, une thèse personnelle à des vérités inéluctables ne peut se faire sans artifice : pour opérer le passage de la loi à l'application, il faut de l'art. C'est à masquer le passage et à déguiser l'artifice que sert la forme interrogative dont on use. Celui qui, présentant parallèlement, sous forme interrogative, sa thèse et une correspondance naturelle, prend l'offensive par des interrogations conjuguées, réduit l'adversaire à subir l'attaque au point où le combat lui est défavorable, à répondre là où toute réponse est absurde, sauf celle qu'on désire. Et ainsi, outre que l'adversaire ne peut échapper à la force de contrainte de l'analogie proverbiale, à cette force vient s'ajouter la puissance coercitive de l'ironie ; d'où vien celle-ci ? elle ne résulte pas du seul emploi d'un artifice de langage. Si l'interrogation ironique immobilise l'adversaire à un point faible, s'il ne peut répondre librement, c'est qu'en réalité il n'est pas interrogé, c'est que l'interrogation le dépasse et fait appel à la conscience commune. Celle-ci est appelée à garantir la validité de l'argumentation, tandis que sur toute thèse adverse est jetée une suspicion d'absurdité, de paradoxe, d'hérésie. De même que pour persuader on n'emploie pas d'arguments personnels qui manqueraient d'autorité, mais des thèmes empruntés au domaine public, dont le prestige est indiscutable, de même, le consentement qu'on réclame, on n'essaye pas de l'obtenir d'un aveu spontané mais par l'effet d'une pression de l'opinion commune. La puissance de contrainte qu'a l'ironie comme le proverbe, puissance qui l'a fait adopter comme arme complémentaire, vient de ce qu'une formule mise sous forme interrogative, par sa forme comme par son contenu, constitue un rappel pressant au respect qu'on doit à la sagesse commune.

C'est par des interrogations répétées, par une accumulation de proverbes, c'est par suite d'analogies ironiques qu'on détermine le consentement. Il est remarquable, dans l'exemple qui nous occupe, qu'à l'offensive, qui poursuit l'aveu, ne réponde aucune contre-attaque. Tandis que l'un des adversaires reste passif, l'autre est seul à utiliser la force des proverbes et de l'ironie ; le débat poétique prend ainsi la forme d'un plaidoyer que coupe, à temps égaux, la simple affirmation d'une résistance qui tient encore. N'est-ce pas que, d'après les conditions où l'action s'est engagée, un seul des adversaires a droit à disposer de l'ironie et des proverbes ? Puisque le mariage est fait d'avance, il n'est plus question que de vaincre la résistance qu'oppose encore l'un des futurs à sa consommation rapide : aussi l'essentiel du duel poétique est-il de réduire au plus tôt cette résistance et d'obtenir l'aveu. Le garçon, par le talent qu'il montrera à utiliser les motifs classiques de persuasion, forcera la fille à ne pas prolonger trop longtemps les refus auxquels l'obligent les règles du jeu traditionnel de la pudeur et de l'amour. Ainsi il établira son ascendant sur elle et se créera le prestige qui, enfin, la fera céder. Il arrivera le plus vite à ses fins, l'amant qui saura le mieux faire usage du pouvoir de contrainte qu'ont l'ironie et les proverbes : c'est-à-dire qu'il est le plus digne d'être aimé, celui qui a le sentiment le plus vif de la sagesse commune. Ce sont des forces impersonnelles qui ·contraignent à l'aveu d'amour, ce sont aussi des qualités impersonnelles qui font aimer. Si l'on fait sa cour en chantant sur un ton d'ironie une cantilène d'analogies proverbiales, c'est que l'amour ne naît point d'une admiration soudaine pour des qualités individuelles, mais qu'il sort de la victoire d'un sentiment d'obligation sur des sentiments privés. Par ses appels pressants à la sagesse commune, l'incantation vient assourdir les sentiments d'esprit de corps — domestique et sexuel — les sentiments de pudeur et d'honneur, et permet ainsi l'éveil de l'amour : sentiment opposé à tout particularisme, source d'union et de concorde, principe de l'ordre public.

On comparera utilement à la chanson XI les poésies malgaches qui figurent dans le recueil de M. Paulhan (Les Hain-teny Mérinas) aux pages 39, 115 (surtout p. 123), 183 ; cf. préface, principalement pages 52 sqq., 58 sqq. Voici un exemple (cf. p. 39) :

« (Un homme parle).— Peut-être vous étiez-vous crue la grande roche,
Que le ciseau n'entamera pas ?
Peut-être vous étiez-vous crue la grande roche,
Que l'eau n'entamera pas ?
Ou vous étiez-vous crue les broussailles sèches
Que le feu ne brûlera pas ?
Ou vous étiez-vous crue le coq couleur du sikidy,
Que le fer ne menace pas ?
Ou vous étiez-vous crue le taureau de terre glaise,
Dont on ne visera pas les cornes ?
Où trouverez-vous
Le forgeron qui ne se brûlera pas ?
Où trouverez-vous
Le porteur d'eau qui ne sera pas humide ?
Où trouverez-vous
L'attiseur de feu qui ne sera pas en sueur ?
Où trouverez-vous
Le marcheur qui ne se fatiguera pas ?

Et la femme répond de nouveau peu après :
> — Ah ! je suis lasse de refuser.
> Consentons donc.

Alors tous deux se prennent la main et s'en vont, comme une pirogue sans rameur. »

Comp. les chansons européennes qui ont à la fois une allure processive et un air de litanies, telle que celle de Magali.

NOTE. — Quand j'ai écrit ces lignes, je ne connaissais point de version chinoise du thème de Magali. Depuis, divers hasards m'ont permis de voir jouer, en mars 1919, à Pékin, une pièce chinoise, fort curieuse, qui m'a été signalée par M. d'Hormon. C'est une pièce du répertoire, assez rarement représentée, mais qui figure dans le *Hi K'ao* : elle a pour titre Siao fang-nieou 小放牛 *le Petit Berger* ; elle a été traduite en français de façon peu rigoureuse mais fort adroite : [traduction parue à Pékin, le 8 février 1919, éditions artistiques du *Journal de Pékin*, sans nom d'auteur et sous le titre *Une Soirée au Théâtre chinois*]. La pièce est une pastorale dansée sur un accompagnement de flûte d'une très grande simplicité (M. Soulié, m'a-t-on dit, en publiera bientôt la notation). Les Chinois la considèrent comme une œuvre de fantaisie. En fait elle reproduit de très près le dessin d'une joute de chants d'amour.

Les acteurs sont un petit berger et une promeneuse ; sous prétexte de se faire payer un renseignement, le berger invite la jeune fille à chanter, elle y consent à condition qu'il réponde et la cour commence. Elle se divise en trois parties : 1º La jeune fille chante une chanson dont les paroles ne sont qu'un prétexte à accompagnement, « Eul-lang yé-yé s'habille en jaune ! » Le garçon profite de ce qu'il accompagne pour glisser une déclaration : « J'aime vos petits pieds » ; la fille lui dit de l'épouser : — il en parlera à sa mère ; — affaire faite, dit-elle, mais, que d'abord il frappe le gong : — il refuse, puis obéit. — La scène se répète deux fois ;

2º Après cet engagement le berger propose à la fille quatre séries de quatre devinettes-proverbes. Elle les résout ;

3º Aussitôt, sans plus de transition, commence un duo qui est une version chinoise de la chanson de Magali. L'entente est faite.

Je donne ici une traduction de cette dernière chanson, faite d'après les principes suivis pour traduire le Che King et de façon à suivre le rythme de l'air de flûte dont la chanson est accompagnée. La chanson provençale est remarquable par un ton de courtoisie amoureuse et un fond d'idées chrétiennes ; on trouvera dans la chinoise un mélange de croyances bouddhiques et d'obscénités assez crues. Un vers : « Tu fais la soubrette, moi le bachelier », est une allusion aux jeux amoureux de héros d'une œuvre légère très célèbre le *Si Siang-Ki*, la soubrette Hong-Niang et Tchang-Ki, jeune lettré de bonne famille.

Le berger. — Devant ta maison,   un pont il y a,
        Et bon gré, malgré,   j'y ferai trois pas !

  La fille. — Garde-toi d'aller,   garde d'aller là !
        Moi, j'aurais mon homme,   un grand sabre il a ! (*bis*).

     G. — Un grand sabre il a ?
        Ça, qu'est-ce que ça fait !

        Un jet de sang rouge,   ma tête est tombée !
        Me voici donc mort,   aux ombres mêlé !
        Je me fais fantôme,   à ta chair grippé ! (*bis*).

     F. — A ma chair grippé ?
        Ça, qu'est-ce que ça fait !
        Moi, j'aurais mon homme,   il fait le sorcier !
        Deux tapes, trois tapes,   il t'envoie rouler !
        Il te prend, te jette   au bord du sentier ! (*bis*).

     G. — Au bord du sentier ?
        Ça, qu'est-ce que ça fait !
        Je me fais la branche   au mûrier cachée !
        Attends que tu viennes   cueillir la feuillée !
        La branche s'accroche,   ta jupe est crevée ! (*bis*).

     F. — Ma jupe est crevée ?
        Ça, qu'est-ce que ça fait !
        Moi, j'aurais mon homme,   il est charpentier !
        Deux tailles, trois tailles,   te voilà haché !
        Il te prend, te jette   au fond du vivier ! (*bis*).

     G. — Au fond du vivier ?
        Ça, qu'est-ce que ça fait !
        Je me fais l'anguille,   au vivier cachée !
        Attends que tu viennes   pour ton eau puiser !
        Tu fais la soubrette,   moi le bachelier ! (*bis*).

     F. — Toi le bachelier ?
        Ça, qu'est-ce que ça fait !
        Moi j'aurais mon homme,   il pêche au filet !
        Deux mailles, trois mailles,   te voilà pêché !
        J'ai ta chair à mordre,   ta sauce à lécher ! (*bis*).

G. — Ma sauce à lécher ?
    Ça, qu'est-ce que ça fait !
    Je me fais arête,   en ton bol cachée !
    Attends que tu viennes   ta sauce lécher !
    L'arête se plante   droit dans ton gosier ! (*bis*).

F. — Droit dans mon gosier ?
    Ça, qu'est-ce que ça fait !
    Moi, j'aurais mon homme,   il vend du séné !
    Deux doses, trois doses,   te voilà purgé !
    Il te prend, te jette,   au tas de fumier ! (*bis*).

G. — Au tas de fumier ?
    Ça, qu'est-ce que ça fait !
    Je me fais l'abeille,   au fumier cachée !
    Attends que tu viennes   pour aller pisser !
    L'abeille bourdonne   sur ta fleur posée ! (*bis*).

F. — Sur ma fleur posée ?
    Ça, qu'est-ce que ça fait !
    Moi j'aurais mon homme,   il est bon archer !
    Deux flèches, trois flèches,   te voilà tué !
    Va faire ta visite   au grand justicier ![1] (*bis*).

G. — Au grand justicier ?
    Ça, qu'est-ce que ça fait !
    Devant ce grand juge   je t'appellerai !
    Te voici donc morte   aux ombres mêlée !
    Et nous renaîtrons   pour nous épouser ! (*bis*).

---

1. Yen wang ou Yen-lono wang, le plus célèbre des juges de l'enfer bouddhique.

APPENDICE II

NOTE SUR LA CHANSON XVI
LES CROYANCES RELATIVES A L'ARC-EN-CIEL

L'interprétation classique de la chanson XVI repose sur l'idée que l'arc-en-ciel est un avertissement céleste 戒, répondant à des désordres sexuels (Mao, 1, 2) : Ceci implique qu'il est lui-même considéré comme un phénomène anormal, un désordre de la nature ; et en effet, de même qu'on évite de regarder une fille débauchée, on s'abstient de montrer du doigt l'arc-en-ciel (Tcheng, 1, 2).

D'autre part, l'arc-en-ciel fournit deux thèmes calendériques : l'un est rapporté au 3e mois du printemps (Yue ling, Li Ki ; Couv., I, p. 346) : l'arc-en-ciel commence à apparaître 虹始見. L'autre est rapporté au 1er mois de l'hiver (10e mois) (*id.*, p. 392) : l'arc-en-ciel se cache et n'apparaît plus : 虹藏不見. Il y a donc du 3e au 10e mois ou tout au moins aux 3e et 10e mois toute une période où son apparition est normale. Faut-il aussi qu'il y ait normalement en cette saison des désordres sexuels? Et ne se peut-il qu'il n'y en ait jamais avant le 2e mois ou le 10e mois passé?

L'arc-en-ciel est ordinairement désigné par une expression double : 蝃蝀 ou 螮蝀 ou 虹蜺 (voir Chouo wen HTKK, 651 b., p. 11 v° et 653, p. 4 v° et rapprocher 霓 de 蜺). Les érudits admettent que l'un des termes de chaque expression se rapporte aux bandes claires, l'autre aux bandes foncées de l'arc. Bandes claires ou foncées sont des vapeurs, des émanations 氣 : mais les claires sont mâles, c'est-à-dire *Yang*, et les foncées femelles, c'est-à-dire *Yin*. 色鮮盛者為雄曰虹．闇者為雌．曰蜺. Ainsi l'arc est formé de vapeurs Yin et Yang, c'est-à-dire d'émanations terrestres et célestes. Il est encore conçu comme une émanation résultant de l'union du Yin et du Yang. 虹者．

陰陽交之氣· Aussi n'apparaît-il point après le 10e mois : car alors commence la période d'occlusion du ciel et de la terre (Yue ling, Li Ki ; Couv., I, p. 393). Les émanations de la terre ne s'élèvent plus, celles du ciel ne descendent plus. Le Yin et le Yang ne se mélangent plus. L'arc-en-ciel est impossible. (K'ong Ying-ta 純陰純陽則虹不見·) Mais au printemps il reparaît : car les émanations terrestres s'élèvant vont rejoindre celles du ciel qui descendent. (Yue ling, Li Ki ; Couv., 336.)

·L'alternance des saisons est faite de ces oppositions et de ces rapprochements du Yin et du Yang. Si l'arc-en-ciel émane du Yin et du Yang rapprochés, en quoi mérite-t-il d'être l'emblème des unions irrégulières ? Les auteurs chinois sentent la difficulté. Voyons comme ils la lèvent.

Une première théorie part d'un rapprochement de mots 虹：攻： L'arc-en-ciel résulte du combat du Yang pur contre les émanations du Yin 純陽純陰氣 (voir 釋名, ch. 1) : de l'idée de combat l'on peut tirer à la rigueur celle de désordre. Il reste que le désordre résultant des rapprochements plus ou moins violents du Yin et du Yang est nécessaire à l'ordre universel.

Une autre explication est plus spécieuse : Tout arc-en-ciel ne serait pas un signe de désordre, mais certains arcs-en-ciel seulement. L'arc *doit* se montrer à l'Est ou à l'Ouest selon que le soleil couchant ou levant éclaire l'orient ou l'occident (Tchou Hi 虹隨日所映·故朝酉而莫東)· La matinée il doit paraître à l'Ouest alors éclairé, et la soirée à l'Est où le soleil donne. Un arc-en-ciel qui le matin se montre à l'orient (tel, affirme-t-on, celui de la chanson) est néfaste. Il est au surplus facile de voir comment il est le véritable emblème d'une fille débauchée. « L'arc, dit 程子, se montre aux endroits éclairés, à l'Ouest le matin, à l'Est le soir. S'il se montre à l'Est (le MATIN) c'est qu'il provient de l'émanation d'un endroit sombre (c'est-à-dire Yin) qui va s'unir au Yang. Que le Yang appelle et que le Yin réponde, que l'homme aille (chercher la fiancée), que la femme suive (le fiancé) voilà la droite raison. Mais que le Yin aille de lui-même s'unir au Yang (comme c'est là le cas) c'est ce qu'on trouve détestable. C'est pourquoi (cet arc-en-ciel irrégulier qui paraît à l'Est LE MATIN) on ne le montre pas du doigt. Une fille qui se marie sans rites (de sa propre initiative) est semblable à (un tel) arc-en-ciel. 螮蝀陰陽氣之交· 映日而見·故朝酉而莫東·在東者·陰方之氣就交於陽也· 陽夫倡而陰和· 男行女隨· 乃理之正也· 今陰來交陽· 人所魄惡·故莫敢指之· 女子之奔·猶螮蝀也· » Ainsi il y a arc-en-ciel et arc-en-ciel. Celui qui sort comme il convient, de l'initiative du Yang et d'un endroit éclairé est un arc correct et convenable : il symbolise une union régulière et (de même qu'on peut frayer avec un honnête garçon) on doit pouvoir le montrer du doigt.

Ainsi se trouve parfaitement justifiée l'interprétation que Tcheng et Mao donnent de la chanson XVI en même temps que parfaitement résolu le problème de physique ou de métaphysique soulevé par elle. Il n'y a pas qu'un ennui : La théorie édifiée est en contradiction absolue avec l'opinion des auteurs de l'interprétation qu'elle veut rendre admissible. Pour eux il n'est pas douteux que tout arc-en-ciel est un emblème d'union défendue, un signe d'interdit et ils ne disent point, ni la chanson, que l'arc qu'on ne montre pas du doigt apparaît à l'Est le *matin*.

Il est instructif de voir les sciences physiques et métaphysiques s'enrichir par le fait de l'obligation où l'on fut de rendre clair le commentaire d'une chanson : cela invite à se demander si toute la théorie de l'arc-en-ciel n'est pas liée à l'histoire de la chanson.

Le matériel d'images des chansons d'amour s'est constitué au cours des fêtes saisonnières. Les thèmes champêtres furent empruntés aux éléments du paysage obligatoire où ces fêtes se passaient. Or elles avaient lieu au début et à la fin de la période hivernale. Pendant l'hiver, saison sèche, l'arc-en-ciel ne se montre pas. Mais, quand, cette saison passée, les garçons et les filles s'assemblaient dans les champs, ils voyaient l'arc apparaître au ciel. L'image qui les frappait au moment solennel de leur union, en devint un emblème : à l'arc-en-ciel fut associée l'idée d'union sexuelle.

Les fêtes, par leur régularité, faisaient concevoir la régularité de l'ordre naturel : l'on était invité à imaginer les usages de la Nature sur le modèle des pratiques humaines. Aux accordailles que célébraient les communautés locales, il fallait un pendant dans la Nature ; ce fut l'arc-en-ciel : Emblème de l'union sexuelle, il fut considéré comme étant lui-même un mariage. Mais quelles noces s'y célébrait-il ?

Tant que durait la saison froide les hommes vivaient retirés et cachés dans leurs maisons bien closes. Pendant l'été ils se répandaient dans les champs ensoleillés et y employaient toute leur activité. Il leur apparut que deux principes adverses qui réglaient le rythme de leur vie, réglaient aussi l'alternance des saisons. L'un s'appela le Yang : c'était le principe de l'expansion, de l'activité, de la lumière, le maître de l'été. L'autre principe d'inertie, d'obscurité, de retraite fut le Yin, maître de l'hiver. Telles furent les plus anciennes idées chinoises sur le cours des choses. Telles les expriment le vieux calendrier de forme mystique qu'a conservé le Chou king (voir SMT, I, 43 sqq.). Elles donnèrent le cadre où tout le savoir humain vint s'or-

donner. Toutes les choses qui pouvaient s'opposer deux à deux furent
classées sous les catégories Yang ou Yin ; le chaud et le froid, la lumière et l'ombre, le ciel et la terre, le soleil et la lune, etc., ressorti-
rent de l'une ou de l'autre. En même temps qu'ils servaient à classer
les choses, le Yin et le Yang servaient à analyser et à expliquer les
phénomènes. Ils apparaissaient comme les principes cosmogoniques
par lesquels tout, dans l'univers, se produit. Les noces que la Nature
célébrait pendant les fêtes sexuelles de printemps et d'automne étaient
celles du Yin et du Yang : à ces périodes intermédiaires entre les saisons de leur règne respectif, ils s'opposaient 攻 et s'unissaient 會
comme les corporations sexuelles s'opposaient dans les joutes et
s'unissaient par les accordailles. C'était dans l'arc-en-ciel que se faisait
cette union [1]. Par lui se rejoignaient le ciel et la terre ; il était fait des
émanations éclatantes de l'un, des émanations obscures de l'autre. Ces
fêtes de la Nature, ces noces solennelles engageaient au respect. De
même qu'aujourd'hui l'on n'étend pas la main vers le Nord-Est, séjour
des dieux, on n'osait pas, dans l'ancien temps, montrer l'arc du doigt.

Quand le prestige des usages nobles fit passer pour grossières et immorales les coutumes antiques que conservaient les humbles, quand
se fit sentir l'influence des princes civilisateurs, roi Wen de Tcheou,
duc Wen de Wei, les accordailles champêtres furent honnies comme
usages de vilains. Or, pour la commodité de l'explication scientifique,
les noces du Yin et du Yang continuèrent de se célébrer : Entités astronomiques dont jouait maintenant une pensée savante, l'union abs-
traite du Yin et du Yang ne choquait aucune pudeur ; et du reste, les
règles les plus minutieuses — les calculs des astronomes — présidaient
à leur rencontre. Mais l'arc-en-ciel où jadis ces noces se voyaient,
image liée aux réjouissances populaires, partagea la mauvaise réputation de celles-ci. Et comme les fêtes champêtres, de saintes qu'elles
étaient devinrent infâmes, l'arc-en-ciel cessa d'être sacré et fut impur.
Quand furent interdites les fêtes sexuelles dont il était l'emblème, il
passa pour l'emblème des unions interdites. Il fallut alors s'ingénier à
trouver comment le Yin et le Yang s'unissaient impurement en lui. Il
parut clair que la malhonnêteté de leur union provenait des mêmes
événements qui, d'après les lois nouvelles, rendaient un mariage irrégulier. Rien n'est plus contraire aux règles que l'impudence des filles
qui vont au-devant de l'époux. L'arc-en-ciel ne pouvait être qu'une
union dont le Yin prenait indûment l'initiative. Dans un texte vénérable, il se trouvait qu'un arc-en-ciel se montrait à l'orient. Il suffit

----

1. Et aussi dans la pluie. Thème des unions et des combats de dragons.

d'admettre que c'était un arc-en-ciel matinal et partant qu'il *sortait* de la partie de l'horizon alors mal exposée au soleil, pour avoir le droit de conclure qu'il provenait d'une provocation impudique du Yin, du principe obscur, et qu'il était un arc-en-ciel déshonnête et anormal. En fin de compte, de tous ces raisonnements sur les textes faits à renfort de contre-sens, de toutes ces déductions partant de théories aussi peu scientifiques que possible, il sortait, pour les physiciens, une observation exacte sur les points d'apparition des arcs-en-ciel aux différents moments du jour ; à l'aide de principes fantaisistes et de faux raisonnements, ils avaient découvert une vérité d'expérience.

Pour ce qui est des croyances, il n'est pas sans intérêt de noter que si les sentiments avec lesquels on regardait l'arc-en-ciel changèrent, c'est à la parenté du sacré et de l'impur qu'on le doit. On peut imaginer par quels procédés s'opéra le changement. L'arc, d'ordinaire, se montre après la pluie, il en marque la fin : ce fut sans doute la raison qui, lorsque s'élaborèrent les calendriers, fit rapporter les thèmes calendériques de l'arc-en-ciel à la fin des périodes de pluie du printemps et de l'automne, au 3e et au 10e mois, c'est-à-dire sensiblement après les équinoxes. Or, dans une astronomie stricte, seuls les équinoxes sont les véritables moments, les moments réguliers de l'union du Yin et du Yang. De même lorsqu'on assigna aux fêtes des termes fixes, et que, ne pouvant détruire les vieilles pratiques, on tenta du moins de les régulariser, c'est à l'équinoxe de printemps qu'on fixa la fête où l'entremetteur officiel présidait aux unions champêtres. Or, d'autre part, il semble que les réjouissances où les sexes s'unissaient étaient suivies d'une période où tout rapprochement leur était interdit. Après l'entrée en ménage à l'automne, les époux vivaient quelque temps séparés. De même après les accordailles de printemps, venait la saison des travaux rustiques où les corporations sexuelles vivaient à part l'une de l'autre, le temps des fiançailles où les fiancés ne se rejoignaient que de nuit, furtivement, à l'insu des parents et pendant lequel sans doute ils se gardaient bien de s'unir. Dans le calendrier nouveau où les dictons étaient méthodiquement classés et affectés à des termes définis, il se trouva que les périodes d'interdit coïncidèrent avec les termes marqués par les thèmes de l'arc-en-ciel. Voilà pourquoi, peut-être, celui-ci, emblème d'union sexuelle, devint signe d'union sexuelle en période interdite, symbole d'union sexuelle prohibée, néfaste, impure. En voici la preuve : le Yue ling fixe à l'équinoxe de printemps la cérémonie royale du retour des hirondelles (de même le Tcheou li fixe à cette date la grande fête des mariages). Mais le Yue ling dit encore que, après l'équinoxe, un héraut agitant la clochette à battant de bois avertissait le peuple en ces termes : « Bientôt le tonnerre se fera entendre. S'il est des femmes qui ne veillent pas sur leur tenue et leur conduite, elles mettront au monde des enfants incomplets (c'est-à-dire elles avorteront). » La violation de l'interdit qui suit les fêtes printanières est donc sanctionnée par des avortements. Or, si, dans le Yue ling, l'interdit est signalé par le thème du tonnerre, dans le Ki tchoung Tcheou chou, les avortements sont liés aux thèmes de l'arc-en-ciel, c'est-à-dire aux règlements saisonniers relatifs au terme qu'il indique. C'est donc que, dans ce calendrier, l'arc-en-ciel signale l'interdit printanier. Ainsi s'explique, à mon sens, qu'il soit devenu le symbole des unions interdites.

APPENDICE III

NOTES ETHNOGRAPHIQUES

R. Karl Florenz. — *La Poésie archaïque du Japon*. Premier Congrès international des Études d'Extrême-Orient, Hanoï, 1902, p. 41 sqq. Compte rendu analytique.

« Les plus anciennes poésies du Japon sont celles qui nous ont été préservées dans le Kojiki (712) et dans le Nihongi (720) : elles s'élèvent au nombre de deux cents environ. Elles sont insérées dans le texte historique à la place qui leur convient le mieux, mais il s'en faut que leur ordre d'insertion corresponde à leur ordre de composition... On peut les placer en général dans la période qui va du ve au viie siècle... leur thème le plus fréquent est l'amour sensuel ; leur forme d'expression ordinaire, la comparaison. On n'y trouve pas encore les images poétiques qui constituent le fond de la langue japonaise plus tard... : la figure poétique la plus souvent employée, c'est la comparaison ; mais l'allégorie se rencontre aussi ; en revanche, les exemples de personnification des idées abstraites ou des sentiments sont encore très rares dans la poésie archaïque... Dans les naga-uta, la figure caractéristique est le parallélisme des membres de phrase comme dans l'ancienne poésie hébraïque. Mais, en dehors de ces formes d'expression qui se retrouvent dans toutes les langues, la poésie japonaise a trois ornements qui lui sont bien propres, le makura kotoba « mots oreillers », les jo « introductions », les kenyogen « mots à double sens ». Les makura kotoba sont des épithètes stéréotypées, à la manière des épithètes homériques, qui accompagnent toujours certains mots, bien que le rapport avec ces mots, au moins dans les poésies modernes soit souvent difficile à saisir. Les jo sont des makura kotoba développés, qui occupent parfois plusieurs vers. Les kenyogen sont des mots à double sens qui appartiennent à deux phrases différentes qu'ils relient. Cet artifice qui, chez nous, appartiendrait à la catégorie des jeux de mots, produit parfois dans la poésie japonaise des effets gracieux. L'allitération se rencontre aussi dans la poésie archaïque.

Une coutume particulière qui mérite d'être mentionnée est l'uta-gaki 歌垣 « haie des chants » où kagai « chants alternés ». Deux groupes réunis sur la place publique et se faisant face chantaient alternativement ; les chœurs étaient coupés d'impromptus. Un individu d'un groupe se détachait et improvisait un chant auquel répondait également à l'impromptu un individu du groupe opposé. Les jeunes gens employaient ce procédé pour faire leur déclaration ou leur cour à celle qu'ils avaient choisie ; elle leur répondait à son tour en chantant. Il s'engageait parfois de cette manière entre les rivaux une lutte de chants : la plus fameuse est celle que le Nihongi rapporte sous l'année 498 et qui aurait eu lieu entre le fils aîné de l'empereur Ni ken (plus tard Buretsu Tenno) et un noble du nom de Shibi pour la main de Kage-hime. La haute société abandonna la coutume de l'uta-gaki sous l'influence des idées chinoises ; mais elle a survécu à la campagne dans le bon-odori, les danses de la fête buddhique des morts. ».

Kojiki (trad. B. H. Chamberlain), (*Trans. of the R. Asiatic Soc.*).

P. 20-21. — Dialogue avant le coït.

        — O venuste et amabilis adolescens !
        — O venusta et amabilis virgo !

P. 22.

        — Ah ! what a fair and lovely maiden
        — Ah ! what a fair and lovely youth.

P. 99 sqq. — Dialogue amoureux dont la conclusion est : « quamobrem ea nocte non coïerunt sed sequentis diei nocte auguste coïerunt. »

Noter dans le chant de la femme :

« Being a maiden like a drooping plant, my heart is just *a bird on a sand-banck by the shore* ; it will now indeed be a dotterel. Afterwards it will be a gentle bird... » Cf. Che king, Pei fong, 10 v. 6. — Tcheou nan, 1 v. 1.

P. 95. — Dispute conjugale.

P. 155. — « As for red jewels, though even the string (the are strung on) shines, the aspect of (my) lord (who is) like unto white jewels is (more) illustrious. » — « As for my jounger sister whom I took to sleep (with me) on the island where light the wirl-duck, the birds of the offing, I shall not forget her till the end of my life. »

P. 179-180. — « Seven maidens on the moor of Takasarhi in Yamato : which shall be interlaced ? »
(Suivent trois couplets alternés ; puis) :
— « In a damp hut on the reed-moor having spread layer upon layer of sedge mats, we two slept. »

P. 267. — « Hereupon, when presenting to him the great august food, princess Miyazu lifted up a great liquor cup and presented to him. Tunc Herae Myazu veli orae adhaeserunt menstrua. Quare [Augustus Yamatotake] illa menstrua vidit et auguste cecinit dicens :
— Ego volui reclinare (caput) in fragili, molli brachiolo (tuo quod est simile) vallo impengenti acutae falci in Monti Kagu in caelo formato quasi cucurbita — ego desideravi dormire (tecum). Sed in ora veli quod induis luna surrexit.
Tunc Herae Myazu augusto cantui, respondit, dicens :
— Alte resplendentis solis auguste puer ! Placide administrationem faciens mi magne domine ! Renovatis annis venientibus et effluentibus renovatæ lunæ eunt veniendo et effluendo. Sane, sane dum te impatienter expecto, luna suapte surgit in ora veli quod ego induo.
Quare tunc (ille) coivit (cum illa). »

P. 308-309. — Dialogue.
— « O the maiden of Kohada in the back of the road ! though l heard of her like the thunder, we mutually intertwine (our arms) as pillows... I think lovingly ah ! of how the maiden of Kohada in the back of the road sleeps (with me) without disputing. »

P. 530 sqq. — Joute entre l'empereur Sei-nei et le prince Shibi pour la main d'une belle personne. — Voir la note sur l'ordre des couplets.

GRENARD in DUTREUIL DE RHINS. — *Mission scientifique dans la Haute Asie,* 2ᵉ p. — *Le Turkestan et le Tibet.*

P. 357. — (Au Tibet) « on affectionne les doubles chœurs d'hommes et de femmes, rangés face à face, et se répondant vers par vers, en avançant ou en reculant doucement en cadence. C'est surtout au printemps qu'on se livre à ces exercices et ils sont en général entourés d'une certaine solennité ; le temps en est fixé d'avance ; ceux et celles qui y prennent part doivent avoir fait leurs ablutions et revêtir des habits propres comme pour une cérémonie religieuse. Il serait peu décent de danser au hasard et sans règle, uniquement pour l'amusement. Les Tibétains ont la coutume de chanter en accomplissant les différents travaux agricoles, le labour, les semailles, les moissons.

P. 352. — (Le mariage) « se termine par un grand repas et par des chants mêlés exécutés alternativement par les jeunes filles et les jeunes hommes ; celui qui reste court lorsque son tour est venu d'improviser son distique ou son quatrain est mis à l'amende » (mêmes coutumes chez les Kagak).

P. 402. — « Beaucoup de lacs et de montagnes ont un caractère divin et sont l'objet d'un culte... chaque vallée, même inhabitée, a son génie spécial ; sur les rochers, dans les grottes vivent des gnomes malicieux... les sources et les rivières sont gardées par autant d'hommes-serpents (lou — klou) qui rappellent les naiades et qui ont été assimilés par les bouddhiste aux naga de la mythologie védique. Au-dessus de ces divinités particulières il y a le dragon céleste, personnification du nuage et peut-être plus généralement du ciel sombre, qui fait éclater l'orage, donne la pluie bienfaisante, cause les inondations, envoie la peste et les contagions. C'est exactement le dragon des Mongols et des Chinois ; il a pour ennemi le tigre rouge... »

P. 403. — « La fête de l'eau est célébrée au mois de septembre ; à cette époque, l'eau est considérée comme douée de propriétés surnaturelles ; tout le monde se baigne dans les rivières, croyant ainsi obtenir une longue vie. »

P. 401. — « Pour apaiser l'irritation des manes qui n'ont pas reçu de sépulture régulière, les lamas vont de temps à autre jeter dans les rivières et les sources des boulettes de tsam-ba en invitant tous les esprits rôdeurs à y prendre part. »

E. Rocher. — *La Province chinoise de Yun-Nan*, Paris, 1879, 2 v. in-8.

T. II, p. 13. — (Chez les Lolos, au moment du repiquage du riz) « chaque soir, le travail terminé, au lieu de demander à un repos mérité des forces pour le lendemain, les femmes se réunissent par groupes et vont dans les prés ou sur le gazon danser avec la jeunesse de l'endroit, au son de la guitare et des castagnettes : leurs danses originales et variées ont beaucoup d'analogie avec celles des Indiens. D'après la coutume, dès qu'une ronde est finie, une des danseuses offre un petit verre d'eau-de-vie de riz à l'invité de son choix et quand celui-ci a bu elle boit à son tour. Chaque couple en fait autant jusqu'à ce que le tour soit complet. Peu à peu la gaieté gagne les cœurs, les chants viennent se mêler à la danse, toujours au son des mêmes instruments et la nuit seule vient clore ces divertissements champêtres qui font les délices des soirées de printemps. Chacun retourne chez soi pour recommencer de plus belle le lendemain. »

A.-F. LEGENDRE. — *Le Far-West chinois. Deux ans au Setchouen.*
(Paris, 1905.)

P. 292. — (Chez les Lolos, à Foulin) « fatigué de mesurer les gens, de rechercher des indices céphaliques, je m'en allais hors du village et m'enfonçais seul dans une haute vallée étroite, dominée des deux côtés par des monts aux flancs abrupts où paissaient des chèvres et des moutons. *Bergers et bergères les gardaient et d'un bord à l'autre se répondaient*, lançaient aux échos leurs naïves chansons bucoliques, au rythme élevé, perçant, mais doucement harmonieux. C'est dans la paix du vallon, de la grandiose nature, une délicieuse impression d'entendre les chants de ces âmes simples exprimant leurs plus intimes sentiments. »

P. 295. — « La nuit venue, après le dîner, il y eut une grande réunion des habitants de Gué-leou-ka et des villages voisins et, pour achever de cimenter les si cordiales relations qu'il y avait entre Européens et Lolos, on but l'un après l'autre à la même jarre de vin de sorgho, avec la même pipette. A l'instar du calumet des Sachems Peaux-Rouges, la pipette passait de bouche en bouche et l'échange des paroles aimables commença. La petite fête se termina par des chansons. Les hommes chantaient, mais les sons bas, puis sans transition suraigus, très élevés, qu'ils émettaient, manquaient d'harmonie dans la pièce étroite où nous étions... Les femmes chantèrent à leur tour dans une chambre plus vaste où il n'y avait que nous... les sons graves et aigus se fondaient dans une espèce de roulement, de modulation pleine d'harmonie... »

P. 480. — « Ils s'en allaient jeunes hommes et jeunes filles, joyeux et chantant, une faucille passée à la ceinture, couper du bois ou des herbes dans les taillis. »

CRABOUILLET. — *Les Lolos* (Missions catholiques, V, 1873, p. 106).

« L'année commence vers la fin novembre à une date qui n'est pas la même pour toutes les tribus. La veille du nouvel an les jeunes gens des deux sexes montent en une seule bande sur la montagne couper du bois ou des herbes sèches destinées à un feu de joie. Cette corvée se fait avec ordre. Tous s'alignent de front et coupent la fougère en chantant des chansons improvisées. La beauté sonore de ces voix sauvages n'était pas sans charme pour moi... de retour au village chacun dresse son bucher et à la nuit close on allume une foule de feux de joie ; pendant que les maisons sont illuminées par les flammes, les pétards font retentir leur joyeuse fusillade ; une ivresse générale termine la fête. »

DEBLENNE. — *In* Mission lyonnaise (*Récits de voyage*), p. 249 sqq.

« A certaines époques de l'année, les Miao voisins appartenant à une même tribu, s'assemblent pour certaines réjouissances. Ils pratiquent dans chaque village la fête du renouvellement de l'année qui, chez eux, n'a pas lieu à la même époque que pour les Chinois mais plus tard. Aux environs du nouvel an, les jeunes garçons et les jeunes filles se réunissent afin de célébrer une fête analogue à celle qui a été signalée chez les Miao du Kouang-si par M. Colquhoun et décrite sous le nom de « fête de la jeunesse des Thos » par le Dr A. Billet, dans son intéressante étude sur la région de Cao-bang. Vêtus de leurs plus beaux habits et ornés de bijoux, les jeunes gens des deux sexes se rendent à un endroit convenu. Les jeunes gens, les jeunes filles se tenant par la main sur deux rangées qui se font vis-à-vis dansent au son d'un petit tambour (espèce de tambour de basque) et du lou-sen. Après s'être provoqués, les couples qui se sont choisis se donnent mutuellement la réplique en improvisant des chants poétiques. C'est souvent une fête des fiançailles. Les jeunes gens profitent de cette occasion pour demander l'assentiment des jeunes filles qui leur plaisent et si celles-ci agréent leur choix, les couples se considèrent comme fiancés sauf approbation ultérieure des deux familles. Mais, comme l'indique le Dr Billet, dans certaines localités cette fête servirait de prétexte à des sortes de saturnales auxquelles la réhabilitation par le mariage ferait absolument défaut. Les vaincus de ces luttes poétiques seraient condamnés à prendre une certaine quantité d'eau-de-vie que les vainqueurs leur font boire jusqu'à ce qu'ils soient complètement ivres. »

SILVESTRE (Cap.). — *Les Thai blancs de Phong-Ho.* B. E. F. E. O., 1918, n° IV.

P. 25. — Les travaux des champs terminés, les longues soirées de lune sont employées à des jeux. Pendant que les parents confiants sont couchés, les jeunes gens font la cour aux jeunes filles qui répondent à leurs chansons.

P. 29. — Avant toute démarche auprès des familles, les jeunes époux s'étudient à loisir pendant les nuits de lune qui suivent la fin des travaux des rizières, c'est-à-dire du troisième au neuvième mois annamites. Pendant ces nuits, filles et garçons se réunissent au pied des cases, pendant que les parents confiants restent à l'intérieur. Les jeunes filles travaillent le coton, les galants assis à leurs pieds, chantent des complaintes, auxquelles elles répondent. Ces chants décousus et qui pour nous n'ont pas de signification, les ravissent. Ils rient et sont heureux d'être ainsi l'un près de l'autre. Quelquefois les chants sont de véritables chants d'amour et des aveux s'échangent ; ce sont de véritables fiançailles avant la lettre. Très rares sont ceux qui abusent de la liberté ainsi laissée.

P. 30. — Quand une jeune fille a dans les soirées de lune fait comprendre à un jeune homme qu'elle n'est pas insensible à sa cour, celui-ci fait part de ses projets matrimoniaux à ses parents. S'ils les approuvent, ils chargent deux entremetteurs de faire la demande en mariage aux parents de la fille.

P. 24. — Dès qu'elle est mariée la femme Thai ne chante plus.

P. 26. — Les hommes mangent ensemble, les jeunes garçons et les enfants mangent à part avec les femmes.

P. 25. — Pendant les fêtes du jour de l'an, garçons et filles jouent au volant. Le volant est fait d'un fruit entouré d'étoffes et auquel est attaché une queue d'un mètre environ garnie de morceaux de tissu comme celle de nos cerfs-volants. Le jeu se joue à deux, un garçon est toujours opposé à une fille. Le volant est envoyé avec la paume de la main. Celui qui manque le volant a les oreilles vigoureusement frottées par son partenaire.

P. 47. — Fête du quinzième jour du premier mois. Le 15 tous les Thai qui possèdent des *seng* font une cérémonie. Le *seng* est une concrétion calcaire, un calcul que l'on trouve très rarement dans le tronc des bananiers ou des arbres ; c'est un porte-bonheur... Un vieillard, spécialement choisi, va avec une grande jarre püiser de l'eau à un rapide et la rapporte auprès d'une fenêtre de la case. Il y met toutes sortes de fleurs, puis s'en sert pour laver les *seng* auxquels il adresse un petit discours. « C'est aujourd'hui le 15 du premier mois, votre possesseur vous fait laver avec de l'eau parfumée et vous demande de veiller sur toute sa famille, de protéger ses biens contre les pirates et d'écarter les maladies. » Les *seng* sont ensuite essuyés avec une étoffe rouge et placés dans une assiette avec le poulet qui a chanté le premier et avec les fleurs. Les jeux commencent alors chez le ly-truong. Hommes et femmes se font face et essayent de jeter des balles au travers d'une planche percée d'un trou et suspendue en l'air. Les gagnants reçoivent de l'argent et les gagnantes des bagues. Les deux sexes font ensuite une lutte de traction à l'aide d'un long rotin. Les femmes tirent vers l'intérieur du village, les hommes vers l'extérieur. Le beau sexe gagne-t-il, c'est un heureux présage. Si au contraire c'est le sexe fort qui l'emporte, il y a lieu de craindre les pires événements. Les perdants sont condamnés à boire force rasades de *chum-chum* et sont copieusement invectivés dans la langue la plus verte par les gagnants. Ensuite tout le monde se livre à un jeu qui participe du jeu de boules et du jeu de balles... Le perdant est encore dans l'obligation de s'enivrer.

P. 48. — Fête des fleurs réservée aux femmes.

A. Billet. — *Deux ans dans le Haut-Tonkin (région de Cao-Bang)* (*in Bul. scient.*, t. XXVIII, Lille, 1895).

P. 87 sqq. — (La fête des morts)... « a lieu vers le milieu du mois de mars et coïncide avec la date similaire des Annamites. Ce jour-là et partout, les tombes toujours très simples, consistant en petits tumuli de terre, quelquefois surmontés d'une pierre tombale, sont réfectionnés par les parents et amis du défunt, et entourés de fleurs ou de banderoles de papier blanc.

Les autres fêtes, celle du nouvel an, celle de la terre et la fête si curieuse des enfants où, comme chez nous à la Noël et à la saint Nicolas, on distribue des jouets et des friandises se retrouvent également chez les Thos.

Il existe cependant une fête que ni les Chinois ni les Annamites ne pratiquent. De même que le jeu vivant des échecs que je décrirai plus loin, ce doit être un reste des coutumes des anciens Thos, possesseurs du pays. Je veux parler de la fête de la jeunesse que l'on célèbre quelques jours après le nouvel an. Ces jours-là jeunes filles et jeunes garçons, parés de leurs plus beaux atours et de leurs bijoux, se réunissent au milieu d'une vaste plaine et, presque toujours, près d'une pagode, sous la protection de laquelle ils vont prendre leurs ébats. Tout à l'entour s'installent des marchands de victuailles, de fruits, de gâteaux et de confiserie. C'est également l'époque où se vendent en profusion, des petits tambours de papier coloré dont le cercle en bambou est muni sur les côtés de graines attachées à un fil. Le tout est monté sur un petit manche de bambou et il suffit de faire rouler ce manche entre les doigts pour agiter les graines qui font vibrer le papier tendre du tambourin, en émettant des sons d'ailleurs peu harmonieux. Bientôt les jeunes gens ont choisi leurs compagnes et alors commence une scène des plus curieuses et qui nous paraît, à nous étrangers, du plus haut comique. Les divers couples se dispersent dans la plaine à l'ombre des bambous, des pamplemoussiers, des banyans. Chaque garçon, le dos tourné contre le dos de sa partenaire, comme dans la scène de Gros-René et de Marinette, entonne une série de véritables complaintes, sur ce ton nasillard et plaintif qui est la note caractéristique des chansons populaires des Thos. Vers le milieu de la journée, les couples se réunissent et, cette fois, se font vis-à-vis à cinquante pas environ, sur deux rangées, comme pour engager un quadrille monstre. Chaque garçon tient à la main une balle attachée à une longue corde, qu'il lance en l'air vers la jeune fille qu'il a choisie. Si cette dernière reçoit la balle ou la ramasse, c'est que le garçon qui la lui a envoyée est agréé par elle et, dès lors, elle devient sa « conquête » pour le reste de la fête. Si la belle lui renvoie la balle c'est que, au contraire, il ne l'a pas tout à fait charmée. Le soupirant reprend alors sa sérénade et le jeu de la balle continue jusqu'à ce que la jeune fille se déclare satisfaite, ce qui, en général, ne tarde pas à se manifester.

Dans la plupart des villages cette fête serait véritablement une fête des fiançailles. Mais, dans certaines localités, elle servirait de prétexte à des sortes de saturnales, auxquelles la réhabilitation par le mariage ferait absolument défaut. Pour la région de Cao-Bang, cette fête se passe dans la grande presqu'île de Pho-Yen, auprès d'une ancienne pagode qui renferme les statues d'un grand nombre de divinités fort bien conservées. Elle y attire chaque année un concours immense de jeunes gens et de curieux, qui viennent d'un grand nombre de villages des alentours depuis Cao-Bang jusqu'à Nuoc-Hai et Mo-Xat et même des massifs de Luc-Khu et de Tap-Na.

Parmi les réjouissances et les jeux qui signalent les autres fêtes, on retrouve encore la trace de l'infiltration ou de l'influence annamite ou chinoise. C'est ce qu'on observe surtout pendant les fêtes du Tet ou du nouvel an, qui ont lieu les premiers jours de février. Chose plus étonnante, certains de ces jeux rappellent également ceux qui sont répandus parmi nous, tels que les jeux de la balle, des osselets, de la toupie, du cerf-volant et enfin du simple volant, qu'ils manœuvrent avec le pied suivant la mode chinoise, avec une adresse parfois des plus remarquables. Ils connaissaient également les dés, les cartes, les dominos et surtout le jeu de ba-kouan (sorte de jeu à impair et pair) auxquels ils se laissent entraîner au point d'y engager tout leur avoir et jusqu'aux diverses parties de leur vêtement.

En dehors de ces jeux d'importation chinoise ou annamite, il y en
a deux qui paraissent particuliers aux indigènes, c'est d'abord celui
de l'escarpolette, qui rappellent beaucoup les vulgaires balançoires de
nos foires publiques, avec cette différence que l'escarpolette Tho est
entièrement construite en bambou et que les cordes sont remplacées
par des rotins rigides.

L'autre jeu, qui n'est que peu connu dans le delta, mais serait répandu dans le Siam, est encore plus spécial à la race Tho. C'est, en
grand, notre jeu d'échecs mais avec cette particularité originale que les
différentes pièces : rois, dames, fous, cavaliers, etc., sont ici repré-
sentés par des personnages vivants que les deux joueurs déplacent et
font mouvoir selon les règles du jeu.,. (ils) sont recrutés parmi les
jeunes gens et jeunes filles des familles les plus considérées de l'endroit. Être désigné pour figurer au jeu d'échec est un honneur ambi-
tionné par toutes les familles... Ce jeu vivant d'échecs n'a lieu qu'une
fois par an, pendant les deux ou trois jours officiels du Tet. Exceptionnellement il est autorisé également le 14 juillet.

Bonifacy. — *La fête Thaï de Ho-bo.* (B. E. F. E. O., 1915, n° III,
pp. 17-23).

Les observations faites par M. Bonifacy en avril-mai 1915 ont pu
porter sur trois fêtes locales célébrées : 1° à Binh-lieu ; 2° à Dong-
trung-po ; 3° à Na-thuoc. De plus, des réunions lui ont été signalées à
Bao-lac. Ces fêtes ont nom *Ho-bo,* ce qui, d'après M. Bonifacy, signifie mélange, promiscuité. On voit figurer dans les fêtes de très
jeunes filles et des matrones : on n'y respecterait aucunement la
règle exogamique. Les femmes se promènent par groupes, les hommes aussi ; après échanges de regards provocants, des accouplements se font dans la brousse : le mariage ne s'ensuit pas nécessairement.

M. Bonifacy insiste sur le caractère agraire de la fête ; les rites
sexuels par vertu magique déterminent la fécondité de l'année.

M. Bonifacy, qui accepte sans discussion l'hypothèse de la promiscuité primitive, n'a point aperçu qu'au moment où il a pu observer
ces fêtes, elles venaient de se modifier profondément au contact de
l'influence étrangère : Un fait qu'il signale est significatif. Les étrangers, les soldats annamites par exemple, peuvent participer à ces
licences, mais, dit-il, «*les tirailleurs annamites qui profitent de l'aubaine
n'obtiennent que la faveur des femmes âgées !*». M. Bonifacy n'a pu observer les fêtes Thaï que dans un état de décadence analogue à celui où

étaient les fêtes des eaux et des monts quand les glossateurs du Che-King purent les connaître.

COLQUHOUN. — *Across Chryse*, éd. angl., II, 238 (*Autour du Tonkin*).

Les Lolos ont une fête au début de la 1re lune. On creuse le bois d'un gros arbre et l'on en fait ce qu'on appelle « une auge ». Hommes et femmes à la fois frappent dessus avec un bambou. Le son ressemble à celui d'un tambour. Hommes et femmes se prennent les uns les autres par la taille et la fête se termine par une débauche.

Ibid., I, 213. — Description de la fête Hoi-gnam chez les Miao-tse (l'expression Hoi-gnam aurait un sens obscène). Au premier jour de l'année, hommes et femmes s'assemblent dans une vallée étroite. Les hommes se tiennent d'un côté, les femmes de l'autre. On chante. Quand un garçon a séduit une fille avec ses chants, elle lui lance une balle colorée. A côté se tient une foire : Les galants y achètent force cadeaux à leurs belles.

IMBAULT HUART. — *L'Ile de Formose.*

P. 248. — « Lorsqu'un jeune homme veut se marier et qu'il a trouvé une jeune fille qui lui agrée, il va plusieurs fois de suite avec un instrument de musique à sa porte ; si la fille est contente elle sort et va rejoindre celui qui la cherche. Ils conviennent ensuite de leurs articles ; ensuite ils en donnent avis aux parents. Ceux-ci préparent le festin de noces qui se fait dans la maison de la fille où le jeune homme reste sans retourner désormais chez son père ; dès lors le jeune homme regarde la maison de son beau-père comme la sienne propre. »

C. SAINSON. — *Histoire particulière de Nan-tchao* (*in* Publ. de l'Éc. de Lang. or. viv.), 1894.

P. 93. — Sou hing (qui régna de 1041 à 1044, ap. J.-C.) aimait à se promener et se plaisait à être au large. Il fit construire un palais dans la capitale orientale et y fit planter quantité d'arbres à fleurs. Sur la digue de Tch'ouen-teng, il fit planter des fleurs jaunes... sur le pont de Yun ts'in, il fit semer des fleurs blanches... Pendant les mois de printemps, il se rendait au bain appuyé sur des courtisanes. Il allait ainsi en descendant le courant depuis les trois sources Yu Ngan jusqu'au bassin Kieou kiu lieou ; les hommes et les femmes s'asseyaient, se battaient avec des fleurs, en piquaient dans leurs cheveux et, jour et nuit, se livraient au plaisir. Parmi les fleurs, se trouvait une espèce au parfum constant et pénétrant ; comme Sou hing l'aimait, elle en prit son nom. Il y avait encore une espèce de fleur qui s'ouvrait s'il arrivait que l'on chantât et une autre plante qui s'agitait si l'on faisait près d'elle de l'escrime scénique. Hing faisait venir des chanteurs près de ces fleurs et des escrimeurs près de ces plantes afin de produire ces phénomènes.

P. 69. — Conception miraculeuse au bain, du fait d'un dragon.

P. 86. — Conception miraculeuse au milieu d'une rivière, la femme ayant été touchée par un bâton flottant.

P. 188. — (苗子 Miao tse). « Chaque année au premier mois de printemps ils se livrent à des danses au clair de la lune ; les hommes jouent la flûte de Pan, les femmes agitent des clochettes et chantent en chœur. Ils se livrent à des pantomimes des bras et des jambes tout un jour sans être fatigués. Ils font encore des balles en soie de couleur, choisissent celle qui leur plaît, et s'amusent à la lancer. Ils se réunissent le soir pour rivaliser d'adresse et d'entrain et ne se séparent que le matin. Ensuite viennent les délibérations au sujet des conditions et de l'époque de leur mariage. Ils battent leur tambour de bronze, jouent de la trompette, font des sacrifices d'actions de grâce et dressent les contrats. »

P. 183. — (Man tsie 嫚且). « La douzième lune (chinoise) est leur première lune. Comme de leur nature ils aiment la boisson, hommes et femmes s'assemblent alors ; les hommes jouent de la flûte de Pan, les femmes de la gúimbarde ; ils se réjouissent, boivent, et tout un mois se passe à cela. Ils supportent la faim avec patience, se contentent de se remplir le ventre d'herbes sauvages. »

P. 178. — (Kia Touo 卡隋). « Ils sont d'un naturel stupide et aiment beaucoup les chants et les représentations mimiques. Hommes et femmes s'accouplent pour la plupart comme des bêtes sauvages, ceux qui se marient emploient un entremetteur. »

P. 176. — (玃喇 Pou la). « Pour les mariages ils commencent par s'accoupler comme les bêtes sauvages. »

P. 171. — (Hei Kan yi 黑乾夷). « Dans les mariages, les hommes jouent de la flûte dé Pan, les femmes de la guimbarde, et chantent en mesure. C'est ainsi qu'ils se réjouissent. Ils s'accouplent d'ailleurs au préalable comme des animaux sauvages et font ensuite appel à l'entremetteur. »

P. 164. — (P'ou jen 蒲人). « Dans les mariages, jeunes et vieux dansent au son de la flûte de Pan ; c'est ce qu'ils appellent la pantomime du paon. Le gendre fait dresser une perche à laquelle sont

suspendues des bourses de soie à fleurs brodées qui contiennent des
cinq espèces de céréales, de l'argenterie. Dans les deux familles,
hommes et femmes, grands et petits s'efforcent de les attraper. Celui
qui y arrive est vainqueur. »

P. 173. — (Tcheng 阿成). « Chez eux, quand un homme veut se
marier, il mène des bœufs et des moutons à la famille de la future,
puis il prend de l'eau dont il asperge celle-ci et cela suffit pour qu'ils
soient engagés l'un à l'autre. »

P. 264 sqq. — (Traduction d'une composition en vers de Mr Yang
Tchouang-kiai.)

« Au Tien nan, à la première lune, les manifestations du printemps
se montrent de bonne heure... les beaux pruniers, les superbes pêchers sont tous surchargés de fleurs... On aime à se balancer dans le
panier de l'escarpolette... A la deuxième lune le printemps est gai et
beau, les hommes animés ne tiennent pas en place ; au printemps,
les eaux des cours d'eau sont tièdes, partout jaillissent les sources ;...
partout on vend du vin, partout on aperçoit des épingles de tête et
des bracelets. On cherche la fleur odorante et on lutte dans le pavillon
de repos remis à neuf. Au pied des jujubiers les chansons se succèdent et l'on compose de belles pièces de vers... (3º lune) les chants
s'élèvent et se répondent... (9º lune) dans leurs cheveux les femmes
piquent des rameaux de chou yu 茱萸... (10º lune) On se repose dans
les chambres tièdes. »

Les barbares soumis du Yun-nan (chap. du Tien hi) *in B. E. F. E.-O.*,
VIII, 333 sqq.

P. 371 — «(Mo so 麼些). « Quand ils ont des loisirs ils chantent des
chansons d'amour qu'ils appellent a-ho-tseu 阿合子 et si-pi-ti 悉比
體. (Quand ils chantent) sur le ton chang 商 ils pleurent. Quand un
couple a chanté avec harmonie, il va s'unir dans les vallées des montagnes ou dans la profondeur des bois.

P. 353. — (Wo ni 窩泥). « Quand ils ont bu du vin, un homme au
son de sa flûte de roseau, dirige les hommes et les femmes qui, se
tenant par la main, tournent en rond, sautent et dansent pour
s'amuser. »

P. 343. — (Miao Lolo 妙玀玀). « Les hommes et les femmes vont
tous pieds nus, mais quand, pour se distraire, ils chantent et dansent,
ils chaussent des souliers de peau. Les hommes soufflent dans des
flûtes de roseau ; les femmes revêtent des vêtements ourlés et chantent en dansant, chacune à sa manière. »

P. 344. — « Dans les mariages et toutes les circonstances heureuses on construit un hangar en sapin pour banqueter et faire de la musique. »

P. 378. — (Li-sou 栗粟). « Les herbes des montagnes leur servent à faire des talismans d'amour. Un amoureux n'a qu'à cacher dans ses vêtements l'un de ces talismans pour être aussitôt suivi par l'objet de son amour ; on ne peut plus les séparer. »

P. 336. — (Barbares Lolo 玀猔蠻). « La douzième lune amène la fête du printemps. On dresse un pied de bois, on passe une planche en travers : à chaque extrémité s'assoit un homme et ils s'amusent à se faire descendre l'un l'autre. »

P. 349. — (P'o yi 猣夷). « Ils sont prodigues. A la première lune c'est la fête du Maître de la terre 土主. Ils empruntent de toutes mains pour se bien vêtir ; mais ensuite ils rendent au double et ne le regrettent pas. Ils ont encore la fête de l'Escarpolette (秋韆會) à laquelle tous, hommes et femmes, assistent également. »

P. 375. — (Na-ma 那馬). « Quand un homme a des relations avec une jeune fille, le père et la mère ne l'en empêchent pas, mais la jeune fille n'ose pas le laisser voir à son frère aîné. Il tuerait l'amant. »

P. 360. — (P'ou jen 蒲人). « Ce sont les femmes qui choisissent leur mari. »

P. 350. — (P'o yi 猣夷). « Les hommes et les femmes ont d'abord commerce ensemble puis ils se marient. »

P. 348. — « Ils n'estiment pas les filles vierges et, de même que dans le pays du confluent du (Yang-tse) Kiang et de la rivière Han, ils leur laissent toute liberté de se promener et on ne leur défend de sortir qu'à l'âge de la puberté. Actuellement cette coutume (de les enfermer) s'est perdue peu à peu. »

P. 361. — « Au mariage, ils tuent des bœufs et des moutons : on désigne la fiancée en lui versant de l'eau sur les pieds. »

P. 355. — (Barbares Lou-lou 盧鹿蠻). « Les couples ne se voient pas pendant le jour. »

BEAUVAIS. — *Notes sur les coutumes des indigènes de la région de Long-tcheou*, B. E. F. E.-O., VIII, 265 sqq.

Traduisant le Long tcheou Ki lio : « Chaque année, durant la troisième ou quatrième lune, les jeunes garçons et les jeunes filles des différents villages se réunissent pour chanter des chansons à couplets alternés. Les gens des villages voisins viennent en apportant leurs provisions, assister à ces sortes de concours. Chaque rassemblement ne comprend pas moins d'un millier de personnes toutes âgées d'une vingtaine d'années environ. Les indigènes prétendent que si ces réunions étaient empêchées ou interdites pour une cause quelconque, les moissons de l'année ne pourraient arriver à maturité et de nombreuses maladies épidémiques s'appesantiraient sur la population. »

Autre passage du même ouvrage : « Les jeunes gens et jeunes filles de cette région aiment à se promener par couples en chantant des chansons Cette coutume est loin d'être recommandable, elle n'en est pas moins pratiquée dans toute la province de Yue-si 澳 西 (Kouang-si) ».

M. Beauvais ajoute : « Ces réunions sont souvent prétextes à accordailles. En chantant ces chansons à couplets alternés, le jeune homme et la jeune fille qui se font vis-à-vis, se déclarent mutuellement leur amour. Il faut avouer que ces réunions donnent lieu à des scènes d'une grande licence ; souvent les couples qui se sont découvert un penchant mutuel, s'égarent dans les buissons voisins et dans les herbes de la jungle, pour y prendre les arrhes du futur mariage. Les mandarins chinois n'ont jamais pu interdire de pareilles coutumes. Leur interdiction eut amené à bref délai le soulèvement du pays. »

BONIFACY. — *Études sur les chants et la poésie populaire des Mans* 蠻 *du Tonkin*, p. 85 sqq. Premier Congrès internat. des Ét. d'Ext.-Orient, Hanoï, 1902. Compte rendu analyt., Hanoï, 1903.

(Ces chants sont en chinois) « l'ornement des vers réside dans la rime finale et dans le retour périodique de certaines phrases. La littérature écrite comprend : 1º des quatrains généralement dialogués ; 2º des chants sacrés ; 3º des romans. Pour chanter les quatrains, on forme des chœurs de jeunes filles et de garçons qui alternent entre eux. Les chants sacrés sont employés dans les évocations et alors ils sont accompagnés de danses qui représentent des actions guerrières ou autres ; dans les exorcismes, et ils sont alors coupés par des sacrifices ; dans les funérailles, mais ce dernier cas n'est pas général dans toutes les races. Les romans sont en vers comme nos anciennes chansons de geste. »

Ex. : Chanson de mariage (Man quan coc).

J'entends la voix de mon fiancé qui vient en disant un doux chant.
Sur la natte on a attaché des sapèques, on a entrelacé les quatre carac-
[tères 福 ¹.

Sur la natte on a attaché les sapèques, les quatre caractères y sont en-
[trelacés.

Bientôt sur les quatre caractères s'unira le Mei 梅 [1].

Ex. de Chanson d'amour (Man cao lan) :

Pauvre je suis.

Sortant sur le chemin je rencontre une personne que je n'ose saluer.
A jeune fille lettrée, riche jeune homme ! Je suis pauvre et vil.
Je n'oserai, avec Mademoiselle, m'unir par un lien trop élevé (pour moi).

Bonifacy. — *Études sur les coutumes et la langue des Lolo et des La-qua
du haut Tonkin, in B. E. F. E.-O.,* VIII, 531 sqq.

P. 537. — (La-qua). « Les jeunes gens non mariés sont très libres et
chantent sur la montagne, mais les garçons ne doivent pas appartenir
au même village que les filles. C'est sans doute une survivance de
l'exogamie primitive. »

(Lolo), « Les jeunes gens non mariés sont libres. Ils chantent ensemble bien qu'appartenant au même village. Le premier mois tout
entier est spécialement consacré aux amours. Les jeunes gens sont
laissés entièrement libres ; c'est la fête de Cou-ci (cf. *B. E. F. E.-O.,*
VIII, 336) qui varie selon les tribus.

P. 538. — Les La-qua sont fort amateurs de chants toujours dialogués entre filles et garçons. Ces chants se terminent par un cri, pi
houit. Fait curieux, les paroles sont en langue thaï. Les La-qua ne
peuvent donner le mot à mot de ces chants, ils n'en connaissent plus
que le sens général...

Les Lolo chantent moins souvent que les La-qua, du moins en présence des étrangers.

Ex. de chanson La-qua (en thaï).

En ce pays on n'a jamais vu un étranger ;
Cet étranger, d'où vient-il ?
Cet étranger charmant est venu,
En son honneur il faut chanter.
D'où vient donc ce bel étranger ?
Vient-il ou non par la rivière ?
Combien a-t-il vu de rivières et de pays ?
Comment a-t-il traversé ces eaux profondes ?
Comme il est bon d'avoir parcouru mille lieues !

---

1. Le Mei (prunier) est le symbole de la virginité.

Ex. de chanson Lolo.

Le garçon. — De quel pays venez-vous, Mademoiselle ?
Où demeurez-vous, Mademoiselle ?
A vous, ici, je pense.
Je ne vous ai pas encore vue.
La fille. — Vous parlez avec esprit,
Vous vous exprimez raisonnablement,
Si vous voulez être mon mari,
Venez que je vous examine.

P. 545. — (Chez les Lolo et les La-qua) les jeunes gens s'accordent entre eux, puis le jeune homme manifeste ses désirs à ses parents qui envoient un entremetteur, cf. p. 536.

P. 545. — (Au mariage, chez les Lolo) on fait un simulacre d'enlèvement en chantant des poèmes de circonstance.

Le P. Vial. — *Les Lolo, in Études sino-orientales*, fasc. A, p. 16 sqq., chap. iv, *La littérature et de la poésie chez les Lolos.*

« La littérature lolo a bien aussi, comme la chinoise, ses phrases toutes coulées, ses répétitions fastidieuses, mais son charme est moins dans le rythme ou la cadence des mots, qui est toujours la même, que dans la fraîcheur de l'idée et du sentiment... (les) comparaisons viennent subitement... les répétitions sont très fréquentes et lorsque le discours ramène la même idée, l'écrivain se servira des mêmes phrases;... le sens finit au cinquième mot,... cette règle... en vers est nécessaire et c'est, avec une nuance de rime ou d'assonance, ce qui distingue la poésie, qui ne connaît que les vers de cinq ou trois syllabes... Tous les mots n'ont pas un sens : plusieurs sont là pour l'euphonie ou pour permettre à la phrase de finir au cinquième mot... »

« La chanson, ou plutôt la complainte, est de tous les jours. On chante tout, on improvise sur tout... La jeune fille surtout est habile à exprimer ses sentiments... la simplicité de ces plaintes n'a de rivale que la simplicité de la musique, qui n'est qu'une modulation, un sanglot, un pleur, un soupir ; toujours le même pleur, toujours le même sanglot. »

P. 31. — Description des luttes, chez les Gni et les Ashi, comparées à celles « des pardons de chez nous ».

« Dès que dans un pays la récolte a manqué, la mortalité est plus grande, les chefs du village se rassemblent et font vœu de se battre, un, deux, trois jours de suite... Au jour fixé, on aplanit un terrain de lutte, terrain uniquement consacré à cet usage et que l'on ne peut changer... Pour lutter il faut se dépouiller de tout, excepté de son pantalon. Les deux lutteurs commencent par s'embrasser, puis ils se frottent les mains sur le sable et se mettent en garde... La lutte est fermée par une dernière prière. »

P. 35. (Citation d'une observation du P. Roux.)

Les Tchong-Kia-tse du Kouei-tcheou « aiment à chanter ; ce sont des chants d'amour langoureux, plaintifs. La danse n'existe pas chez eux, mais la musique y est en honneur. Les réunions des deux sexes sur la montagne, où il y a combat d'éloquence et de poésie, existent encore, mais tendent à disparaître ».

P. 26. — Le P. Vial affirme que chez les Lolos « les jeunes filles et les femmes ne dansent jamais ». « Le jeune homme passe sa soirée à bavarder avec ceux de son âge, à jouer de la mandoline ou de la flûte, à lutter ou à danser. » « Les mœurs sont légères, très légères même, mais, en légèreté, elles ne dépassent pas ce que j'appellerai l'honnêteté payenne et, pour dire toute ma pensée, il y a en cela autant de passion que d'enfantillage. »

P. 20. — *Complainte de la mariée.*

1

Mère, ta fille est triste,	Ema, neu cha la,
Depuis trois jours tu es partie ;	Se gni ta tche ra ;
Mère, reviens, reviens,	Ema, tcho kou ja,
Mère, je pense à toi.	Ema, ga leu leu.

2

Mère, ta fille est triste,	Ema, neu cha la,
L'arbre meurt, la racine vit ;	Se che, ke ma che ;
La racine vit, la feuille se dessèche :	Ke che, chla qui mè :
Mère, ta fille est triste.	Ema, neu cha la.

3

Le vent agite la feuille,
Mère, ta fille est triste ;
La feuille vit encore,
Ta fille n'a plus de vie.

4

Mon père en mariant sa fille
Obtint une jarre de vin
Dont je ne goûterai pas ;
Toujours ta fille est triste.

5

Ma mère en mariant sa fille
Obtint un panier de riz
Dont je ne mangerai pas.
Toujours ta fille sera triste.

6

Mon frère en mariant sa sœur
Obtint un bœuf
Dont je n'userai pas.
Toujours ta fille sera triste.

7

Eux se couchent ; et moi je veille,
Semblable à un voleur.
Eux se lèvent, je ne me lève pas,
Semblable à un pestiféré.

8

Chaque jour je cueille des légumes,
Trois paquets par jour,
En trois jours neuf paquets ;
Leurs paroles sont encore dures.

9

Mère, ta fille est triste,
Triste, je vais au bois.
Qu'y a-t-il au bois ?
La cigale chante au bois.

10

Mère, ta fille est triste,
Triste, je vais aux champs,
Aux champs il y a l'herbe,
L'herbe a l'herbe pour compagne.

11

Mère, ta fille est triste,
Ta fille est sans amie ;
Toujours pensant,
Son cœur est triste.

(La chanson ne manque pas de variantes.)

Comp. Wang fong, 7. Couv., 81.

D'après le docteur Eitel. Traduction de G. Dumoutier
(*Notes and Queries, in Anthropologie*, IV, 1893). *Les Hak-ka.*

Ex. de Chants montagnards.

I

Voici que le soleil s'est élevé vers l'Est,
De même que l'arbre des montagnes craint les plantes grimpantes,
De même que le vaisseau étranger craint les pirates,
La jeune fille craint le bel amoureux.

II

Voici que le soleil atteint le zénith.
Je passe la journée entière à faire l'amour.
Nous jurons par les cieux de nous aimer toujours.
Si elle se parjure, que la foudre l'écrase.

III

Le soleil répand ses rayons brûlants.
Devant la porte une jeune fille replante des oignons.
Chaque jour elle soupire : les oignons tardent à paraître.
Chaque jour elle soupire. L'époux tarde bien à venir.

IV

Le soleil est éclatant : il soupire après les nuages.
Les champs sont desséchés : ils soupirent après l'orage.
Le ciel est sans vapeur : il soupire après la brume.
Cette fille est seule : elle soupire aussi.

V

Que le soleil soit brillant et le temps mauvais ;
Que les arbres et les fleurs soient gais à voir et le jardin triste ;
Que les plantes soient bonnes et la moisson mauvaise ;
Que la fille soit jolie et meure la fileuse !

VI

Ne blâmez pas le ciel d'envoyer l'eau à torrents.
On demandait cet abondant breuvage pendant plusieurs années ;
Depuis que pour le riz on paie trente-six *cents,*
Et que les plus belles jeunes filles sont mortes de faim.

VII

Le feu de l'encens embrase l'encensoir.
La mèche de la lampe consumée ne laisse que des cendres.
Si vous voulez aimer, prenez deux sœurs pour maîtresses,
Quand l'une sera au travail, vous garderez l'autre près de vous.

VIII

Un jour, ma belle et moi, nous nous promenions sur les collines,
Quand je me blessais au pied ; le sang jaillit.
Mais elle tordit ses cheveux pour bander ma blessure.
La même douleur étreignit mon pied et sa tête.

IX

Si votre maîtresse est coquette avec vous, qu'importe !
Chaque montagne a ses petites vallées
Et chacune de ses vallées a sa petite fontaine.
Si vous échouez d'un côté, retournez-vous de l'autre.

X

Hélas ! le monde est plus mauvais que jamais !
Les femmes ont des bagues larges comme des anneaux de porte.
Jadis une maîtresse était heureuse avec un simple bijou.
Aujourd'hui la moindre femme veut un monceau de dollars !

XI

Deux fois j'ai rejoint ma maîtresse dans l'obscurité,
Et cette nuit je lui ai donné rendez-vous derrière sa maison.
Quand quelqu'un passait, s'il regardait de ce côté,
Elle prenait une gaule et feignait d'appeler ses cochons !

XII

Le chien qui garde la porte a aboyé trois fois.
Sûrement ma maîtresse est à table en ce moment.
Paix, mon chien. Laisse-moi ouvrir cette porte.
Je veux l'introduire chez moi, mon bras passé autour de son cou.

Ex. de Chansons de Cueilleurs de thé.

XIII

Dans le premier mois quand les pêchers fleurissent,
Que la vieille année s'en va et que la nouvelle arrive,
Quand la froide bise blanchit le plumage des oies,
Derrière leurs rideaux, les femmes songent à l'amour.

XIV

Dans le mois suivant, quand fleurissent les saules,
Les frêles bourgeons poussent et les folioles s'ouvrent.
Quand tous les boutons et les feuilles sont brillants de rosée,
Alors, sousles saules, les femmes songent à l'amour.

XV

Dans le troisième mois, quand les théiers fleurissent,
Chaque fille sort pour contempler les jardins,

Chaque fille alors aime à les parcourir
Mais, en cueillant le thé, elles songent à l'amour.

XVI

Dans le quatrième mois, quand les hêtres fleurissent
Et se recouvrent d'un superbe manteau blanc,
Quand la viande et le vin refroidis sont sans saveur,
Retirées pour faire leur toilette, les femmes songent à l'amour.

XVII

Quand, dans le mois suivant, les plantes d'ornement fleurissent,
Et que les hirondelles recherchent leurs anciens nids,
Les hirondelles traversent en jouant le jardin,
En cueillant des fleurs les femmes songent à l'amour.

XVIII

Dans le sixième mois, quand fleurissent les rizières,
Lorsque chaque brin d'herbe produit un tendre épi,
Et que chaque épi semble gonflé de riches grains,
Alors, avec langueur, les femmes songent à l'amour.

XIX

Dans le mois suivant, quand fleurissent les chasse-trappe,
De nombreuses filles sortent dans les jardins,
De nombreuses filles vont courir dans les champs,
Même quand elles sont au bain les filles songent à l'amour.

XX

Dans le huitième mois, quand fleurissent les fleurs sauvages,
Quand la vieille année va rencontrer la nouvelle,
Alors les jeunes gens s'en vont comme des papillons,
Sur la terre et la mer, ils songent à l'amour.

XXI

Dans le neuvième mois, quand les étoiles d'hiver fleurissent,
Et que le peuple fabrique le vin fermenté,
Avec du thé froid et du riz, je puis encore travailler,
Mais, sur mon lit glacé, je ne puis songer qu'à l'amour.

XXII

Dans le dixième mois, l'arbre à papier fleurit,
Et le peuple entier manie les oiseaux,
Coupant des fleurs de papier pour la fête,
On vend ces fleurs dans les rues et moi je songe à l'amour.

XXIII

Dans le mois suivant, quand la neige fleurit les arbres,
Et que le peuple manie le balai et l'époussette,

Pour nettoyer la neige et ouvrir les chemins,
Moi aussi, en balayant la neige, je songe à l'amour.

XIV

Dans le douzième mois, où fleurit la bourre d'oreiller,
Alors je mets deux oreillers dans mon lit,
On appelle ces oreillers les poules sauvages amoureuses,
Appuyé sur les deux je songe à l'amour.

Ex. de *Responsoriums*, couplets plaisants entre deux sexes ; — une strophe est chantée par un homme et la réplique doit être donnée par une femme.

XXV

La fille. — J'ai apporté ici mille et une sapèques,
Partagez-les entre plusieurs personnes,
Que l'une n'en aie pas plus que l'autre,
Celui qui divisera ses sapèques sans qu'il en reste une,
Je l'épouserai sans entremetteur.

XXVI

Le garçon. — Je veux essayer : Faisons d'abord sept parts
De chacune cent sapèques, ce qui fait sept cents sapèques ;
J'ajoute pour chacune quarante sapèques, soit deux cents
[quatre-vingt,
Puis encore trois sapèques, ce qui fait vingt et une,
Au total mille et une sapèques.
Vous le voyez, j'ai partagé tout votre argent.
Épousez-moi donc sans entremetteur !

XXVII

Le garçon. — Les vêtements de ma bien-aimée sont beaux
Comme les nuages de cinq couleurs ;
Si elle me donne une part de sa beauté,
Je lui donne tous les biens de ce monde.

XXVIII

La fille. — Si vous m'aimez, équipez-moi coquettement,
J'ai besoin de souliers de Swa tow avec des pointes brodées
[de nuages.
J'ai besoin d'un très beau chapeau de paille de Kouang-si
Et aussi de quelque argent pour jouer aux cartes.

XXIX

Le garçon. — Devrais-je dépenser tout mon argent pour vous,
Vendre mes meilleurs champs pour gagner votre amour,

Vendre mes champs, encourir la colère de mon père,
Laisser ma femme et mes enfants dans les larmes ?

XXX

La fille. — Je brûlerai de l'encens nuit et jour, je prierai le ciel
De vous aider, mon amant, à gagner de l'argent,
Afin que vous fassiez des milliers de dollars de gain,
Pour racheter les champs que vous vendrez pour moi.

Vu et admis à soutenance, le   1919.
*Le Doyen de la Faculté des Lettres
de l'Université de Paris.*
A. CROISET.

Vu et permis d'imprimer :
Le Vice-Recteur de l'Académie de Paris,
L. POINCARÉ.

TABLE DES MATIÈRES

Introduction   1

I

Les chansons d'amour du Che King   11

1. Comment lire un classique   11
2. Les thèmes champêtres   32
3. Les amours de village.   57
4. Les chansons des monts et des eaux   95

II

Les fêtes anciennes   155

1. Fêtes locales   155
2. Faits et interprétations   167
3. Le rythme saisonnier   176
4. Les lieux saints   191
5. Les joutes   203

Conclusion   223

Table de références des chansons.   259

APPENDICE I. — Note sur les concours de proverbes   261
   —   II. —   —   l'arc-en-ciel   272
   —   III. — Notes ethnographiques   278

TOURS. — IMPRIMERIE E. ARRAULT ET CIE